JN096723

現代の
特別ニーズ教育

髙橋 智・加瀬 進 監修
Satoru Takahashi & Susumu Kase

日本特別ニーズ教育学会 編
Japanese Society for
Special Needs Education

文理閣

四半世紀前の学会設立期をふりかえる
まえがきにかえて

　本書は 1995（平成 7）年 11 月に設立された日本特別ニーズ教育学会（設立当初の名称は「特別なニーズ教育とインテグレーション学会」、以下 SNE 学会）の 25 周年を記念して、今後の特別ニーズ教育のあり方を展望するために刊行されるものである。

　しかし 25 年という時間は長く、私も含めて草創期を経験した SNE 学会会員の多くは大学・学校等を定年退職する年齢となり、一方でほとんどの学会員が本学会設立の経緯等についてあまりご存知ないという事情をふまえて、私見とはなるが、事実経過を中心に SNE 学会設立の経緯について述べていく。

　通常のまえがきとは異なるが、SNE 学会草創期を担った会員の方々の、学会設立向けての強い問題意識や研究の方向性、協働・連帯感の一端を感じ取っていただくことができれば幸いである。なお、以下の内容は、1995（平成 7）年 11 月 25 日～26 日、東京学芸大学において開催された「特別なニーズ教育とインテグレーション学会第 1 回研究大会（設立大会）」の総会において、事務局長として報告したものをベースにしている。

1994年9月の学会設立準備委員会の結成まで

　障害児の教育学を基礎にした専門学会をつくって研究を深め、また障害児教育学の後継者の育成にもインターユニヴァーシティのような形で共同で取り組んでいきたいという考えは、SNE 学会設立の 10 年以上前の 1980 年代中頃（昭和 60 年前後）から、設立発起人たちの中にあった。

　その当時、設立発起人らは、その所属・出身大学もバラバラな 20 代・30 代前半の大学院生や助手・講師の若手研究者であった。また、インターユニヴァーシティの取り組みのモデルは、例えば「精神薄弱問題史研究会」「戦後障害児教育史研究会」「ソビエト欠陥学研究会」等であり、設立発起人の

何人かはそこで育つ経験を共有していた。

　さて、その時々において「若手研」と称して泊りがけ合宿をしたり、日本特殊教育学会や日本教育学会においてワークショップ、ラウンドテーブル等を開催して、意見や構想の交流を積み上げながら、機が熟するのをじっくりと待っていた。

　学会設立の直接的な端緒となったのは、1993（平成5）年10月1日〜3日の日本特殊教育学会第31回大会（福井大学）におけるワークショップ「障害児教育学研究の最前線と最先端」（企画：髙橋・渡邉健治）であった。このワークショップでは「研究のタコツボ化」の現状から脱却する第一歩として、障害児教育学の多様な領域の研究成果や重点課題について自由で率直な研究交流がめざされ、約50名が参加した。

　話題提供は、①窪島務（滋賀大学）「障害児教育学と『一般教育学』との間のギャップにどう橋渡しをするべきか—教育学における障害児教育学の今日的な位置と役割—」、②渡部昭男（鳥取大学）「障害児教育行政の動向と課題」、③田中良三（愛知県立大学）「学習障害児教育研究と教育実践の動向」、④渡邉健治（東京学芸大学）「障害児教育課程研究の動向」、⑤岡田英己子（日本社会事業大学）「ドイツ治療教育学説史研究の動向」、⑥冨永光昭（大阪教育大学）「ドイツ語圏におけるハインリッヒ・ハンゼルマン研究」、⑦髙橋（日本福祉大学）「日本障害児教育研究の課題と展望」等である。一般教育学と障害児教育学とのギャップを埋めることはどのようにすれば可能であるのか、現行の特殊教育制度改革の課題などについて、熱をおびた活発な議論が展開された。

　第二の取り組みは、1994（平成6）年3月25日〜26日の合宿研究交流会「障害児教育基礎理論研究会」の開催である（日本福祉大学、呼びかけ人：窪島務・髙橋、参加者16名）。研究報告は、①窪島務「'Special Educational Needs' とインテグレーションに関する国際的な議論の動向—理論的『おもしろさ (actual)』の『おもしろい (active)』研究を—」、②渡邉健治「ロシア知能遅滞児教育史の研究」、③伊藤寿彦（一橋大学大学院）「障害児教育の社会史の方法論について」、④荒川智（神奈川県立衛生短期大学）「ナチス初期障害児教育改革論の検討—その内実と歴史的意味—」であった。

　この合宿研究交流会において、呼びかけ人の窪島務・髙橋から「インテグレーション教育学会（仮称）」の設立が提案された。その設立趣旨について「真の障害児教育理論」「障害児者を権利主体、教育権の主体とする立場からの教育理論の探究」「社会的視点を重視し、浅薄な実証主義的・没価値的立場をとらない」「教育実践研究を教育学研究の正当なテーマとし、その研究方法論を深める。教育実践研究を定量的、似非客観主義的方法に封じ込めるやり方を批判し、教育実践の科学を確立することを目指す」「現代的テーマに大胆に取り組み、荒削りではあっても斬新な研究、新しい方法論的な試みを促進する」ことなどが活発に議論された。

　研究対象については、インテグレーション概念を広くとらえ、伝統的な障害児教育学から通常の教育まで、教育学の対象全般をカバーすることや、通常の教育学と障害児教育学の協同を追究することなどが討論された。また学会設立は急がずに、1995年の秋をめどに、時間をかけてその可能性を追究していくことになった。

　第三の取り組みは、1994（平成6）年8月24日〜26日の日本教育学会第53回大会（東北大学）におけるラウンドテーブル「学習困難児（Children with Learning Difficulties）教育問題の国際的動向と日本の課題」の開催である（企画者：窪島務・髙橋・渡邉健治）。そこでは「学習困難」の概念を軸としながら、障害児教育が通常の教育との協同・連携的関係の確立を図りながら、両者の「谷間にいる子どもの問題」にどのように接近して対応していくのかということを意図した。

　話題提供は、①渡邉健治「ロシアの心理発達遅滞児教育問題」、②清水貞夫（宮城教育大学）「子どもの学業不振状態は通常教育および障害児教育分野で如何に議論されてきたか」、③窪島務「ドイツにおける学習困難児問題」であった。参加者は15名であるが、残念ながら予想した通りに障害児教育以外の通常教育の参加者はなく、学会を設立しても通常教育との協同・連携の実現までは多くのハードルがあることを暗示しているようであった。なお、このラウンドテーブルの場において、4人の世話人（清水貞夫・窪島務・渡邉健治・髙橋）の名前で「インテグレーション教育学会（仮称）」の結成への呼びかけが行われた（8月24日）。

　第四の取り組みは、1994（平成6）年9月15日〜17日の日本特殊教育学会第32回大会（明治学院大学）においてワークショップ「障害児教育学研究の最先端問題」（企画：髙橋・渡邉健治・窪島務）を開催するとともに、山口薫・野口明子・金子健氏ら明治学院大学の学会実行委員会のご支援・ご配慮により、会場をお借りして、日本特殊教育学会第32回大会の最中に「特別な教育的ニーズとインテグレーション学会」設立準備総会を行ったことである（別の学会大会の最中に、学会設立準備総会を行うなどということは、本当に非礼極まりないが、山口薫・野口明子・金子健氏らの懐の深さに、今さらではあるが厚くお礼申し上げる）。

　ワークショップは前回に引き続いて障害児教育学の研究交流・共同研究の組織化をめざして開催されたが、60名以上の参加があった。話題提供は、①湯浅恭正（香川大学）「通常学校における『特別なニーズ』を持つ子どもとの共同の教育実践論」、②稲富眞彦（高知大学）「障害児教育学における訓育と陶冶の関係」、③河相善雄（兵庫教育大学）「地域療育経営に関する課題」であった。

　「特別な教育的ニーズとインテグレーション学会」設立準備総会は、日本特殊教育学会大会の2日目の9月16日の19：30〜21：00に開催された（参加者は23名）。「インテグレーション教育学会（仮称）」から3週間足らずで「特別な教育的ニーズとインテグレーション学会」へと変更した背景には、1994年6月7日〜10日、スペインのサラマンカにおいてユネスコとスペイン政府によって開催された「特別ニーズ教育世界会議：アクセスと質」と同会議にて採択された「特別なニーズ教育における原則、政策、実践に関するサラマンカ声明」がある。

　「インテグレーション教育学会（仮称）」の準備過程において「サラマンカ声明」が出されたのは偶然ではあるが、「インクルージョンと特別ニーズ教育」の促進という方向性はまさに必然であり、「サラマンカ声明」は「特別な教育的ニーズとインテグレーション学会」設立準備を大きく後押しした。

　設立準備総会では、学会呼びかけ、学会会則案、学会誌編集委員会規定、編集・投稿規定の検討ともに、今後の学会設立スケジュールが確認され、学会設立準備委員会委員として次の方々が選出された。学会設立準備委員会代

表：清水貞夫、学会設立大会担当：渡邉健治、学会誌担当：窪島務・渡部昭男、研究集会担当：荒川智、事務局長：髙橋、事務局：河相善雄・伊藤寿彦。

1995年11月の学会設立まで

　学会設立準備委員会の最初の取り組みは、1994（平成6）年11月23日の第1回研究集会「『障害』概念を考える—学習障害、軽度MR、ノンカテゴリーと診断論—」（東京学芸大学、参加者60名）の開催であった。シンポジスト・話題提供は、①窪島務「SENの概念についての批判的考察—国際的な議論から—」、②清水貞夫「学校システム内での障害カテゴリーのあり方」、③茂木俊彦（東京都立大学）「『障害』概念を考える」。

　その後、社会を震撼させた1995（平成7）年1月17日の阪神・淡路大震災、同年3月20日の地下鉄サリン事件（オウム真理教が引き起こした同時多発テロ）等が相次いだが、その中でも何とか事務局会議を行って学会会則案、理事会・評議員・事務局体制、第2回研究集会開催、第1回研究大会（設立大会）構想、学会誌創刊号の企画・編集体制についての準備を進めた。そのなかで「特別な教育的ニーズとインテグレーション学会」の名称については何度も議論となり、「特別なニーズ教育とインテグレーション学会」（略称：SNE学会）に再度変更し、1995（平成7）年4月以降、入会案内をつくり、専用口座を開設して、学会への入会呼びかけを実際に開始した。

　1995（平成7）年6月10日、東京学芸大学において学会設立準備委員会の第2回研究集会「日本における特別なニーズ教育の可能性と具体化」（参加者100名）、翌6月11日に「大学院生・若手研究者セミナー」（参加者25名）が開催された（現在の中間集会の形態が、学会設立準備時にすでに実現していたことに驚いている）。

　第2回研究集会の提案者は、①荒川智「日本における特別なニーズ教育の可能性と展望」、②高橋晃（目黒区立五本木小学校）「東京都の心身障害教育の現状と課題」、③豊田康夫（多摩市立北永山小学校）「特別なニーズ教育の構想と具体化」であった。「大学院生・若手研究者セミナー」では、清水貞夫「アメリカ障害児教育研究の方法論」、窪島務「SEN概念の国際的動向」の講義をもとに熱心な討議がなされた。

8

第2回研究集会時開催された学会設立準備委員会の理事会・評議員会で、以下のような役員・事務局体制が承認され、1995（平成7）年11月25日～26日、東京学芸大学において約260人の参加で「特別なニーズ教育とインテグレーション学会第1回研究大会（設立大会）」を迎えることになるのである。

【理事】荒川智（茨城大学）、安藤房治（弘前大学）、小川克正（岐阜大学）、窪島務（滋賀大学）、清水貞夫（宮城教育大学・代表理事）、髙橋智（東京学芸大学）、渡部昭男（鳥取大学）、渡邉健治（東京学芸大学）
【評議員】荒川勇（東京学芸大学名誉教授）、大井清吉（平成帝京短期大学・東京学芸大学名誉教授）、加藤康昭（元茨城大学）、藤島岳（東洋大学）、山口薫（明治学院大学・東京学芸大学名誉教授）
【監査】池本喜代正（宇都宮大学）、菅野敦（東京学芸大学）
【事務局】髙橋智（東京学芸大学・事務局長）、伊藤寿彦（一橋大学大学院）、三上たみ（東京学芸大学研究生）、金澤貴之（東京学芸大学大学院）

　以上、四半世紀前の学会草創期を振り返ってみた。実に広範囲な人々の人権的なフロンティア精神と障害児教育・特別ニーズ教育分野ならではの懐の深い友愛に支えられて誕生したことをあらためて実感するとともに、温故知新の言葉のように、なされている議論が現在にも通底するような鋭さと新鮮さがあり、草創期における本学会の進取性を確認することができた。
　筆者は、学会設立時にある雑誌に、本学会について以下のように紹介していることを、このまえがきを書きながら発見した。「本学会は、『権威と支配』を排し、規模は小さくても真摯で活気のある開かれた協同の研究活動の場にするために、『学会会長・理事長』を置かず、必要な時には理事の互選で選ばれた代表理事がその任に当たることになっている。近い将来には、理事の定年制（55歳）や多選禁止の規定も予定しており、若手研究者の参加と活躍の場をできるだけ保障することをめざしている。（略）その意味では、このSNE学会の最大の特徴は『若さと開拓的精神』であるのかもしれない」（『総合リハビリテーション』第23巻12号、1995年12月）。
　気恥ずかしい文章であるが、自分の問いかけがその後の25年間でどこま

でを実現できたのかを自省するとともに、「開拓的精神」のもとに、以下の
ようなことに取り組むべきと考えている。それは東日本大震災等の災害や新
型コロナ感染症等のパンデミックに示される人類の危機存亡の状況における
特別ニーズ教育の機能不全であり、危機存亡の状況において特別ニーズ教育
はいったい何ができるかを、何をすべきなのかを徹底的に検討を進めていく
べき作業である。本書『現代の特別ニーズ教育』においても未着手の課題で
あり、何よりも次の特別ニーズ教育の最優先課題と考えている。

　　　　髙 橋　　智（第 8 期代表理事、日本大学教授・東京学芸大学名誉教授）

Contents
現代の特別ニーズ教育

Ⅰ 「特別ニーズ教育」論の現在

第1節　特別ニーズ教育研究の到達点

1　日本特別ニーズ教育学会における研究の動向

(1) 特別な教育的ニーズの把握と対応

　本節では、まず、日本における特別ニーズ教育研究の特徴を探ることをねらいとする。ただ「特別ニーズ教育」という語そのものが、スペシャル・ニーズ・エデュケーション（Special Needs Education）や「特別支援教育」とどの点で共通し、どの点で異なるか、といった慎重な検討を要する概念でもある。同学会では、2018 年 11 月開催の第 24 回大会と 2019 年 12 月開催の第 25 回においてそれぞれ、「改めて『特別ニーズ教育』とは何か」（課題研究）と「特別ニーズ教育をどう創造してきたか」（学会 25 周年記念シンポジウム）が企画された。2018 年の課題研究では、1994 年のサラマンカ声明により、障害のある子どもだけでなく、ひろく特別な教育的ニーズをもつ子どもの教育を対象とする研究の必要性が指摘されたことなどが刺激となったと紹介されている（村山 2019）。そのことと合わせて、特別ニーズ教育の概念整理の必要性も示された。特別ニーズ教育は、従来の特殊教育や特別学校での教育に代わり、教育の場を特別な場に限定せず、通常の教育の場においても特別なケアを保障するものであるとする理解や、特別ニーズ教育が通常学級における特別な指導・支援を意味するとする理解など、その概念にも一定の幅がもたらされていたことも示されている（同）。このような議論をもとに、特別ニーズ教育とは何か、といった検討は今後も進められるものと考えられ、個々の

研究課題やその特徴は、本書各章でも展開される。そこで、本節ではまず、同学会での研究の動向を概観する。結論をやや先取りすれば、同学会の研究領域は多様であり、研究の到達点というよりは、そのウイングの広さが特徴として際立っているともいえる。その特徴を示すために、本節では同学会機関誌（SNE ジャーナル）の特集のテーマや各論稿を検討の材料とする。その際、個々の論稿の内容に注目するというよりは、タイトルやキーワードをピックアップすることに主眼を置いて検討する。

(2) SNE ジャーナルの特集に注目した検討

　まず、前掲の SNE ジャーナルの特集についてみていくこととする。同誌では、各巻に特集が組まれているが、例えば「特別ニーズ教育の展望」が組まれた第 8 巻（2002 年）以降の特集に含まれるキーワード、キーフレーズを列記すると、以下のようになる。

表 1-1-1　SNE ジャーナルの特集キーワード（2003〜2018 年）

健康問題、国際的動向、通常学校での対応、子ども問題、教育改革・制度、子ども・青年期の問題、就学前と高等学校、多職種連携、インクルーシブ教育の国際比較、不適応、発達障害、実践研究、青年期・中等教育後の学び、身体問題、貧困、マイノリティ

　一つひとつの検討はできないが、例えば特別な教育的ニーズとして障害以外の因子を多様に含んだ特集が構成されてきたこと、児童生徒が抱えているであろう心理的、生理的な課題のみならず、例えば経済問題のような、社会的要因、特別な教育的ニーズへの対応が求められる学校とそれを支えるインフラストラクチャや制度設計の課題、さらには、制度面で十分にニーズが反映されにくい、あるいは制度と制度の狭間に置かれがちな学習主体への注目、といった観点にもとづいて特集が組まれていることなどが分かる。さらに、実践事例を蓄積しながらその特徴を吟味すべきものを含むキーワード、キーフレーズが並んでいる。

　また、同誌への個々の会員による自主的な投稿に注目してみても、特別ニーズ教育に関連する歴史研究（そこには「特別な教育的ニーズ」といった語

が登場する以前の対象も含まれる）、国際比較研究、実践研究のみならず、ア
セスメント尺度の開発等を含む心理学的研究、社会調査に基づいた研究など
が展開されている。テーマ、方法論ともに、多岐にわたっている。

　特別ニーズ教育研究に限らず、教育学研究は実践（これはいわゆる授業等に
限らず、制度設計なども含んで考えるべきであろう）をベースにした経験科学と
しての側面を強く持つ。そのため、特に実践ベース、学校改革の取り組み等
について検討することはきわめて重要である。しかも、普遍的な発達を想定
しにくい（しない）特別ニーズ教育研究の場合、そのカラーはより一層強く
なる。そのことは教育的ニーズが特別なものであり、個別性の高いものであ
ることと関係している。個別的なニーズに対応する（してきた）こととその
検証を通して、特別ニーズ教育研究は展開してきたといってもよい。

(3) SNEジャーナル各論稿におけるキーワードの特徴と分類の試み

　同機関誌の論稿の範囲は非常に広い。そのため、本項では試みとして、過
去11年分（2008〜2018年）に掲載された各論稿からキーワードに注目してみ
ることにした。同誌では、原著論文等には著者によりキーワードが付されてい
る（キーワードの付されていない書評等は今回の検討対象からは除外した）。次の
手順に基づいてキーワードの抽出を試みた。本誌の2008年（第14巻）から
2018年（第24巻）の計11巻に掲載されている論稿に付されているキーワー
ドを集積したところ、336のワードが見出された。すべてのキーワードを抽
出することは紙幅の都合で不可能なため、一例として、あ行で始まるキー
ワードを列記したところ、以下のようになった。

表1-1-2　SNEジャーナルの論稿キーワード（2008年〜2018年。あ行のみ）

アウトリーチ、アメリカ合衆国、石井亮一、意識調査、イリノイ州CCSD15、医療的ケア、医療に関わる資格をもたない学校職員、インクルーシブ教育、インクルーシブ・リソースセンター、インスリン、音楽的同期

　各論稿のキーワードの集積のごく一部でしかないが、児童生徒のもつ教育
的ニーズ、ニーズの種類（医療的なニーズ等）、ニーズに対応する学校（群）の
システム、学習指導やニーズ把握の実践主体、学習場面での指導・介入方法

に関する語などが見出された。また、前述の通り、国際比較研究（外国研究
を含む）、歴史研究、実践的な研究、制度研究、社会調査的な研究といった
アプローチの多様性も確認することができる。

　次に、前述の 336 のキーワードについて、以下のような操作を試みた。あ
らかじめ言明しておくと、本項は計量的な集計を目的とはしていない。しか
しながら、同学会での研究の特徴をつかむ手がかりを得ることは有用と考
え、前述の 11 巻の各論稿から、複数回登場したキーワードを抽出したとこ
ろ、57 のキーワードが抽出された。これらのキーワードを、教育的ニーズ
を形成する障害（カテゴリー）等（障害カテゴリー）、学校や組織等（学校や組
織）、教育方法や教育的ニーズに対応する方法（教育方法）、全体をオーバー
ラップする概念（概念）の 4 つの項目に分類してみた。それぞれ、教育的ニー
ズを伴う障害カテゴリー等、それぞれの学校の（広義の）実践やそれを支え
るシステム・制度、学校や教師による方略といった構成要件を設定し、それ
らに関連づけられる分類項目を設定した。

　まず、障害カテゴリーに関するキーワードとして、以下のものが抽出され
た。それを示したのが表 1-1-3 である。

表1-1-3　SNEジャーナル各論稿における障害カテゴリーのキーワード

医療的ケア、学習障害、肢体不自由、自閉症（スペクトラム含む）、重度・重複
障害児、知的障害、知的障害児、知的障害生徒、発達障害

　表 1-1-3 から分かるように、日本の特別支援教育において頻繁に登場す
る障害カテゴリーが並んでいる。個々の児童生徒がもつ特別な教育的ニーズ
を規定あるいは説明するものとして、障害カテゴリーは大きな役割を持って
いるということになるだろうか。障害カテゴリーに基づく研究は引き続き活
発であることを推測させるものといえる。

　次に、学校や組織に関するキーワードとしては、以下のものが挙がってい
る。結果を整理したものが表 1-1-4 である。

　これらは、教育的ニーズに対応するアクターがどのような組織、集団であ
るかを指していると考えられる。特別な教育的ニーズのある子どもについ
て、学校生活をどのような場で過ごしているかをあらわすキーワードが並ん

表1-1-4　SNEジャーナル各論稿における学校・組織のキーワード

寄宿舎、教育委員会、高校、校内委員会、肢体不自由特別支援学校、私立高校、通常の学級、特別支援学級、特別支援学校、特別支援学校高等部、幼児グループ

でいる。言い換えれば、特別なニーズに応じた実践の展開されている場に注目したキーワードであるということもいえる。「学校」や「学級」といった学習環境や学習の場がキーワードとして設定されていることは、教育的ニーズへの対応の場と組織としての主体、またその基本的枠組みを示していると考えられる。そのようなニーズ対応の主体を含むキーワード群として考えると、11巻で登場回数が1回だったため本リストに含まれないが、「特別支援教育コーディネーター」、「特別支援教育支援員」、「養護教諭」の各キーワードもここに含めて考えることができるかも知れない。

　また、同じく登場回数が1回だった「東京市」のように、地理的な場所を示すと同時に、予算の決定や配分といった特別ニーズ教育の基盤整備を行う主体ともとれるキーワードが見られたことも特徴といえる。そのことと関連させて考えると、直接に行財政を指示するキーワードが今回の検討範囲では多くは見られなかったことも興味深い（筆者としては意外な）結果といえる。

　また、分類の妥当性については再検討が必要とはなるが、「小学生」、「当事者」、「発達障がい青年」、「保護者」といった、特別なニーズを有する、あるいはその具体化を求める側と推測される行為主体をキーワードとして設定している研究も見られている。

　教育方法・支援方法に関するキーワードとしては、以下のものが挙げられた。結果を表1-1-5に示す。

表1-1-5　SNEジャーナル各論稿における教育方法に関するキーワード

介入指導、学校教育、教育実践、自己評価、性教育、センター的機能、多職種連携、配慮、放課後活動、連携、RTI

支援ニーズに対応した教育実践の内容として「性教育」、方法や実施上の運営形態として「RTI」などの語を挙げることができる。また、「センター的機能」や「多職種連携」のような、支援システム（やその構築）を含むキー

ワードも中も注目される。

　そして本節で「概念」とカテゴライズしたものとしては、以下のものが挙げられた。結果を表1-1-6に整理する。

表1-1-6　SNEジャーナル各論稿における概念に関するキーワード

インクルーシブ教育、自己肯定感、自尊感情、ニーズ、非行、不登校、余暇、労働

　表1-1-6に含まれるキーワードには、特に実態概念として取り扱われる場合には再分類や再検討を要するものも含まれるが、ニーズを把握し、対応しようとするときに、実践の焦点が当てられるであろう内容、あるいは特別ニーズ教育の実践において、そのニーズが顕在化しやすい行動や情緒面の特性ということができるだろうか。

　本項の終わりに、上述の分類に含まれなかったキーワードを挙げる。主には、研究法、調査法に関するものであり、具体的には、「意識調査」、「グラウンデッド・セオリー・アプローチ」、「質問紙」、「保護者調査」の各ワードであった。例えば、「保護者調査」などは、「保護者」に注目してニーズのある主体として分類定義することも可能かも知れないが、保護者対象の調査を行うという研究手続き上の特徴を示すことも重要と考え、さらに何より、各論稿の執筆者が挙げているキーワードを分節化することは適当ではないと考えた。また既に分類したキーワードの中にも、例えば「アメリカ合衆国」や「東京市」のような、国際比較研究や歴史研究が想定されるものも含まれていた。

　このように、SNEジャーナルの各論稿に注目してみるだけでも、特別ニーズ教育研究のアリーナは広く、またその対象、着眼点、アプローチの方法も多様であることが確認される。実際に同学会の活動が、機関誌による論文発表に限らず、年次大会や中間集会での研究発表やラウンドテーブルでの発表等を含めると、相当なバリエーションを推定することができる。

2　特別ニーズ教育研究の可能性

　前項でやや細かく見たように、特別ニーズ教育研究のフィールドは拡張し

てきており、おそらく今後もさらに、新たな研究課題が見出され、新たな着眼点による調査や研究が進展していくものと考えられる。また、今回は11年間に刊行された機関誌の特集及び複数回登場したキーワードに限定しての検討にとどめたが、個々のニーズに基づく研究を含めればさらにその範囲は広がることになる。

　57のキーワードの分類の試みをした上で、特別ニーズ教育研究の特徴として見いだされたこととして、以下のような点を挙げることができる。教育実践との関連が実施主体、実施組織との関連で深められている点、特別支援学校や特別支援学級を対象とする研究、通常学級でのニーズ教育の検討の双方が幅広く展開されている点、量的研究、質的研究、国際比較や歴史研究といった、多様な方法に基づいた研究が進められている点などである。これらは冒頭に紹介した2018年度大会の課題研究において、特別ニーズ教育を、広く特別な教育的ニーズを持つ子どもに対する教育ととるか、通常学級においてニーズのある子どもを（主たる）対象とするかが論点として示されたことをふまえると、予見できたとはいえ興味深いことである。同様に、インクルーシブ教育と関連するキーワードが抽出されたことにも注目すべきである。ただし、これも冒頭で指摘したように、「特別ニーズ教育」と「スペシャル・ニーズ・エデュケーション」、「特別支援教育」、さらには「インクルーシブ教育」とがどのように関連づけられるかについては、引き続き検討が必要である。またそれらの研究（群）が今日の日本の特別ニーズ教育や近接する領域の実践にどのようなインプリケーションをもたらすのかに注目することも有用であろう。

3　分析上の制約と課題

　最後に、本節の分析上の制約を挙げ、今後の課題とする。本節では、SNEジャーナルの論稿のキーワードを並列的に抽出することによって、研究動向を探ることに主眼を置いた。その結果、実施主体や障害カテゴリー等の守備範囲の多様さは確認することができた。一方で、特別ニーズ教育が必ずしも障害カテゴリーに基づいた営みではないことを考慮すると、人種やエスニシティ、第二言語、貧困などの社会経済的な要素などにもとづいた特別なニー

ズに注目した研究を十分に抽出することができなかった。さらにいえば、特別なニーズが複合的、重層的に発生すると考えれば、例えば障害カテゴリーとエスニシティ、障害カテゴリーと第二言語といった組み合わせによる複合的な教育的ニーズの把握は今後一層重要になると考えられる。一例を挙げれば、第二言語習得論で「外国語学習障害」という語が挙げられることがある。これは、高等学校段階まで、学習上の困難な特別な教育的ニーズを示さなかった大学生が、大学における必修外国語の学習で音韻や統語、読解などにおいてその教育的ニーズを顕在化させるというものである（小柳、向山 2018）。学習面の特別なニーズが学習者個々の（ここでは）認知的側面によってあらわれるとは限らないことを示している。このようなニーズの複合性が本節の検討では十分にあらわれなかった。個々の研究はもちろん個別的であり得るので、そのことを以てただちに日本の特別ニーズ教育研究の弱点となるわけではない。しかし、重層的なニーズやニーズの複合性に注目した研究と、それに対する検証は特別ニーズ教育の進展に大いに有効となるはずである。

（村山　拓）

文献（SNE ジャーナルの各巻、各論稿は省略した）

小柳かおる・向山陽子 (2018)『第二言語習得の普遍性と個別性：学習メカニズム・個人差から教授法へ』くろしお出版。

村山拓 (2019)「特別な教育的ニーズの把握と対応：米国のダイバーシティ・ニーズ・アセスメントを参照した SNE ジャーナル論稿キーワードの分類の試み」『SNE ジャーナル』25、4‐18。

第2節　特別ニーズ教育とインクルーシブ教育

1 サラマンカ宣言と特別ニーズ教育

「特別ニーズ教育」(special needs education) という用語がいつごろから使われるようになったのかは明確ではないが、例えば『欧州特別ニーズ教育』誌はすでに 1986 年に創刊されている。しかしこの用語が市民権を得て、同時に今日の障害児教育の動向を決定づけたといえるのが、1994 年にユネスコ・スペイン政府の共催による「特別ニーズ教育に関する世界会議」で採択

された「特別ニーズ教育における原則、政策、実践に関するサラマンカ声明
と行動大綱」（以下「サラマンカ宣言」）である。

　従来の「特殊教育」が特別な学校・学級における教育を意味していたのに
対し、特別ニーズ教育とは、特別な教育的ニーズに対する教育的施策・配慮
を特別な場に限定せず、通常の学級を主軸に多様な場で保障するというもの
である。また、伝統的な障害児のカテゴリーにとらわれず、民族・言語的あ
るいは階級・経済的要因など様々な背景によって学習困難に遭遇する広範囲
な子どもを対象にしようとしている。さらに「サラマンカ宣言」は、インク
ルーシブ（包摂的）な学校における特別ニーズ教育の施策の推進を呼びかけ
ている。一般原則として、「特別な教育的ニーズを有する人々が十全の教育
的進歩と社会的統合を達成する」ためにも、インクルーシブな学校が「著し
い不利と障害を有している子どもを含むすべての子どもを首尾よく教育する
ことができる子ども中心の教育学を発展させる課題」をもつこと、そのため
のカリキュラムの柔軟性、学校経営、教職員の研修や外部サービスの問題な
どに言及されている。一方特別な学校も、通常の教育がニーズに合致しない
ような一部の子どもにとって必要であることが認められており、それらはま
た「インクルーシブな学校の発展にとって価値あるリソースとなりうる」こ
と、そこでの教育が通常の教育から「完全に分離される」ことがないように
すること、重度・重複障害児などへの「特別な注目が払われること」が求め
られている。

2　インテグレーションからインクルージョンへ

　サラマンカ宣言を境として、欧米やオセアニアなどの英語圏の国を中心
に、それまでの「インテグレーション」「統合教育」に代わって「インクルー
ジョン」「インクルーシブ教育」の用語や理念が急速に広がっていくように
なった。ただし同宣言においては、統合教育とインクルーシブ教育の違いに
ついては十分に整理されているとはいえない。しかしその後ユネスコは、
2005年の『インクルージョンのための指針』や2009年の『教育におけるイン
クルージョンのための政策指針』（以下、それぞれ「ユネスコ05指針」「ユネス
コ09指針」）を公表する中で、両者の違いを鮮明にさせていく。

　ユネスコ 05 指針では、「インクルージョンは、学習、文化、コミュニティへの参加を促進し、教育における、そして教育からの排除をなくしていくことを通して、すべての学習者のニーズの多様性に着目し対応するプロセスとしてみなされる」(UNESCO, 2005: 13) と定義されている。

　学習等への参加、排除をなくす、多様性への着目と対応などがインクルーシブ教育をめぐるキー概念であり、特に学習者の差違や多様性は、教授・学習上の「問題としてではなく、学習を豊かにする機会として捉える」べきものとされている。

　またユネスコ 09 年指針では、次のようにも記載されている。

　「インクルーシブ教育は、すべての子ども——すなわち民族的・言語的マイノリティ出身、過疎地の対象者、HIV/AIDS の影響を受けた、障害や学習上の困難のある少年・少女を含む——の要求を満たすための、そしてすべての青少年や成人に学習機会を提供するための、学校や他の教育施設の変革に関わるプロセスである。その目的は、人種、経済的地位、社会階級、エスニシティ、言語、宗教、ジェンダー、性的指向、能力における多様性に対する否定的態度、および多様性への対応の欠如の結果であるところの排除を取り除くことである」(UNESCO, 2009: 4)

　かつての統合教育が、どちらかといえば「既存の通常学級システムに障害児を同化させる」という理念であるのに対し、インクルーシブ教育はそれを「越えて」子ども観の修正、教育目的の再考などを含む「学校システムそれ自体の改革を要求している」といえよう。統合教育からインクルーシブ教育へという流れは、欧米の「多文化教育」の展開とも関連していると考えられる。エスニック・マイノリティや貧困層の子どもを対象とした言語・補償教育中心のかつての教育が、結局は主流文化への「同化・統合」を目指したため、差別・不平などの真の克服には至らず、彼らのアイデンティティも損なうことになっていった。

　そうしたことへの反省・批判から、1980 年代以降は文化的多元主義に基づき、多様な価値観が平等に尊重されることが目指されていく。同時に、多文化教育はエスニック・マイノリティだけでなく、すべての子どもを対象に、ジェンダーや障害など社会的不利を被ってきた人々の問題にも視野を広げて

いく。時間的には約10年のずれがあるが、統合教育からインクルーシブ教育への流れと明確な共通点が見いだせよう。

3　障害者権利条約とインクルーシブ教育

　21世紀に入り、国連は障害者権利条約策定に向け本格的に作業を開始し、2006年12月の第61回総会において条約は採択された。

　障害者権利条約は、障害のある人の権利を実質的に平等に保障するために、新たな概念として、「インクルージョン」や「合理的配慮」の原則を掲げている。全体を通じた重要な原理・原則としては、「平等を基礎とした権利」の保障と「障害に基づく差別」の禁止（「合理的配慮の否定」も差別に含まれる）、「社会への完全かつ効果的な参加及びインクルージョン」地域社会での自立した生活、差異の尊重や障害者の多様性の承認、保健サービス、（リ）ハビリテーション等の保障、リクレーション・スポーツへの参加などがあげられる。とくに子どもについては「発達しつつある能力の尊重」と「アイデンティティを保持する権利」が強調されている。

　第24条では教育について規定されているが、そこでは「あらゆる段階でのインクルーシブな教育制度」の原則が前面に掲げられ、それは同時に諸能力や潜在的可能性等の最大限の発達に向けた教育がなされるべきであること、そのために必要な様々な支援や配慮をすることが定められている。また、一般教育制度から排除されないこと、個別の支援をする際も完全なインクルージョンの目標に合致したものであること、点字や手話などのコミュニケーション手段の保障などが強調されている。

　条約の性格上、インクルーシブ教育の規定の対象は、文面上では障害児者に限られているが、国連障害者権利委員会はユネスコの文書と同様に、統合教育とインクルーシブ教育を明確に区別している。

　例えば2016年の「インクルーシブ教育を受ける権利に関する一般的意見第4号」では、次のように述べられている。

　「11. 委員会は、排除、分離、統合及びインクルージョン（包摂）の違いを認識することの重要性を強調する。（中略）統合は、障害のある人が既存の教育機関の標準化された要件に適応できるという理解の下に、彼らをメインス

トリーム（主流）の教育機関に配置するプロセスである。インクルージョンは、相応する年齢層のすべての生徒に、公正な参加型の学習体験と、彼らの要望や選好に最も合致した環境を提供することに貢献するというビジョンを伴った、障壁を克服するための教育における内容、指導法、アプローチ、構造及び方略の変更と修正を具体化した制度改革のプロセスを含むものである。たとえば組織、カリキュラム及び指導・学習方略などの構造的な変更を伴わずに障害のある生徒をメインストリーム学級に措置することは、インクルージョンにはならない。さらに、統合は分離からインクルージョンへの移行を自動的に保障するものではない」(Committee on the Rights of Persons with Disabilities, 3)

　ここでもインクルーシブ教育があらゆる生徒を意識したものであることが確認できる。

　インクルーシブ教育は、何か一つの決まった形態なのではなく、特別なニーズをもつ子どもの多様なニーズを認め、通常教育全体の改革を視野に入れ、排除をなくし学習活動への参加を保障する不断のプロセスと考えるべきであろう。

4　通底の原理としてのインクルーシブ教育と特別ニーズ教育

　これまで見てきたように、統合教育とインクルーシブ教育の違いは、少なくとも国際的な流れの中では、明確になりつつある。ではインクルーシブ教育と特別ニーズ教育の関係はどのように理解すべきなのであろうか。実は研究者間でも、両者それぞれについて定義や概念が定まっているわけではないのだが、改めて試論として整理してみたい。

　特別ニーズ教育が障害だけでなく様々な特別な教育的ニーズをもつ子どもを対象としていることは、ほぼ共通理解となっているだろう。ユネスコとは別に、OECDは2000年代にほぼ隔年で出されていた報告書において、各国の特別なニーズをもつ生徒を、カテゴリーA（Disabilities：器質的・病理的障害）、カテゴリーB（Difficulties：学習困難の要因として病理的要因か環境的要因か不明ないしは絡み合っているもの）、カテゴリーC（Disadvantaged：貧困等による社会的不利）の三つに分け、さらに各種障害や困難などの種別ごとに、

子どもの割合、通常学級、特別学級、特別学校それぞれに在籍する割合を示していた（荒川 2008：202-203）。

　一方インクルーシブ教育の対象については、主に障害のある子どもを対象とした議論もあるが、ユネスコなどの文書を見る限り、障害はもとより特別なニーズをもつ子どもに限らずすべての子どもを対象としているといえる。その点ではインクルーシブ教育は特別ニーズ教育より対象が広い概念ということになる。

　では教育の場に関しては、特別ニーズ教育とインクルーシブ教育はそれぞれどのように考えるのだろうか。

　サラマンカ宣言では、特別ニーズ教育のあり方について、インクルーシブな学校における子ども中心の教育の重要性が強調された。他方で特別学校も否定されておらず、主としてリソースとしての役割が指摘されている。障害だけでなく様々な特別なニーズをもつ子どもを対象とする以上は、通常の（インクルーシブな）学校が特別ニーズ教育の主たる舞台になることは疑いようもないが、ではその舞台は通常の学校（あるいは通常の学級）に限られるのだろうか。それとも特別学校も含まれるのか。その場合、リソースとしての機能だけを指すのか、特別学校の教育全体が含まれるのか。少なくともサラマンカ宣言の文章からだけでは読み取りにくい。

　他方で、同宣言ではインクルーシブ教育の定義が明確になされているわけではないが、素朴に読めば、インクルーシブな学校における教育をインクルーシブ教育としているように思われる。しかしそうなると、もし特別ニーズ教育の場を通常の学校に限定した場合、インクルーシブ教育と特別ニーズ教育は極めてニアイコールの関係になる。他方で特別ニーズ教育が特別学校を含めるとしたら、教育の場について言えば、少なくともサラマンカ宣言においては、逆に特別ニーズ教育の方がインクルーシブ教育より広い概念と言うことになる。

　このように対象や場に焦点を当てると、両者の関係は複雑にねじれてくるのだが、少なくともインクルーシブ教育に関しては、特定の場に限定して捉えるのは適切とはいえず、より広い視点が求められているのではないか。例えば前述のユネスコ05指針や09指針を見る限りは、教育全体に関わる原理・

原則として位置づいているように思われる。

　さらにそのことを端的に表しているのが、2015年にユネスコがユニセフ、世界銀行等と共催で韓国のインチョンで開催した世界教育フォーラムにおいて採択された「インチョン宣言―2030年に向けた教育・行動大綱―万人のためのインクルーシブで公平な質の高い教育と生涯学習に向けて」である。同宣言では、万人の教育（EFA）やミレニアム開発目標が「2015年の最終年で達成されず、終了していないアジェンダを完成させるには継続的な行動が必要である」として、「万人にインクルーシブで公平で質の高い教育を確保し生涯学習の機会を促進すること」を最上位の目標としている（UNESCO et.al, 6）。そしてより具体的な目標として、例えば「目標4. a：子ども、障害、ジェンダーに敏感な教育政策を構築しアップグレードすること、および万人の為の非暴力で包摂的で効果的な学習環境を提供すること」（ibid. 22）を掲げている。

　以上のことを踏まえるなら、インクルーシブ教育は広義・狭義にかかわりなく特定の対象や場を指定せず、平和教育、人権教育、環境教育などと同様に、教育全体に通底する原理の一つであり、誰ひとり排除せず、すべての子どもの多様性を尊重し、学習参加と全人格的発達を保障することをめざすものと理解することができる。

　では、特別ニーズ教育の独自の意義はどこにあるのか。ユネスコの近年の文書を見ると、インクルーシブ教育と特別ニーズ教育を明確に区別する必要性が強調されている。どのように区別されるのか必ずしも明示されているようには思えないのだが、少なくともニアイコールとは捉えていない。むしろ伝統的な特殊教育と重ねられてしまい、ユネスコの教育政策の重要な概念の地位を奪われているのではないかという疑問さえ生じる。確かに、主要な国の制度・政策を見ると、伝統的特殊教育と区別した用語を採用している国は、ドイツの「特別教育的促進」（英訳は特別ニーズ教育）、イギリスの「障害および特別な教育的ニーズ法」など一部に限られ、そう多くはないようである。しかし名称は特殊教育であっても、かつてのそれとは内容的に異なっており、特別ニーズ教育を特殊教育と同一視することは、サラマンカ宣言の歴史的意義を見失うことになろう。

　21世紀に入り、確かに社会的な関心は特別ニーズ教育からインクルーシブ教育へとシフトしているといえる。しかし特別ニーズ教育がインクルーシブ教育の流れの中に埋没していいとは思えない。なぜなら、インクルーシブ教育の原理である多様性の尊重ということでは決して解決できない、独自の専門的対応を要する固有のニーズを持つ子どもは確実に存在しているからである。特別ニーズ教育は、多様性に解消できない固有のニーズに焦点を当てながら、全人格的発達を実質的平等に保障することをめざすものといえるのではないだろうか。

5 日本の特別支援教育とインクルーシブ教育システム

　以上のように国際動向を把握すると、日本の特別支援教育とインクルーシブ教育システムは独特の位置づけになろう。特別支援教育はあくまで障害のある子どもの教育であり、インクルーシブ教育システムも障害のある子どもとない子どもが「ともに学ぶ仕組み」とされ、その中身は交流及び共同学習や特別支援教育のセンター的機能など、「ともに学ぶ」ことに関わる特別支援教育の施策にとどまっている。また、通常の教育そのものの改革には焦点が当てられておらず、「ともに学ぶ」の意味は依然として統合教育の段階にとどまっている。

　現在の特別支援教育の英訳が"special needs education"とされ、インクルーシブ教育システムも障害者権利条約の"inclusive education system"の直訳とされているので混同されやすくなっているが、改めて特別ニーズ教育、特別支援教育、インクルーシブ教育、インクルーシブ教育システムの異同をしっかり踏まえた分析、議論が必要であろう。

（荒川　智）

文献

荒川智編著（2008）『インクルーシブ教育入門』クリエイツかもがわ。

荒川智・越野和之（2013）『インクルーシブ教育の本質を探る』全障研出版。

Committee on the Rights of Persons with Disabilities, General comment No. 4 (2016) on the right to inclusive education.

SNE学会編（2002）『特別なニーズと教育改革』クリエイツかもがわ。

SNE 学会・荒川智・高橋智編著 (2006)『テキスト特別ニーズ教育』ミネルヴァ書房。
UNESCO (2005) "Guidelines for Inclusion".
UNESCO (2009) "Policy Guidelines on Inclusion in Education".
UNESCO et.al. (2015) "Education 2030 Incheon Declaration and Framework for Action".

Ⅱ 特別ニーズ教育と社会問題

第1節　マイノリティの教育・支援

1 マイノリティにも拡張される現代特別支援教育

　特殊教育から特別支援教育への移行を画した平成19年4月1日付の文部科学省初等中等教育局長による「特別支援教育の推進について（通知）」（以下2007年通知）では、その冒頭において、特別支援教育の理念を3つのパラグラフによってまとめている。

　第一のパラグラフでは、特別支援教育の目的や性格、方法論的見地について、第二のパラグラフでは、特別支援教育の対象を「知的遅れのない発達障害」を含むとして対象枠の拡大をうたい、第三のパラグラフでは、特別支援教育の歴史的・社会的意味、すなわち「共生社会の形成」という社会発展上の意義について述べている。

　その後の推移を見るなら、貧困や外国人ニーズなど、さまざまなマイノリティへの教育的支援にも緩やかなテンポながら光が当たりつつある。実効性という点で一定の前進がみられる。

　教職課程を有する大学が、2018年に申請した教職課程再課程認定では、文部科学省から予め提示されたコアカリキュラムに基づくシラバスが要求された。本コアカリキュラムよれば、少なくとも教員養成レベルにおける「特別支援教育」論は、以下に示すとおり、障害の有無に関わらず、文字通り特別な支援を要する児童生徒全般を射程にするものとして位置づけられた。

　「教育の基礎的理解に関する科目」の「特別の支援を必要とする幼児、児童

及び生徒に対する理解」のコアカリキュラムでは全3項の3項目に、「(3) 障害はないが特別の教育的ニーズのある幼児、児童及び生徒の把握や支援」が掲げられ、そこに示されている「一般目標：障害はないが特別の教育的ニーズのある幼児、児童及び生徒の学習上又は生活上の困難とその対応を理解する」および「到達目標1）母国語や貧困の問題等により特別の教育的ニーズのある幼児、児童及び生徒の学習上又は生活上の困難や組織的な対応の必要性を理解している」は、特別の教育的ニーズを有するマイノリティへの教育的支援を企図したものといえる。

　特別支援教育の対象は、歴史的経緯から以下の三層に分けることができる。

　第一の層は、特別支援教育前史としての特殊教育時代から引き継ぐ視覚障害、聴覚障害、知的障害、肢体不自由、病弱・身体虚弱、自閉症・情緒障害、言語障害。重複障害も含まれる。特別支援教育の中核をなす層である。

　第二の層は、2007年通知で明記された「知的遅れのない発達障害」。これは、通常学級に在籍している学習障害（LD）、注意欠陥多動性障害（ADHD）、高機能自閉症等を指す。

　第三の層は、2018年コアカリキュラムにおいて俎上に上った「障害はないが特別の教育的ニーズのある」とされる貧困や日本語未修得など。すなわち、特別の教育的ニーズを有するすべての子ども（場合によっては大人も含む）を対象とする方向が含意されているともいえ、これまでの特別支援教育の対象をさらに拡張しようとするものである。これは、SNE学会の課題研究として「マイノリティの視点からみた特別ニーズ教育」を探究してきた筆者らの問題関心だが、今後、特別支援教育の対象範囲、守備範囲の拡大と特別ニーズ教育概念との関連が議論される必要がある。

　特別支援教育は、共生社会の実現と軌を一にして進められるべきものである。障害の有無にかかわらず、マイノリティを包摂する教育としての展開が求められる。

　歴史をひもとけば、古くは、宗教的マイノリティ、人種的マイノリティ、民族的マイノリティ等への差別・排除があり、現代に至りなお疾病、障害、被爆、公害被害、薬害被害、被災、セクシュアリティ等のマイノリティへの差別・排除が克服すべき課題として眼前に横たわっている。さらに、外国人

ニーズである日本語が未習得の子ども・大人もマイノリティとしての課題を抱えている。

　ここでは、焦眉の課題としてのLGBT（レズビアン・ゲイ・バイセクシュアル・トランスジェンダー）など性的マイノリティと日本語指導を必要とする外国人ニーズの課題について概括しておく。

2　性的マイノリティと教育の課題

　文部科学省は、2016年4月に「性同一性障害や性的指向・性自認に係る、児童生徒に対するきめ細かな対応等の実施について（教職員向け）」を全国の学校に向けて通知し、そこでは、「自認する性別の制服・衣服や、体操着の着用を認める」、「（更衣室として）保健室・多目的トイレ等の利用を認める」等々の学校における対応事例を紹介している。トランスジェンダー・性同一性障害（性別違和）、性自認に関する対応については、一定の前進がみられる。

　一方、レズビアン、ゲイ、バイセクシュアルなどの性的指向への対応についての動きはみられない。2017年改訂の新学習指導要領でも、依然として「異性への関心」、すなわち「異性愛」を前提とした学習内容になっている。前掲した性同一性障害への対応事例の紹介も、当事者の願いを反映させたという点で画期的なものだが、教師・学校の対応のあり方を示したものであり、児童生徒の学習内容として示されたものではない。当面、性のあり方の多様性、同性恋愛対応スキルなどについての教育的対応は、個々の教師、教育現場の思想性や力量に委ねられことになる。翻って、児童生徒には、学校間格差、教師間格差によるダブルバインドの影響が懸念される。

　このことについて儀間（2019）は、「多様な性の在り方を学習する機会は平等ではありません。そのため、1人でも多くの先生たちから、こどもたちに肯定的な情報を伝えていくことが求められています。しかし、関心のある先生とない先生の差が大きいと、学内で全く異なるメッセージが子どもたちに発信されることで、ダブルバインドとなり、こどもたちに新たなストレスを与えることとなってしまいます。だからこそ、教職員全体での学びと意識共有が重要」と述べている。

　奥村（2018）は、日高（2013）の調査研究を援用して、性的マイノリティに

対する教員の認識の低さ、その遠因である教員養成段階における位置づけの不十分さについて指摘している。奥村の教員養成系 T 大学の 4 年生 147 名に実施した調査によれば、大学の授業で LGBT についてふれた経験のある者は 33％に留まっている。一方、教育に携わるうえで大学において LGBT に関する正しい知識を身につけるべきだと感じている学生は 95％に上る。このような乖離状況を克服するためには必修科目による展開が必要となる。

　わが国における LGBT への関心の高まりは、2020 東京オリンピック・パラリンピックも促進要因の一つになっている。すなわち、オリンピック憲章の次の一文によるところも大きい。

　　「このオリンピック憲章の定める権利および自由は人種、肌の色、性別、
　　性的指向、言語、宗教、政治的またはその他の意見、国あるいは社会の
　　ルーツ、財産、出自やその他の身分などの理由による、いかなる種類の
　　差別も受けることなく、確実に享受されなければならない」

　この理念に基づく実践は、サプライヤー（納品業者）となる企業にも求められる。そもそも、これからの企業の価値は、ダイバーシティ（多様性）をふまえた取り組みの如何によって評価される。近年、わが国の企業において、社内の同性パートナーを配偶者として指定できる、同性婚カップルや事実婚カップルにも異性婚と同等に慶弔金、育児・介護休暇、傷病休暇などの福利厚生を適用する、ジェンダー（性差）に関わらず利用できる多目的トイレを設置する、性的マイノリティへの理解・支援者として行動するアライ活動を推進する、性的マイノリティへの理解を進める社外イベントに協賛・参加するなどの取り組みが広がってきているのはその証左である[1]。

　また、2015 年から 2019 年にかけて、全国 20 の自治体に同性パートナーシップ制度が導入され、大局的には LGBT など性的マイノリティへの理解、認識が前進している。その一方、2015 年に大学生が同級生に自身のセクシュアリティを LINE グループに広められたことから校内で転落死するという痛ましい事件が起きている。これは、周囲の者による「アウティング」（他人の秘密を本人の許可なく別の人に言う）という問題事例である（佐藤ら 2019）。

　個別の生活場面では、性的マイノリティへの無理解、偏見、差別感情が根強く残っている。この問題を克服する主要な推進力は、学校教育、社会教育、

企業内教育など教育活動の総体である。

　ネガティブな性的マイノリティ観の存在については、すでに映画やテレビドラマなどの文化媒体が、炭鉱のカナリアのごとく警鐘を鳴らしてきた。今回確認できた性的マイノリティの課題を俎上に載せた映画は表2-1-1のとおりである。ここでは2作品のみ紹介しておく。

　今後、一定の集団内におけるLGBTのカミングアウトは珍しいことではなくなる。次のステップは同性への愛の告白だが、多くの人々にとって、これについての〈慣れ〉はない。したがって、いまを生きる人々は、好きになった同性への対応、同性に告白されたときの対応など、いわば〈同性恋愛対応スキル〉といったものを身につける必要がある。

　この課題に真っ向から挑んだのが2018年に公開されたイタリア映画「最初で最後のキス」（監督／イヴァン・コトロネーオ）。本作のモチーフは、15歳のゲイの少年ラリー・キングが、授業中に14歳の同級生ブランドン・マキーナリーによって射殺されたラリー・キング事件（2008年：アメリカ）。本作では実際の事件をなぞるかのように、ゲイのロレンツォが好意を寄せていたアントニオに校内で射殺される。本作の真骨頂は、どうすればこのような悲劇に至らずにすんだかという別のストーリーを〈同性恋愛対応スキル〉として形象化したことだ。

　イタリアでも2006年から2010年にかけてLGBTの308人が事件に巻き込まれ、37人が死亡し、194人が重傷を負っている。この事態を黙過できないという切迫感から生まれた本作は、紛れもなく学びのテキストである。

　日本映画では、2018年に公開された39分の佳品「カランコエの花」（監督／中川駿）がある。

　舞台は高校2年生のあるクラス。養護教諭がそのクラスに限ってLGBTの授業をしたことから生徒の間に疑心暗鬼の波が広がる。話の内容からすればクラスに同性愛者がいることになる。その先に待っていたのは、悪意だけでなく、善意も人を傷つけるという事態。

　たとえば、正義感あふれる少女Aが、同性愛者の噂が立った親友Bを守ろうとして、「Bは同性愛者ではない」と抗弁したとき、Aは「善意」の同性愛差別者となる。同性愛を忌まわしいもの、ネガティブなものとしてとら

表2-1-1　性的マイノリティ映画の年代順リスト

年代	作品名	国	監督名	ジャンル	備考
1961	噂の二人	米	ウィリアム・ワイラー	同性愛	オードリー・ヘプバーン＆シャーリー・マクレーン
1971	ベニスに死す	伊	ルキノ・ヴィスコンティ	少年愛	
1974	彼と彼　とても大きな水しぶき	英	ジャック・ハザン	同性愛	
1976	犬神家の一族	日	市川　崑	同性愛	事件の根源
1987	モーリス	英	ジェームズ・アイヴォリー	同性愛	2018年4Kデジタル修復版
1988	仮面の告白	豪	マイケル・ソーンヒル	同性愛	
	1999年の夏休み	日	金子修介	同性愛	
1992	おこげ	日	中島丈博	同性愛	昨今の用語では「腐女子」
1993	二十才の微熱	日	橋口亮輔	同性愛	
	フィラデルフィア	米	ジョナサン・デミ	同性愛	エイズ　アカデミー主演男優
1994	司祭	英	アントニア・バード	同性愛	
	彼女の彼は、彼女	仏	ジョジアーヌ・バラスコ	同性愛	
1995	渚のシンドバッド	日	橋口亮輔	同性愛	
2000	ボーイズ・ドント・クライ	米	キンバリー・ピアース	性同一性障害	アカデミー主演女優
	ウーマン・ラブ・ウーマン	米	ジェーン・アンダーソン他	同性愛	
2002	ハッシュ！	日	橋口亮輔	同性愛	
	エデンより彼方に	米	トッド・ヘインズ	同性愛	
2005	メゾン・ド・ヒミコ	日	犬童一心	同性愛	
2006	LOVE MY LIFE	日	川野浩司	同性愛	
	ブロークバック・マウンテン	米	アン・リー	同性愛	
	トランスアメリカ	米	ダンカン・タッカー	性同一性障害	
	サルトルとボーヴォワール　哲学と愛	仏	イラン・デュラン＝コーエン	同性愛	
2009	ミルク	米	ガス・ヴァン・サント	同性愛	アカデミー主演男優
2013	わたしはロランス	加	グザヴィエ・ドラン	性同一性障害	加・仏
2014	パレードへようこそ	英	マシュー・ウォーチャス	同性愛	
	アデル、ブルーは熱い色	仏	アブデラティフ・ケシシュ	同性愛	

年代	作品名	国	監督名	ジャンル	備考
	チョコレートドーナツ	米	トラヴィス・ファイン	同性愛	
2015	イミテーション・ゲーム　エニグマと天才数学者の秘密	英米	モルテン・ティルドゥム	同性愛	
2016	リリーのすべて	英	トム・フーパー	性同一性障害	
	キャロル	米	トッド・ヘインズ	同性愛	
	無伴奏	日	矢崎仁司	同性愛	池松壮亮＆斎藤工
	怒り	日	李相日	同性愛	妻夫木聡＆綾野剛
2017	彼らが本気で編むときは、	日	荻上直子	性同一性障害	
	ムーンライト	米	バリー・ジェンキンス	同性愛	アカデミー作品賞
	サイモン＆タダタカシ	日	小田学	同性愛	
	BPMビート・バー・ミニット	仏	ロバン・カンピヨ	同性愛	エイズ
	ナチュラルウーマン	チ	パブロ・ラライン	性同一性障害	チリ・米・独・スペイン
	お嬢さん	韓	パク・チャヌク	同性愛	
	ハートストーン	ア	グズムンドゥル・アルナル・グズムンドソン	同性愛	アイスランド・デンマーク
2018	性別が、ない！	日	渡辺正悟	中性	
	リバーズ・エッジ	日	行定勲	同性愛	
	君の名前で僕を呼んで	伊	ルカ・グァダニーノ	同性愛	伊・仏・ブラジル・米
	最初で最後のキス	伊	イヴァン・コトロネーオ	同性愛	
	カランコエの花	日	中川駿	同性愛	
	女になる	日	田中幸夫	性同一性障害	
	いろとりどりの親子	米	レイチェル・ドレッツィン	同性愛	
	愛と法	日	戸田ひかる	同性愛	
	彼が愛したケーキ職人	イ独	オフィル・ラウル・グレイツァ	同性愛	イスラエル・独
	ボヘミアン・ラプソディ	米	ブランアン・シンガー	同性愛	エイズ
2019	ある少年の告白	米	ジョエル・エドガートン	同性愛	
	氷上の王、ジョン・カリー	英	ジェイムス・エルスキン	同性愛	エイズ
	ガール	ベ	ルーカス・ドン	性同一性障害	ベルギー

（2019 年 10 月 30 日、二通諭作成）

える点では、同性愛者を排除しようとする者と同じ眼差しを有していることになるからだ。これこそ、本作の主人公がはまった陥穽。鑑賞者もまた人生の未体験ゾーンに突入した主人公に、我が身を重ねて思考することになる。女子高生の同性恋愛感情と周囲の反応にフォーカスした本作は、「答えが一つではない課題に子供たちが道徳的に向き合い、考え、議論する」ものとしての「特別の教科　道徳」の教材にさえなりうる。

3　日本語指導を必要とする外国人の子どもの課題

　文部科学省が 2019 年 9 月 27 日に発表した「外国人の子供の就学状況等調査結果（速報）」は〈衝撃の実態〉として報道された。本調査結果の【結果を見る上での留意点】の項には、「調査基準日時点で各地方公共団体が把握する情報に基づき可能な範囲で回答を求めたものであり、各地方公共団体に対して学校や各家庭への改めての照会を依頼したものではない」といった断り書きがあり、実態はさらに深刻であるという可能性が示唆されている。

　以下は毎日新聞（2019 年 9 月 28 日付）の見出しである。

　　「外国籍 2.2 万人就学不明　文部科学省調査　小中学生該当年齢」

　　「外国籍の子　中ぶらりん」

　　「国『自治体把握を』／地方『義務はない』」

　　「散在　先生足りぬ」

　外国籍の子どもの 2 割弱にあたる 21,701 人が学校に通っているかどうかわからない「就学不明」、11,008 人が日本語教育を必要としているのに学校で指導が受けられない「無支援状態」にあるとのこと。「日本語教育が必要な児童生徒」は 50,759 人で 2016 年の前回調査より 6,812 人増え、過去最高になっている。

　このような現下の状況に対して、国も自治体も十分な手立てを講じているとはいえない。そもそも日本語教師が不足している。文部科学省は、2017 年に「日本語能力に課題のある児童生徒への指導のための基礎定数の新設」として、18 人に 1 人の割合で日本語教師を配置するとしたが、外国籍の子どもが少人数で分散して在籍する散在地域が増加している。

　一方、外国人が集住する 25 市町では、外国籍児童生徒の特別支援学級の

在籍率は全児童倍超に達するという実態も報じられている（毎日新聞 2019 年9 月 1 日付）。

　さて、日本語指導を必要とする外国人ニーズに応える教育機関として夜間中学校がある。これについての動向は関本（2018）が以下のとおり概括している。

　夜間中学校は、全国 8 都府県、31 校のみである。全国 30 校（1826 人）の調査によれば、夜間中学校に通う生徒の 7 割は、新渡日外国人（仕事や国際結婚等で戦後来日した外国人と家族等）が占めている。次に多いのが日本人。生徒の国籍・地域は 33 に及び、アジアを中心に世界全体に広がり、多国籍化が進んでいる。年齢別人数も 10 代 358、20 代 342、30 代 247、40 代 231、50 代 182、60 代 200、70 代 190、80 代以上 76 と、10 代から 80 代まで各年齢層に満遍なく広がっている。男性 636 に対して、女性が 2 倍の 1,190。女性が男性の 2 倍になるのは毎年の傾向であり、女性への教育機会提供が現在に至るまで十分に保障されていないことの反映だと推測している。

　2014 年の学校教育法施行規則改定によって在籍学級以外の教室で行われる日本語指導について、「特別の教育課程」を編成・実施できるようになったが、福岡市ではこの機をとらえ、「日本語サポートセンター」と「日本語初期指導集中教室（拠点校）」を新設した。児童生徒が福岡市のどの小中学校に在籍しても、拠点校への通級指導と日本語指導員による指導とを組み合わせることにより、一定の質が担保された日本語指導が受けられるようにと企図されたものだ。

　福岡市の日本語指導新体制発足以来 5 年余、日本語サポートセンターのコーディネーターを務める池田（2019）の所論から日本語指導が必要な児童生徒と学校教育および社会生活の現下の課題を概観する。

　第一に、言語（母語）の多様化である。福岡市では、2018 年度 312 人の児童生徒が日本語指導の対象となったが、国籍数 33 カ国、母語数 31 言語と多様化著しい。注目すべきは、日本語が母語であるにも関わらず、日本語指導を必要としているケースの存在である。いわゆるダブルリミテッド、すなわち一つ以上の言語に触れて育つ言語形成期の年少者がどの言語も年齢相応のレベルに達していない状況である。その背景には国際結婚家庭の増加がある

と考えられる。家庭内ではできるだけ母語を大切に生活するように勧めているが、家庭の努力だけでは限界がある。

　第二に、文化的な背景の多様性である。特に近年学校生活を送る上で配慮すべき事項の一つが宗教的な背景の違いである。

　福岡市の特徴の一つに、インドネシアやマレーシア、エジプトといったイスラム圏から転入してくる子どもの多さが挙げられる。福岡市東区にはモスクがあり、金曜日には多数のイスラム教の子どもたちが礼拝に参加する。イスラム教の場合、給食の対応や体育への参加の仕方等についても配慮が必要である。出身地域によっては音楽に参加できないケースや修学旅行等の学校行事に参加できないケースもある。学校においてラマダン（断食月）の実践を子どもが行うかどうかなどについても保護者と事前に相談を行い、判断する必要がある。

　増加傾向にあるネパールやインドなどヒンドゥー教圏から来た児童生徒にも、給食等の配慮が必要な場合がある。

　第三に、来日理由、来日時期、将来設計の多様性である

　日本での就労目的で来日し、永住を念頭に滞日される保護者が増えている。子どもを日本の学校で学ばせ、将来は日本の高校、大学へ進学させたいと考えている保護者がほとんどである。日本語の力の差や文化の違いなどから学習において困難を抱えることの多い子どもたちに、学習言語能力を身に付けさせ、学力を向上させることが求められている。また自分自身がかけがえのない存在であると認識し、自尊感情を高めることができるように周囲、地域社会が深く理解することも必要である。

　池田（2019）は、2019年6月28日に公布、施行された「日本語教育の推進に関する法律」をうけて、いくつかの改善課題を提起している。

　第一に、地域格差をなくすことである。日本語指導が必要な児童生徒が集住している地域や学校がある一方、地域や学校に一人や二人と少数散在しているケースが多くある。集住地域の学校には日本語指導担当教員が配置され手厚い指導が受けられる一方で、散在地域の学校では必要な指導すら受けられないことがある。福岡市では、この課題の解決のため拠点校への通級制度を取り入れた。どこに住んでいても必要な指導が受けられる仕組み作りが望

まれる。

　第二に、学齢期の子どもたちに対して日本語指導ができる人材を育成することである。2017 年改訂の新学習指導要領では、総則に、日本語の習得に困難のある子どもたちへの指導が明記された。外国人児童生徒等教育が、ようやく恒常的な課題として位置付けられた。また、外国人児童生徒等教育を担当する教員の安定的な確保を図るための義務標準法等の改正が行われ、日本語指導担当教員が基礎定数化されることになった。しかし、日本語指導担当教員のすべてが、児童生徒の日本語習得に必要な専門的なスキルを学ぶための教育や研修を受けているわけではない。日本語指導ができる人材の育成が喫緊の課題となっている。

　日本語教育学会は文部科学省の委託を受け「外国人児童生徒教育を担う教員の養成・研修モデルプログラム」の開発を行い、日本語指導担当教員の資質・能力の育成や大学教職課程の改革などに取り組み始めている。福岡市では、2017 年 8 月に、日本語指導教諭（日本語指導を専門に行う小中学校教諭）の特別募集を実施した。また福岡市 JSL 日本語指導教育研究会を中心に、毎月研修できる場をつくっている。

　第三に、新たな課題への対応である。日本語指導が必要な児童生徒の増加に伴い、様々な施策が行われ、体制作りも進んだが、以下はそれとともに見えてきた課題である。

①日本語指導が必要な児童生徒の不就学・不登校の問題。外国籍の子どもの場合、その保護者に子どもを就学させる義務がないことから、この問題が起きやすくなっている。

②特別支援教育と日本語指導の二重のサポートを必要としている子どもたちが増加している。日本の特別支援教育を求めて来日してくる家族もいる。現場では手探りで対応している。

③母語保持や母文化の継承の問題。日本の学校に通うことで、使用機会の減る母語をどのように保持するか。留学生の活用や学校外の機関との連携などを考えていく必要がある。

④義務教育後の進路の問題。高校の入学制度の改革や入学後の日本語指導等が課題となっている。

以上、課題は山積している。現代特別支援教育論の射程、特別ニーズ教育の視点からどのように取り組んでいくのかが問われている。

（二通　諭・猪狩恵美子）

注

1 ）個別企業の取り組みの詳細は、一般社団法人日本経済団体連合会『ダイバーシティ・インクルージョン社会の実現に向けて』（2017 年 5 月 16 日）を参照のこと。本提言における「アライ」の説明も付記しておく。「英語の Ally（同盟、支援者）が語源で、LGBT をはじめとする性的マイノリティのことを理解し、自分にできることは何かを考えて行動する支援者を指す」ものであり「職場で当事者のニーズを代弁できるアライの存在は重要である」とその意義を強調している。

文献

儀間由里香 (2019)「性的マイノリティの子どもの理解と学校教育の課題」日本特別ニーズ教育学会『第 25 回研究大会　発表要旨集』34- 35。

日高庸晴 (2013)「個別施策層のインターネットによるモニタリング調査と教育・検査・臨床現場における予防・支援に関する研究」http://www.health-issue.jp/f/（2020 年 1 月 25 日アクセス）。

池田尚登 (2019)「日本語指導が必要な子どもと学校教育」日本特別ニーズ教育学会『第 25 回研究大会　発表要旨集』36- 37。

奥村遼 (2018)「性の多様性と学校教育―LGBT の視点から」『SNE ジャーナル』24、38- 44。

佐藤文香監修・一橋大学社会学部佐藤文香ゼミ一同著 (2019)『ジェンダーについて大学生が真剣に考えてみた―あなたがあなたらしくいられるための 29 問』明石書店。

関本保孝 (2018)「日本語学習と夜間中学校―歴史と現状、国の動向を踏まえて」『SNE ジャーナル』24、51- 65。

第2節　マイノリティの教育・支援の課題
―性同一性障害当事者の視点から考える―

1　はじめに

筆者は、トランスジェンダーおよび性同一性障害（Gender Identity Disorder：以下 GID および gid と併用）当事者であり、北海道立高等学校教員（地理歴史・公民：2019 年 3 月末退職）でもあった。高校に勤務しながら、GID の地位向上を目的とした行政への要望、理解促進を目的とした講演・広報、当事者からの相談、当事者同士の交流の活動に取り組んできた。これまでの活動

と経験をふまえ、当事者の視点から、性的少数者の児童生徒の教育・支援の課題について考察する。

2001年、テレビドラマ金八先生第6シリーズで「性同一性障害」が取り上げられ、大きな反響を呼んだ。2003年7月、現世田谷区議会議員上川あや等の働きかけで「性同一性障害の性別の取扱いの特例に関する法律」が成立した[1]。

2015年4月、文部科学省が通知「性同一性障害に係る児童生徒に対するきめ細かな対応の実施について」を全国の学校に通知した[2]。突然、文部科学省が「性同一性障害」についての通知を出したわけではなく、2002年から、当事者団体「性同一性障害・性別違和と共に生きる人々の会」（略称：gid.jp）が文部科学省・厚生労働省に要望を出してきた成果でもある。筆者も gid.jp と共に文部科学省への要望提出に関わっていた。

ここでは、文部科学省が2015年に通知した「学校における支援の事例」（表2-2-1）をもとに、当事者児童・生徒の課題について考察する。

2　学校における性同一性障害児童生徒への対応をめぐって

まず「服装（制服）」である。制服がある小学校は少ないが、中学・高校は制服を定める学校が多く、戸籍の性別と自認の性別が一致しないトランス

表2-2-1　性同一性障害に係る児童生徒に対する学校における支援の事例

項目	学校における支援の事例
服装	自認する性別の制服・衣服や、体操着の着用を認める。
髪型	標準より長い髪型を一定の範囲で認める（戸籍上男性）。
更衣室	保健室・多目的トイレ等の利用を認める。
トイレ	職員トイレ・多目的トイレの利用を認める。
呼称の工夫	校内文書（通知表を含む）を児童生徒が希望する呼称で記す。
	自認する性別として名簿上扱う。
授業	体育又は保健体育において別メニューを設定する。
水泳	上半身が隠れる水着の着用を認める（戸籍上男性）。
	補習として別日に実施、又はレポート提出で代替する。
運動部の活動	自認する性別に係る活動への参加を認める。
修学旅行等	1人部屋の使用を認める。入浴時間をずらす。

ジェンダーの生徒は、制服着用に苦痛を感じ、不登校となる生徒もいる。

2018年4月に新設された千葉県柏市立柏の葉中学校が、性別に関係なく誰でも自由に選べる制服を導入した。個別の児童生徒への対応でなく、学校として「LGBT生徒に配慮した制服」を定め、公表したのは柏の葉中学校が初めてだった。柏の葉中学校が先例となり、LGBT生徒に配慮する制服を採用または検討する学校、世田谷区・中野区などの自治体が現れた。

制服着用の悩みを当事者から聞いていた筆者は、北海道教育委員会、札幌市教育委員会、江別市教育委員会、旭川市教育委員会に制服についての申し入れをした。個別の学校に申し入れをしても、学校は裁量の可否を教育委員会に仰ぐので、教育委員会へ申し入れたのだ。

申し入れへの反応はおおむね良好で、「当事者生徒に配慮したい」、「制服以外でも、児童生徒または保護者から要望あれば応えていく」という回答を得た。申し入れに際し、「LGBT生徒に限定しない」ことも伝えた。ただし、スカートを望まない女子は当事者だけではないので、「スラックスを着用する女子はLGBT」とのイメージが流布するなら、当事者生徒も、当事者でない生徒もスラックス着用を避ける傾向を生み出す。

「髪型」については、戸籍上男子の課題となることが多い。校則で決められてなくとも、男子が髪を長くすると、注意・咎めがあり、短くすることを強要される。筆者が入学した中学校は「丸刈り」だった。昭和40年初頭だったこともあり、我慢を強いられることになった。

全国的に丸刈り廃止の動きが広がり、自毛が漆黒でないと黒染めを強要する校則も人権侵害（宮城県）とされるようになってきていることから、今後は、男子への短髪強制もなくなっていくだろう。

「更衣室・トイレ」もトランスジェンダー児童生徒には切実な課題である。新たにトイレ・更衣室を設けることは簡単ではない。さらに「LGBT専用」では使いにくい。今ある設備で対応を工夫する必要がある。例えば職員用トイレの使用、パーティションの活用などである。

「呼称の工夫」については、親の結婚・離婚での改姓等の例が多数あるので、比較的容易に対応できるだろう。

「授業・水泳・運動部の活動」はいずれも、スポーツ関連である。小学校か

ら高校と年齢の幅が広いので、個別的対応が求められる。「おしくらまんじゅう」のような体の接触は、小学校低学年に限定されるべきだ。他の一般児童生徒にもあてはまることであり、LGBTの児童生徒を特別視しなくてもよいだろう。水泳は水着着用となるので「見学」等を認めてもよいだろう。

　余談だが、高校になると体格・骨格の男女の違いがはっきりしてくる。第二次性徴を抑える療法も行われ始めたが、その治療は世界的にも少数で高額でもあるので、積極的に勧められない。

　「修学旅行の部屋割り」は、同室する児童生徒を含めた対応となるだろう。ある先進的な高校の修学旅行は「戸籍上の男子と女性徒が同室」だったが、容易に普遍化できない。スポーツと同じく、個別の対応となるだろう。修学旅行では部屋だけでなく、移動時のトイレ・入浴も課題となる。バス移動の際はパーキングでトイレ休息となるが、我慢し膀胱炎となった児童生徒もいる。入浴も「修学旅行中に一度も入浴しなかった」例もある。養護教諭や担任の部屋の浴室を使わせるなどの対応が必要だろう。

　筆者は、修学旅行でLGBT生徒を引率したことはなかったが、アトピーがある生徒を引率したことがあり、筆者の部屋の浴室を使わせた。アトピー以外の病気でも、教員の浴室を使わせる例もあるだろうから、LGBT生徒にも教員の浴室を使わせるべきだ。なお、トランスジェンダーだけでなく、LGB児童生徒の中にも戸籍上同性の児童生徒との入浴を苦手とする者がいる。

　次に、文部科学省が「性同一性障害に係る児童生徒に対するきめ細かな対応の実施について」を通知した背景についてふれておく。

　LGBT児童・生徒の自己肯定感が、他の児童・生徒より低く、自傷行為・自殺未遂の割合が他の児童・生徒より多いという調査結果が少なからず発表されている。調査を継続してきたのは「岡山大学病院のジェンダークリニック」である。岡山大学病院は、1998年から性同一性障害の診療をおこなうための「ジェンダークリニック」が設けられ、診療をおこなってきた。同大学の中塚幹也医師はGID（性同一性障害）学会の理事長（2019年現在）でもある。

　「岡山大学病院ジェンダークリニック」が、1999年～2009年、クリニック受診者1,154人を対象におこなった調査「性同一性障害の自殺の現状」では[3]、「自殺念慮を抱いている者58.6％、自傷・自殺未遂した者28.4％」だった。

文部科学省が、「性同一性障害に係る児童生徒に対するきめ細かな対応の実施について」の通知を出したのは、文科相がこの課題を「性的少数者の児童生徒の命に係わる問題」と認識したからである。

3　生まれないほうがよかった
──それは違和感として始まり、嫌悪感になる

　筆者が当事者であることを自覚したのは幼稚園入学前だった。入学した幼稚園はプロテスタント系で、お遊戯会で女子は天使を模した衣装をまとう。女子と同じ衣装を着たがった筆者をシスターは「男の子なのにおかしい」と諭した。

　「男の子なのにおかしい」と諭されても、諭される理由が分からなかった。分かったのは小学1年生の秋だった。通っていた小学校は、スケート授業があり児童はスケート靴を購入する。小学生児童のスケート靴は「黒のスピードスケート靴」が普通だったが、筆者は「白のフィギュアスケート靴」を欲しがった。「白のフィギュアはおかしい」と親に諭されたが、「白のフィギュアスケート靴」を望んだ筆者は、親が勧める「黒のスピードスケート靴」を欲しがらなかった。母は、筆者にフィギュアスケート靴を与えず、「黒のホッケースケート靴」を与えた。「ホッケースケート靴」を目にした筆者は、「ホッケーなら、スピードでいい」と言いかけたその瞬間、〈分かった〉のである。〈自分の想いを口にしたら、おかしいと言われる。口にしても、自分の望みはかなえてもらえない〉ということが分かったのである。小学1年生の筆者は、「自分は間違って生まれたのか？　生まれないほうがよかったのか」と思うようになった。

　ランドセルが自覚の契機となった性同一性障害の児童は多い。ランドセルもスケート靴も、普通の大人がイメージする性と関係ないが、「男の子用、女の子用」と男女別に分けられている。

　私たち当事者は、幼稚園・小学校の文房具・衣装・遊具が、男女別に分けられていることに戸惑い、社会の性別役割へ違和感を抱く。軽い違和感で済むならいいが、「自分は間違って生まれたのか？生まれないほうがよかったのか」と思い悩み、「自分のような人間は他にいない、自分は世界の中で独

りぼっちだ」と負の思考に陥っていく。第二次性徴が始まると、体の性別の違和感が強まり、嫌悪感も抱くようになり、自傷行為を誘発させ、二次障害で鬱等を併発する場合もある。

4　「教育」によって追い詰められるという悲劇

　LGB の児童・生徒の自覚が芽生えるのは、初恋以後である。誰にとっても甘美なはずの初恋は、LGB の児童・生徒の戸惑いと孤立感を自覚させるものとなる。教室でクラスメートが恋の話で盛り上がっていても、話の中に入っていけない。話に入れないけれども「孤立したくない」から、好きな仮想の異性を創作し、話を合わせていくものの、「異性を好きになれない自分は異常だ」という思いを強めていく。

　保健体育教科書の「思春期になると、誰もが異性への関心が高まるようになります」という記述は、当事者の間では 20 年前から批判されていた。「同性に惹かれるのは自分だけなのか？」と悩み、教科書に「誰もが異性への関心が高まるようになる」と書かれていたら、当事者の児童生徒は「同性に惹かれるのは普通でない、異常なのだ」と思い、孤立感と絶望感を深める。保護者・担任には話せない。スクールカウンセラーまたは「いのちの電話相談等」に、すがるように相談しても「一時的なもので、そのうち異性が好きになるよ」と言われるのみで、取り合ってくれない。さらに「ここは、真面目な話を聞く場です」と門前払いされることもあり、そんなときは途方に暮れるだろう。このような児童生徒が「自傷行為・自殺未遂」に至るのは、孤立感に追い詰められ、他に解決の術がないことによる。

　文部科学省の「性同一性障害に係る児童生徒に対するきめ細かな対応の実施について」は、当事者にとって喜ばしいことだったが、効果については疑問の声も少なくない。文部科学省は数多くの通知・通達を出しており、その通知をどのように扱うかは各学校の裁量に任されている。通知が来ても、その内容が実践されるわけではない。未実践の学校が多数なのではないか。そのようなことから、効果に疑問を持たれている。LGBT の児童生徒への配慮を、すべての学校が取り組むためには、さらなる通知等が必要となるだろう。通知発出の働きかけを継続させることが重要である。

　2017 年の学習指導要領改訂に際し、保健体育における「異性への関心」を前提とする学習内容に、LGBT 児童生徒に配慮した記述に改めてほしいという立場からのパブリックコメントが寄せられた。新学習指導要領のスタンスは、「思春期になると……中略……異性への関心が芽生える」（小学校第3学年及び第4学年）、「異性への関心が高まったりする」（中学校）というものだ。パブリックコメント総数の 12% になる 368 件が、保健体育教科書の記述についてだった。

　文部科学省は「LGBT を指導内容として扱うのは、保護者や国民の理解などを考慮すると難しい」という立場から新学習指導要領には盛り込まなかった。ちなみに、2017 年 4 月、西村智奈美衆議院議員（立憲民主党）は、国会で、「盛り込まれなかった理由、『保護者や国民の理解などを考慮すると難しい』は、誰がどのような場で発言したのか」と質問しており、その回答は文書で公開されている[4]。

　確かに、LGBT についての〈教員の指導の確保〉は容易ではない。「ブラック」と形容されるほどの教員の過重労働が問題になっている最中、新学習指導要領には、新たに「外国語教育」や「プログラミング教育」が付加された。LGBT 児童生徒への理解と配慮の教育の優先順位を上げていくためには、個々の教員の努力に加え、効力のある教育施策が求められる。

5　まとめにかえて

　2015 年、「渋谷区男女平等及び多様性を尊重する社会を推進する条例」、いわゆる同性婚条例の成立以後[5]、全国の自治体に「同性パートナーシップを認める制度」が広がり、性同一性障害当事者が中心だった性的少数者の市民活動は、LGBT の市民活動へと広がっていった。

　それとともに、「LGBT に反対する市民活動」も起こり、国会議員、地方自治体議員による「LGBT 批判発言」が大きな反響を呼ぶようにもなった。関心が高まれば、賛否両論が生まれ、それと同時に様子見や静観を決め込む人々も現れる。学校教育おいて、LGBT 児童生徒への配慮を進めるための近道はなく、これまで全国で展開されてきたような行政・保護者・一般の人々への理解促進の活動を粘り強く継続させていくことが必要だろう。

　筆者は、「性同一性障害の性別の取扱いの特例に関する法律」が成立した2003年7月10日、北海道庁に「必要のない性別欄を公文書から削除する等」の要望書を出し、当事者活動を始めた（2003年はLGBTという言葉は認知されてなかった）。

　この要望活動は、東京の当事者団体 gid.jp と連携していた。当事者活動を行ってきたのは筆者のような名もなき市民だった。名もなき市民が活動を継続できたのは、当事者の声を汲み上げてくれる議員・弁護士・医師等がいてくれたからであり、そのような方々に支えられて動きが広がったことに感謝している。

　当事者は全国に散在し、LGBTも多様な当事者の総称で、統一されたLGBT運動はないが、この動きは継続、発展していくだろう。全国の学校での取り組みが加速し、自傷行為・自殺未遂に至る児童・生徒が減少していくことを望む。

　以下、今後の課題である。

　第一に、教員対象の研修講師の育成。LGBT研修は有志の教員が手探りで行われているため、基本的知識を習得した研修講師の育成が必要である。

　第二に、LGBT児童・生徒の保護者会の設立。保護者は児童生徒よりも、相談相手を見出すのが困難で、保護者会は必要である。

　第三に、当事者児童生徒と保護者・学校の話し合いの場。通訳者の様な存在を介した話し合いの場を設ける。当事者児童生徒と保護者・学校の意見交換・情報交換は十分になされていない。「話したいが、話せない」、「話をする機会をつくりにくい」などの事情がある。通訳者のような第三者を介した話し合いの場が必要である。

（日野由美）

注

　1）「性同一性障害者の性別の取扱いの特例に関する法律」（平成十五年法律第百十一号）、最終更新：平成三十年六月二十日公布（平成三十年法律第五十九号）改正。

　2）「性同一性障害に係る児童生徒に対するきめ細かな対応の実施等について」（平成27年4月30日、27文科初児生第3号）。

　3）中塚幹也（2011）「自殺総合対策大綱改正に向けての要望書」GID（性同一性障害）学理事長中塚幹也。

4）平成二十九年四月二十五日受　答弁第二三五号内閣衆質一九三第二三五号；内閣衆
　　質一九三第二三五号　平成二十九年四月二十五日「衆議院議員西村智奈美君提出学習
　　指導要領改訂に際して『思春期になると異性への関心が芽生える』と記載してLGBT
　　について記載されなかったことに関する再質問に対し、別紙答弁書を送付する」。
5）条文は以下を参照のこと https://www.city.shibuya.tokyo.jp/reiki_int/reiki_honbun/
　　g114RG00000779.html（最終アクセス2020年2月1日）。

第3節　子どもの貧困と特別ニーズ教育

1　はじめに

　2008年10月にOECDが子どもの相対的貧困率を公表し、2005年時点において日本の子どもの相対的貧困率が14％に昇ることが白日の下にさらされた。以来、「子どもの貧困」は我が国の現状を言い現わす一つのキーワードとしてひろまると同時に、"改めて"教育政策に対する提言が少なからず行われてきている。この"改めて"なされている提言の基調にある認識は、「貧困」と「格差」の峻別であり、教育に対する投資への注目である。例えば「格差」が不可避的に生じる社会の中にあって、「貧困」とは「社会の中のどのような人も、それ以下であるべきではない生活水準、そのことを社会として許すべきではない、という基準」であり、教育を「家庭における貧困の『不利』を緩和するメカニズム」という視点で捉え、公教育に対する早期からの投資増大を提言するというものである（阿部2008）。

　さらに問題とされてきたのが貧困の「世代間連鎖」である。貧困の世代間連鎖は保護者の経済的な貧しさが保護者の困りごとを引き起こし（低い自己評価、子育て上の不安、精神的余裕のなさ、孤立・排除、文化的経験の不足、不十分な衣食住、時間的余裕のなさ、健康状態の悪さ等）、それがさらに子どもの困りごとを引き起こすこととなり（低い自己評価、進路展望の制約、低学力・低学歴、孤立・排除、学習用品の不足、不十分な衣食住、虐待・ネグレクト、健康状態の悪さ）、結果として子どもの（将来の）経済的な貧しさを引き起こすというプロセスをたどる（伊藤2020）。このプロセスのいずれかに、多様な角度から介入して貧困の連鎖を断つことが我が国の今日的課題であるが、「貧困」と「特別ニーズ教育」の関係を視野に置いた場合、いったいどのような

実践・研究課題が措定されるのであろうか。

　以上の問題意識から日本特別ニーズ教育学会では 2017 年度から 3 年間にわたり、いくつかの視点からこの問題に取り組んできた。本節ではかかる取り組みの成果を概観し、その到達点と今後の研究課題を整理したい。

2　障害のある子どもの貧困と学校教育をめぐる研究の課題

　まず、丸山 (2017) による「障害のある子ども」をめぐる 4 つの研究課題を見ておこう。

　第一に学校教育に関わる費用をめぐる問題である。

　保護者の学校教育にかかる費用負担に関わって、就学奨励費の仕組みを検討する必要がる。具体的には保護者による立て替え負担問題や、着実に本人に届くようにするための、学校による就学奨励費管理の是非がある。また、経済的理由による進路選択の制約、そもそも私費負担に依存する学校教育制度の改善や根本的な見直しも課題となる。

　第二に教員の意識をめぐる問題である。

　すでに指摘されているところであるが、教師の「子どもの貧困」への気づきの弱さ、個人差の大きさ、いわゆる「見えない」「見えにくい」をどう乗り越えていくかという問題である。そこには「子どもの貧困」が具体的にどのようなインデックスで立ち現れてくるのか、ということの理解、子どもの家庭状況等に関する情報の制約、日本は相対的に貧相といわれる「子どもに保障されるべき生活水準についての意識」が含まれる。

　第三に教員による配慮・支援をめぐる問題である。

　まず、子どもの貧困に対する教育実践、生活支援は長い蓄積を有しているという事実とそれが「家族の生活・養育困難を軽減したり、生活・養育困難の子どもへの影響を抑制したりするものとして、重要」という経験的英知がある。しかしながら、ここで考えなくてはならない問題はこうした取り組みが「差異を不可視化」するものとして批判されるべきものなのか、「学校内に貧困対策を拡充していく上での核」と捉えるべきかという論争の止揚である。この点にかかわって、丸山の「教師による配慮・支援を可視化することを通して、学校でみられる『子どもの貧困』も可視化されるはずであり、それら

の可視化を研究の課題とするべき」ではないか、という指摘は障害にのみ限定されない、多様な特別のニーズを有する子どもの問題として示唆的である。

第四に保護者の障害をめぐる問題である。

貧困層の保護者に相対的に高い割合で知的障害・発達障害・精神障害がみられる傾向があるといういくつかの研究を踏まえつつ、①保護者の多様性に応じた「保護者との連携」や「保護者支援」の在り方、②保護者の障害へ着目しつつ、経済的困難を後方に追いやらない問題構造の的確な把握、③障害のある保護者への支援方法、を追求する必要がある。

なお、以上は「障害のある子ども」という視角から検討された研究課題であるが、それが障害以外の原因によって特別なニーズを有する子どもの場合、どのような共通性と独自性を見せるかを検討する重要性は言うまでもないであろう。

3 当事者の語る自分史から見た「学校教育」の役割

今回の課題研究では当事者の参加を得て、その自分史の語りから「学校教育」の役割を検討してきた。以下、二つの事例を取り上げたい。

(1) 本人の病気・障害と母親の養育困難が重層化した事例

自らの病気・障害（難治性てんかん）に加え、母親の病気（精神疾患）による養育困難があったＡさんの事例である。Ａさんの母親は、Ａさんが生後3カ月の時に精神科に入院し、それから入退院を繰り返すようになった。母親は体調を崩すと1日布団で横になっていることも多く、Ａさんは1人で遊ぶことが多かった。小学校4年生のある日、思わず母親に向かって「死んでやる」と叫んだそのとき、Ａさんは母親からカミソリを渡され、自分の腕を切ってしまい、3日間意識不明になったこともあった。5年生のとき、父親の勧めで寄宿舎併設の病弱養護学校（以下、特別支援学校と標記）に転学した。転学後も「発作になったら先生がかまってくれる」と、教員や寄宿舎指導員に試し行動（思い通りにいかないと「死ぬ」といって屋上に上がり飛び降りようとしたり、暴れる、夜抜け出すなど）を繰り返した。学校の教員や寄宿舎指導員は彼の病気や手術へのアドバイス、繰り返す「問題行動」にも粘り強く関わ

り、彼の話に耳を傾けた。人と話すことが苦手だったＡさんは、徐々に友だちとの関りも増えていった。当時を振り返りＡさんは、学校や寄宿舎で生活が安定したこと、なにより朝、昼、晩の食事に困らなかったことが心の安定につながったと話す。

　特別支援学校中学部を卒業した後は、同校と連携のある専修学校へ進学した。だが、高校１年のときに母親を亡くし、再び不安定になり、家庭内暴力や自殺未遂、一時期不登校にもなった。警察に通報され、児童相談所から精神科病院に措置入院となったこともある。そのときは、特別支援学校を卒業後も毎日のように電話で話を聞いてもらっていた寄宿舎指導員の電話番号を思い出し、助けを求めたという。このように不安定な生活は続きながらも、教員の支えで無事、高校を卒業し、その後はアルバイトしながら通信教育を受け、病弱教育の研究を続けている。

(2) 家庭の貧困に伴う「心身症」から立ち直った事例

　Ｂさんは、幼少期に両親が離婚。人との関係を拒む母親はＢさんを幼稚園にも行かせず、家に閉じ込める生活を強いていたこともあり、離婚後は父親がＢさんを引き取ることとなった。父親も仕事や生活が不安定のため、数年間、児童養護施設で暮らすこととなるが、父親の仕事や住居が決まったことから、小学校３年生で父親と暮らすようになる。しかし、仕事で忙しい父親は十分な養育を行うことができず、毎日の食事は半額になったスーパーの弁当というように家の中は荒れていった。

　学校では保護者提出の書類がいつも期限に揃わないこと、親同士の交流が一切ないことなど、ほかの家庭では当たり前のことが何一つなく、Ｂさんは「なぜこの家に引き取られたのだろう」「この生活を友だちや先生に知られたくない」と思うようになった。そして自信をなくし、不登校・保健室登校となった。それでも「このままではいけない」と思い、何とか休みながらも小学校卒業まで学校に通った。

　しかし、中学校進学時に全く学校に行けなくなった。中学校では給食がなく、弁当持参がきっかけであった。自分で作った弁当のフタを開けることができず、Ｂさんは「自分の生活に限界を感じた瞬間であった」と語った。そ

の後、Bさんは学校に近づけなくなり、近所のスーパーやコンビニに行けなくなり、家族が家にいるときにはトイレや風呂にも入れなくなり、ついに自分の部屋から出られなくなってしまい、家から出られない生活は6年間、18歳になるまで続いた。

それでも中学生のときには「今日、学校に行けば取り戻せる。まだやり直せる」と思っていた。しかし、実際には家から出られない生活が続く中での強い焦りと不安、そして「今日も学校へ行けなかった。こんな自分はいないほうがいい」という気持ちが日々募っていった。長い引きこもり生活の中で「頑張りたいのに頑張れない自分は何なんだろう」「どうして頑張れないんだろう」という違和感があった。地域の発達支援センターの介入もあり、児童精神科に受診し、「うつ状態と不安障害」と診断された。また、重い糖尿病になっていることもわかり、18歳で糖尿病治療のため内科へ入院した。そこで医師から精神科への入院を勧められ、精神科へ転院を決めた。

精神科病棟では同年代の人たちが多様な精神疾患や障害を抱えながらも、それぞれ頑張っていることを知り、また「自分は同年代の人と話したり、関わりがもてる」ことに安心感を覚えつつ、「最後にもう一回だけ頑張ってみよう」という気持ちが芽生えた。これまでに関わってくれた支援センターの職員に勉強をやり直したいこと、高校に入りたいこと、できれば家庭以外で生活がしたいことを伝え、19歳で寄宿舎併設の病弱特別支援学校高等部に入学することとなった。

特別支援学校では、少人数で学習の遅れを取り戻しながら自信をつけていった。寄宿舎では、ほかの生徒と暮らすことで負担もあったが、寄宿舎指導員に話を聞いてもらいながら、人と関わる力を身につけていった。そのような出会い・関わり合いの中で得た経験が大きな力となり、保育専門学校へ入学、そして卒業した。保育士の資格を取り、現在も通院しながら施設で働き、1人暮らしをしている。

このように、家族依存の強い日本においては親の貧困や離婚・死別が子どもの不利を招きやすいため、障害児は、「子どもの貧困」が進むなかにおいては、さらに深刻化、固定化する。藤原（2010：74）は「障害児者と家族を

覆う貧困は一過性ではなく、長期化、深刻化する」「障害児は健常児以上に貧困に陥りやすく、そしてそこから脱することが難しいという構造の中にいる」と指摘する。しかし、障害児者の貧困は、社会的に認知されにくい、あるいは、「発見」されにくく（鈴木 2010）、「障害」というハイリスクをもつ障害児にとっては、発達保障のみならず生命維持にかかわる重大な問題となる（小野川 2010）。以上、二つの事例ではあるが、学校教育が重要なセーフティネットになっている実態を踏まえつつ、①さまざまな要因が絡み合っているという認識にもとづく個別のアプローチのありようと効果、②豊かな時間を過ごすための環境づくり、とくに学習保障と社会参加を目指した支援のあり様と構築プロセス、③卒業後の継続支援を確保するための、在籍中からの切れ目のない支援体制づくり、が課題として明確になってきたと言える。

4　通常学級における多角的支援の必要性

　この実践事例については小野（2017）で詳細に取り上げられているので、以下そのポイントに注目してみよう。

　対象であるＣさんは成績も優秀で溌剌とした小学校 5 年生女児であったが、ある日、突然不登校になり、母親も学校側も当初、その原因を全くつかめないところから出発する。家族構成は母親と小学校 3 年生の弟との 3 人暮らしである（父親とはＣさんが 4 歳の時に離婚、子どもたちには病死と伝えてある）。住居は賃貸、二部屋のアパートで、母親は看護師（パート）で 2 件の病院に掛け持ちで勤務。就学援助を受給しており、申請時の年収は 240 万円である。なお、実家に生活状況を知られたくないという思いから生活保護は受給していない。母親像は「子どもたちに不自由な想いをさせたくないと、必死に働いている」というものである

　Ｃさんの状況や課題についての母親の記述はおおよそ次の通りである。

　〇居住区周辺に友人はおらず、実家も遠方にあって支援してくれる人的環境は乏しい。

　〇利用したことのある社会資源は保育園・学童保育・PTA 主催の無料・課外教室、図書館である。

　〇食事は朝食・夕食ともに母親がつくり冷蔵庫に入れておき、Ｃさんが温

めて弟と食べる。また洗濯物の取り入れ・仕分け、掃除等もCさんが
担っている。
○塾へ通う、友人と遊ぶ、休日や長期休暇中に家族旅行に行く等の経験は
ほぼない。

　学校としては家庭訪問、学校での面接を重ね、家族と共に週末の保健室登
校が可能になったころ、4回目の面接中に「（お母さんなんか）大嫌い！」と
叫んで泣き出し、6回目の面接で次のように語ったという。

　　「10月に親友のAさんの自宅に遊びに行った。Aさんの家は大きくて、
　　きれいだった。Aさんの部屋にとおされた。お部屋にはいろいろなぬ
　　いぐるみや見たことのない雑誌、お洋服があった。Aさんのお母さん
　　が紅茶とケーキを持ってきてくれた。Aさんのお母さんは、いい匂い
　　がしてとても綺麗だった。（以下略）」

　不登校の原因はCさんにとって衝撃的な「親友との格差」であった。
　その後、学校はクラスメートを適度な温度感で巻き込む再登校の促しに取
り組み、母親は週1回、Aさんと同じ塾へCさんを通わせるようにする。
また、本人の意思を確認しながら担任、養護教諭、母親との交換日記を始め、
Cさんの記述に対して、その気持ちを映し返すような記述をし、また気持ち
を代弁するような記述にも心掛けた。さらに母親に対しては週末面接の際に
これまでの子育てに対するひたむきな努力を賞賛していった。こうして不登
校状態から4カ月後に完全教室復帰を果たし、中学校に進学後も不登校状態
にはならなかったという経緯をたどる。
　小野（2017）はこの実践を通して「学校、家庭、地域において『孤立状態』
にしないこと」、「学びの協働者として子どもたちを尊重してかかわること」
「きめの細やかな相談支援を通して支援を実施すること」の重要性を訴えて
いる。

5　相対的剥奪に対する取り組み

　「子どもの貧困」が大きく社会問題となる中で、「子どもの学習支援」「子
ども食堂」「子どもの居場所づくり」などが全国各地で急激な広がりをみせ、
公的支援が不十分な状況においては重要な取り組みとなっている。その1つ

に、地域ぐるみで取り組まれている尼崎の「子ども・若者応援クーポン事業」
がある。「子ども・若者応援クーポン事業」は 0 歳から 20 歳の子ども・若者
に、助成金や寄付をもとに発行したクーポンを無償に提供し、提携先の塾・
予備校、習い事、保育サービス、資格取得・就労支援等で利用できる。また、
個々の希望や特性に合わせて、必要なサポートを行う相談支援も行い、成長
ごとに必要な支援をつなぎ、当たり前の育ちの実現を目指している。これは、
「貧困」をはじめ、さまざまな事情によって学ぶ機会や支援機関にアクセス
できない子どもや家庭に大きな力となっている。また、地域や行政、企業、
NPO 法人が力を合わせ、成長ごとに必要な支援をつないでいる点でも注目
すべき取り組みである。

　「子ども・若者応援クーポン事業」の立ち上げにかかわった NPO 法人・み
らいず 2 の桝谷礼路 (2018) は、「貧困」をはじめ、さまざまな困難を抱えて
いる子ども・家族は、外からは「みえない」「口に出せない」「あきらめてい
る」と指摘する。声なき声を聴き、「その社会で通常経験できること」「その
社会で通常得られるモノ」につながる、まさに社会関係資本・文化資本の充実
によって、発達保障、学力向上、キャリア開拓につながる取り組みであろう。

6　就学前の「貧困」とスタートカリキュラムの取り組み

　先に述べたように「貧困の世代間連鎖」をどのように絶つかが今日的課題
の一つであるが、池田ら (2012) が指摘するように、子どもの内在化問題行
動 (ほかの子どもと遊ばない等) や外在化問題行動 (人や物に攻撃的等) は家庭
力に大きく左右され、家庭力は保護者の幼年期における体験の豊かさに左右
される。特別ニーズ教育の文脈からみると早期発見・早期介入という視点に
たち、困りごとがどのような教育的ニーズとして立ち現れ、それに対してど
のような教育実践を展開するか、という課題として受け止める必要がある。

　この点に関わって、小西 (2019) は「この時期の子どもたちへの調査はこ
れまで手薄だったが、ここ数年でいくつか実施され、少しずつ明らかになっ
てきた。総じて言えることは、生まれてすぐの段階から子どもの養育環境は
不平等であり、所得階層等によってまったく異なる環境の中で子どもたちは
育っていくということである。こうした状況において、教育・保育・福祉が

縦にも横にもつながりながら子ども・家族を支えていくことが求められている」と述べている。だが、「幼年期の貧困は影響力が大きく、介入効果も大きいと考えられている。他方、介入のための制度設計の面では、就学前児童に対する介入は難しく、小学校段階の方が有利である。具体的な介入方法を設計・評価する際には、子どもの貧困を bio-psycho-social な複合体として考えることが必須であり、また、議論の前提となっている家族像に対しても注意を払わなければならない」(松川 2019)。

　では、小学校はどのような状況にあるのだろうか。小野 (2019) はある自治体の小学校における聞き取り調査から以下の諸点を明らかにした。

　　経済的に困難な地区にある公立小学校 (協力校) での 1 年生の状況を観察すると、①体の使い方に不器用さが目立つ、②聞き取りが苦手で指示が入りにくい、③自分の気持ちや考えを言葉で伝えられず、語彙が少ない、④激高したり、黙り込んだりしてしまうことが多い、⑤仲間と一緒に活動することが難しい、⑥学校生活のルールが守れず、身勝手な行動をとってしまうなどの状況が深刻である。さらに特別支援教育コーディネーターや養護教諭への聞き取り調査から①イライラする児童が他校の児童と比べて多い、②授業中眠そうにしている子どもが多い、③遊びや課題をやり抜く気力が弱い (疲れやすい) などの特徴も明らかになってきた。また、管理職によれば「このような状況は、幼稚園や保育園から継続してきたものもあれば小学校に入学してから顕在化したものもあると思われるが、ニーズレベルが明らかに他地区の子どもたちより深刻で、入学時より学習意欲が低下している状況がみられる」とのことであった。事実、協力校では、5 学年 6 学年になった時点で実施される学習適応性検査の「学習意欲」得点は低く、学力検査の結果も毎年下位である。

　2019 年度から同校では「学校生活スキルの形成」「不器用性改善」「算数や国語の基礎となる言葉や認知力の向上」を目的としてスタートカリキュラムの開発に取り組みはじめている (4 月当初のスタートカリキュラムや夏休み明けの登校しぶり、教室での不適応行動に対する第 2 スタートカリキュラム)。今後、こうした実践研究のいっそうの蓄積が求められるだろう。

7　おわりに

　「子どもの貧困」というタームが広まり始めてから10年余りが経過した。研究の蓄積が始まったとはいえ、学校現場では「今さら始まったことじゃない」「これまでいろいろな取り組みをしてきた」あるいは「家庭状況の把握などはスクールソーシャルワーカーが担うというが、会ったこともない」という声が少なからず聞こえてくる。そして、このような声が一方で「子どもの貧困と特別ニーズ教育」の関係性、実践性の検討を遅らせているという側面も見えてきた。研究の初期段階であるがゆえに大きなフレームをまずは描きだし、その中で着実なエビデンスを収集・蓄積していく必要があるだろう。

（小野川文子・加瀬　進）

文献

阿部彩 (2014)『子どもの貧困Ⅱ—解決策を考える』岩波新書。

藤原里佐 (2010)「障害児者の貧困をどうとらえるか—重なり合う困難という視点から」『貧困研究』5、69-77。

池田まさみ・安藤玲子・宮本康司 (2012)「幼児期の問題行動と家庭力」菅原ますみ編『子ども期の養育環境とQOL』金子書房、101-117。

伊藤秀樹 (2020)「教員から見える子どもの貧困」松田恵示監修／入江優子・加瀬進編著『子どもの貧困とチームアプローチ—「見えない」「見えにくい」を越えて』書肆クラルテ、44-50。

小西祐馬 (2019)「話題提供Ⅰ：就学前段階における貧困問題」日本特別ニーズ教育学会『第25回研究大会　発表要旨集』課題研究Ⅰ：貧困と特別ニーズ教育Ⅲ、30。

桝谷礼路 (2018)「話題提供1：子どもの貧困と機会の確保」日本特別ニーズ教育学会『第24回研究大会　発表要旨集』ラウンドテーブルⅢ：貧困と特別ニーズ教育Ⅱ、42。

松川誠一 (2019)「指定討論」日本特別ニーズ教育学会『第25回研究大会　発表要旨集』課題研究Ⅰ：貧困と特別ニーズ教育Ⅲ、31。

丸山啓史 (2017)「『障害のある子どもの貧困と学校教育』をめぐる研究の課題」『SNEジャーナル』23(1)、40-52。

小野川文子 (2010)「特別支援学校寄宿舎から見える障害児の『生活の貧困』」『障害者問題研究』37(4)、293-299。

小野學 (2019)「話題提供Ⅱ：スタートプログラムの開発」日本特別ニーズ教育学会『第25回研究大会　発表要旨集』課題研究Ⅰ：貧困と特別ニーズ教育Ⅲ、31。

鈴木勉 (2010)「障害児者の貧困の諸相と固有性を明らかにする」『障害者問題研究』37(4)、241。

特別ニーズ教育の史的展開

第1節 「特別な教育的ニーズ」概念の生成と展開

1 20世紀中葉までの特殊教育と統合教育の萌芽

　障害のある子どもに対する組織的な教育が始まるのは、欧米においては18世紀後半から19世紀中葉にかけてである。ただし、当初はまだ慈善・救済施設の性格も色濃かったが、19世紀末以降、公教育制度が整備されていくなかで、先進的な国や州では盲・聾教育の義務制が実施されていく。また、初等教育の学校で顕在化し始める学業不振児や軽度障害児の問題、とりわけ「精神薄弱児」とよばれた子どもたちへの対応として、特別な学級や学校も設立されていく。ただし、障害の重い子どもはその後も「教育不可能」とみなされ、特に知的障害児の多くは、在宅か福祉施設で保護・教育されていた。

　第1次世界大戦後になると、障害児教育の公的整備はさらに進み、国や州レベルでの独自の法令、あるいは一般の教育法のなかで、障害児の義務教育が規定されるようになる。こうして20世紀の前半から中葉にかけて、障害種別・程度別の特殊学級・学校における教育としての「特殊教育」の骨格が出来上がっていった。

　「特殊教育」がそれ以前の慈善・救貧政策から脱却し、公教育制度のなかに位置づけられ、社会的に、あるいは一般の学校で放置されていた子どもに適切な教育を保障する条件がつくられたことの意味は大きい。しかし障害児のための特殊学校・学級には、同時に通常の学級の負担軽減、さらには「社会防衛」論とも結びついた社会全体の負担軽減や底辺・補助労働力の育成とい

う役割も課せられる。

　このことは裏を返せば、労働力としての見込みのない者を学校教育から排除する「就学猶予・免除」制度と連動するものであった。また、実際には障害児とはいえない子ども、貧困など社会的に不利な境遇に置かれたために学習上の困難をもつような子どもが、安易に特殊学級・学校に選別されるようなこともなかば正当化されていた。こうした論理や構造は、ファシズムや第2次世界大戦の時期を経て、およそ1960年代から70年代半ばまで、各国の特殊教育を支配していく。

　しかし一方で、このような状況にあっても、障害のある子どもを障害のない子どもと一緒に教育しようとする主張や試みもあった。

　電話の発明者として有名なG.ベルは、ヘレン・ケラーの良き理解者・後援者でもあり、聾教育家として口話法の普及と合わせて熱心な統合教育論を主張した。また新教育運動と呼ばれた一連の教育改革の取り組みの中には、特別な学校の子どもを積極的に受け入れ、能力混合の集団への指導を試みたものもある。生活共同体学校のひとつとして日本にも紹介されたドイツのイエナ・プランはその代表的なものである。ただしこれらはすべて、一時的ないし局地的な議論や試みであった（荒川 2008：148-149）。

　しかし、1960年代頃からノーマライゼーションの思想が広がるとともに、特殊学校・学級への安易な選別や重度障害児を教育から排除することへの批判が起こってくる。ノーマライゼーションの提唱者バンク−ミケルセンは、当時の大規模な隔離収容施設に対する批判だけでなく、特殊学校に対しても否定的な見解を述べている。そしてスウェーデンなど北欧諸国を中心に、インテグレーション（統合教育）が政策的に論じられるようになる。

　インテグレーションという用語はもともと、階級や性あるいは人種による教育上の区別・差別をなくすという理念に対しても使われていたが、この時期になると、障害のある子どもの教育問題として広く論じられるようになる。福祉におけるノーマライゼーションと同時に、公教育における階級別分岐型学校に代わる総合制学校の運動や政策の展開も背景にしており、障害のある子の教育の公平・平等、機会均等のあり方や、能力による分化の関係が大きな焦点となっていく。

2 全障害児教育法とウォーノック報告

　1960年代になり、ノーマライゼーション思想が広がり大規模収容施設への批判が強まる中、教育不可能として施設に収容されていた人でも、労働や訓練など施設内での様々な活動によって成長・発達することが認識されるようになり、「教育不可能な子どもはいない」として、それまで学校から排除されていた障害の重い子どもたちへの教育が徐々に準備されていく。

　他方で既存の特別な学校や学級では、人種・民族的マイノリティや貧困階層の子どもの割合が高く、生徒構成の偏り、すなわち社会的不平等や差別が生徒構成に反映していることも問題となってきた。

　そして欧米各国は1970年代以降、それまでの特殊教育の根本的な解決に着手するようになる。それは、障害の重い子どもを含むすべての子どもの学校教育の保障と、同時に機械的・差別的な選別を止め、できる限りノーマルな教育環境を保障する教育的統合の二本柱で進められたといってよい。

　そうした潮流を生むうえで最も大きな影響を与えたのが、アメリカの「全障害児教育法」(1975年)である。同法はすべての子どもに無償の公教育を保障すること、それは特別な教育・指導のみならず、各種の専門的セラピーや移動手段の確保などの「関連サービス」も含むこと、さらに、その子に適切かつ通常の教育環境に近いような場を考慮するという「最少制約環境」の原則や、一人一人の子どもの状態を把握し適切な指導を立案する「個別教育計画」の作成などを求めるものであった。これらは他の国々の施策の一つの模範となっていく。

　全障害児教育法と並んで、従来の障害児教育のあり方を根本から転換させる契機となったのが、「特別な教育的ニーズ」(special educational needs) の概念を提起したイギリスの「ウォーノック報告」(1978年)である。もともと特別な教育的ニーズという用語は、障害のある子の「欠陥」だけを見るのではなく、環境的要素も考慮して教育をすべきだという考えを表すものとして提唱されていたものである (真城 2002：199)。それに対しウォーノック報告では、同年齢の子どもの約2％に相当する障害児にとどまらず、約20％が何らかの学習困難に遭遇する、すなわち特別な教育的ニーズをもっていると想定

された。

　また同報告では統合教育の原則も整理された。すなわち、特別な学校を通常の学校と同じ敷地や建物に設置する「位置的統合」、障害のある子どもと障害のない子どもが定期的・日常的に交流する「社交的統合」、共同の学習活動をする「機能的統合」の三段階に分類し、それぞれの子どもの状態に応じて進められるべきことが提起された。

　特別な教育的ニーズという用語は、その後多くの国で採用されるようになる。その範囲や定義はその国の文化・経済その他の諸条件や教育の考え方によって異なるが、一般的には障害をもつ子どものほかに、言語・文化的マイノリティ、貧困・児童労働など様々な背景から学習困難に直面する子どもたちがあげられる。

　歴史的に見れば、特殊教育は単一障害の子どもへの教育から始まったので、障害の種類・程度にそのまま対応した特殊学校・学級での教育は、ある意味では「合理的」なものだったともいえる。しかし1970年代以降、世界の各国で重度・重複障害児の教育が進展していく。また学習障害や自閉症など、いわゆる「新しい障害」が注目されるようになり、その状態が類似あるいは重複する場合も少なくないこと、そうした子どもの多くが通常学級で学習していることなどから、従来の障害観やそれに基づく「特殊教育」制度では対応できなくなり、特別な教育的ニーズという概念が国際的に受け入れられるようになったといえる。

　もちろん障害の種類やカテゴリーを無視していいというのではない。しかし、重複障害や原因の特定が難しいケースなどをも考慮するなら、単に診断に応じて教育措置を決めるのではなく、個々の子どもがどのような教育的施策・配慮を必要としているのかを丁寧に把握したうえで対応することは必要であり、その意味ではこれまで以上に個々の子どもの障害と発達・生活の状態を考慮することが求められる。

3　教育的統合政策と特別な教育的ニーズ概念の広がり

　すべての子どもの教育の保障と最小制約環境の原則に基づくメインストリーミングを柱としたアメリカ全障害児教育法は1978年に施行され、これ

によって障害の重い子どもの学校教育は大きく前進した。ではメインスト
リーミング（アメリカでは統合教育の用語は人種間の統合に対して用いられ、障
害のある子についてはこの言葉が使われる）の方はどうであったか。

　理念上は、カスケードと呼ばれたいわゆる学びの連続体、すなわち最も制
約の大きいとされる寄宿制特別学校、通学生特別学校、地域の学校の中の特
別学級（1日の6割以上の時間を特別な場で過ごす）、ルソースルーム（2割から
6割の時間を特別な場で過ごす）そして最も制約の少ない通常学級（8割以上を
通常学級で過ごす）までの就学措置において、その子の能力適性や物理的条
件などを考慮し、可能な限り制約の少ない方向に学習の場が移行することが
狙われた。しかし現実には特殊学校の在籍率約0.5%、特殊学級の在籍率約
2.5%の数字は大きく変化せず、メインストリーミングは足踏み状態だった
といってよい。

　このような状況に不満を抱いた障害児教育関係者の中から、通常教育が
もっとメインストリーミングに責任を持つべきだという、いわゆる通常教育
主導主義（REI: regular education initiative）の論争が、1980年代を中心に起こ
る。REIには重度の子も含めすべての子どもを対象に考えるグループと、主
に軽度の子を中心に考えるグループがあり、それに従来の特別な学校の重要
性を唱える関係者と合わせて三つ巴の論争の呈をなすが、肝心の通常教育関
係者がほとんど議論に参加しなかったため、次第に下火になっていく。

　全障害児教育法は、1990年改正の際に「障害者教育法」と名称を変え、
その後1997年には、各週の障害児教育予算の算定に当たり、従来の特別学
校等の在籍者数に基づくのではなく、全生徒数の一定の割合で算出すること
により、インクルーシブ教育を促進することが期待された。そして21世紀
に入り、2001年のNCLB法（どの子も置き去りにしないための初等中等教育法
改正）との整合を図る2004年改正法に基づき、アメリカの障害児教育は展開
されている。

　一方イギリスでは、先のウォーノック報告を受けて1981年教育法が制定
され、特別な教育的ニーズを持つとされる子どもに対して、「通常の教育的
施策に加えて、ないしは別途になされる」「特別な教育的施策」を施すこと
が規定され、併せてそうした子どもたちの教育的統合を推進する方針が示さ

れた。このことは、従来の「障害児は特殊教育、健常児は通常の教育」とい
う機械的区分を払拭する積極的な契機になったという点でも重要である。

　同法の規定に従って、特別な教育的ニーズを持つ子どもであっても、親が
特別学校を希望していないこと、他の子どもの学習を妨げないこと、リソー
スが有効に使われることが可能であることという条件が満たされれば、通常
の学校に就学できるようになった（リソース有効活用の条件は後に削除）。

　しかし特別な教育的ニーズに対する公的なサポートは、判定書が作成され
た約2％の子どもにしか保障されず、想定される残りの約18％の子どもに対
する施策はあまり進展しなかった。

　1990年代に入るとそうした対応の見直しが迫られ、1993年教育法と94年
の施行細則に基づき、「特別な教育的ニーズコーディネーター」（SENCO）が
各学校に配置されることとなった。さらに1997年に労働党政権が成立し、
当時のブレア首相は教育を最優先にする政策を打ち出す。そして「すべての
子どもに卓越を：SENへの対応」も公表され、2001年「障害及び特別な教
育的ニーズ法」が制定され、インクルーシブ教育の政策が推進されていく。

　教育的統合は、基本的には障害児（だけ）を対象とした施策であり、それ
には限界があることが、1980年代にはすでに認識され始めていた。前述し
たように、アメリカのメインストリーミングや、イギリスの統合教育が当初
期待されたほど進展しなかっただけでなく、他の欧米諸国でも、通常の教育
の一度は統合された子どもがうまく適応できず、再び特別学校に戻ってき
て、特別学校在籍者がいっそう増えてしまうような現象も一部の国で起こっ
た。その最大の原因は、議論や施策が障害児の教育ないしは特殊学校・学級
の問題に止まり、通常の教育全体のあり方を問い直すまでに至らなかったか
らであるといえる。

　通常の学級にいるだけで他の子どもとは別のことを行っている、あるいは
通常の授業についていける程度によって、完全統合・部分統合（抽出指導、
特別学級等）に分類されるというのでは、結果的には本人の固有なニーズや
アイデンティティを十分に考慮できず、逆に通常の教育への「同化・適応」
を強いることになってしまう。その反省から、統合教育からインクルーシブ
教育への理念的シフトがなされていくことになるのである。

4 国連の取り組みと特別なニーズを持つ子どもの教育

　最後に国連の施策を取り上げる。1966 年に国連で国際人権規約が採択され、人種、女性などへの差別撤廃や人権保障の取り組みが世界的に展開され始めることにより、障害児者への施策も新たな段階を迎えることとなる。

　国連は 1975 年に「障害者の権利宣言」を採択し、障害者が「同年齢の市民と同等の基本的権利を有する」とし、障害児の教育が治療やリハビリテーションと同様に「社会的統合もしくは再統合の過程を促進する」ために不可欠のものとして位置づけられた。「完全参加と平等」をスローガンに掲げた 1981 年の国際障害者年の理念をさらに具体化した「障害者に関する世界行動計画」(1982 年) では、障害児の教育が「最も重度の者も含め」すべての障害児に保障されるべきこと、またそれが「特別な施設でおこなわれる」場合でも「普通教育に匹敵し」「普通学校と密接なつながりをもっておこなわれるべき」ことが求められた。

　20 世紀半ばまでの特殊教育の論理によって公教育から排除された重度の障害児も含め、すべての子どもの発達・学習権を保障すること、および障害があるから、困難や問題を抱えているからといって安易に選別するのではなく、できる限り通常の教育環境・条件の下での教育を追求する教育的統合を進めるという原則が、障害児教育のその後の国際的な動向として承認されたといえよう。

　1989 年に国連で採択された「子どもの権利条約」では、第 2 条 (差別の禁止) で、人種、性、財産などと並んで障害による差別の禁止が規定され、さらに第 23 条 (障害児の権利) において、「障害児の特別なケアへの権利」と「特別なニーズを認め」「可能な限り全面的な社会的統合ならびに文化的および精神的発達を含む個人の発達を達成することに貢献する方法で、教育、訓練、保健サービス、リハビリテーションサービス、雇用準備およびレクリエーションの機会」を保障することが定められている。

　1993 年の国連「障害者の機会均等化に向けた基準規則」の教育条項では、「統合された環境での機会均等」の原則が示された。すべての障害児への義務教育の保障、乳幼障害児や成人・女性障害者の教育への配慮、さらに教育

的統合を進める際の「通訳者や他の適切な支援サービスの提供」「カリキュラ
ムの柔軟性、追加、修正」教員研修や補助教員の配置などがあげられている。
同時に「一般の学校制度が障害を持つ人々すべてのニーズにまだ合致しない
場合には」特別な学校などでの教育も考慮することなどが定められている。

　そして1994年、第1章で述べたサラマンカ宣言が出され、特別ニーズ教
育とインクルーシブ教育の時代へと移っていくことになるのである。

（荒川　智）

文献

荒川智（2002）「「特殊教育」から特別なニーズ教育への転換」特別なニーズ教育とインテ
　グレーション学会編『特別なニーズと教育改革』クリエイツかもがわ、162-180。
荒川智編著（2008）『インクルーシブ教育入門』クリエイツかもがわ。
中村満紀男・荒川智編著（2003）『障害児教育の歴史』明石書店。
真城知巳（2002）「イギリスにおける特別な教育的ニーズの概念」特別なニーズ教育とイ
　ンテグレーション学会編『特別なニーズと教育改革』クリエイツかもがわ、199-216。

第2節　日本における障害・特別ニーズを有する子どもの特別教育史

1　はじめに

　日本における障害・特別ニーズを有する子どもへの近代的な教育は、1878
（明治11）年開設の「京都盲啞院」から数えて約130年の歴史を有する。その
歴史は、①障害・特別ニーズを有する子どもの教育の国民国家・国民教育シ
ステムへの組み込まれ方や法制化の度合い、②障害・特別ニーズを有する子
どもの学習権や発達保障の進展状況、③通常教育からのセグリゲーション
（分離・別学）および通常教育へのインテグレーション・インクルージョン（統
合・共学）などの視点から、以下のように大きく7期に区分できる。

　第1期　国民国家の形成と国民教育システムからの障害児排除／慈善的教
　　　　　育保護事業の成立（1878年～1922年）
　第2期　国民統合／総力戦体制と特殊教育の近代化（1923年～1945年）
　第3期　戦後教育改革と近代的特殊教育制度の成立（1946年～1966年）

第4期　特殊教育の近代化徹底と養護学校教育義務制（1967年〜1979年）

第5期　特殊教育・障害児教育の実質的保障と現代化の課題（1980年〜1993年）

第6期　特別ニーズ教育の国際動向と特別支援教育への転換（1994年〜2006年）

第7期　特別支援教育の制度化とインクルージョンへの模索（2007年〜現在）

　そのなかでもとくに、第1期と第2期・第3期の間には「慈善・慈恵的な特殊教育保護事業」から「分離・別学による近代的特殊教育の成立」という点での画期を、また第5期と第6期・第7期の間には「分離・別学を中心とする近代的特殊教育・障害児教育」から「発達と教育的統合、社会的統合の統一的保障をめざす現代化（特別支援教育という過渡的形態を経て特別ニーズ教育への移行）」という点での画期を認めることができる。

　本節では日本における「障害・特別ニーズを有する子どもの特別教育」の歴史を振り返りながら、21世紀の新たな特別教育（特別ニーズ教育）のあり方を展望していくこととしたい（紙幅の関係で第1期から第6期までを検討する）。

2　前近代と障害児の特別教育

　日本の近代的な特別教育の源流は、民衆の自発的な教育機関であった手習所・手習塾（いわゆる寺子屋）における少なくない数の障害児の就学や彼らへの積極的な教育指導にみることができる。明治期の教育史家であり、「低能児教育学」の創始者でもあった乙竹岩造の調査によれば、幕末には全国の手習所・手習塾数（今日判明しているだけで2万5千余、実際には4〜5万以上存在したと推測されている）の1割弱に、視覚・聴覚・肢体や知能に障害を有する子どもが在籍していたという（江戸では2割4分）。

　その背景には近世末期における商品資本経済・流通システムの飛躍的発展や「学習社会」の登場により、読・書・算のリテラシーを欠いては職業・社会生活を営むことが困難になっていたからであり、親も障害・特別ニーズを有する子どもにそのような能力を身につけさせることで社会的自立の可能性を求めたからであった。

　手習所・手習塾の師匠のなかにはそうした要求を受け止め、聴覚障害児への実物指導、絵カードの作成、書字・筆談などによるコミュニケーション、視覚障害児への凸字指導などの創意工夫や、知的障害児への地道で継続的な指導を熱心に行う者もいた。それが可能となったのは手習所・手習塾の教育が、子どもの多様な年齢・学習進度・必要性に応じるために個別教授が基本となっていたからでもある（市川・石山 2006）。

　また諸藩の藩士教育のために設立された藩校の一部でも、特別な事情のある者（その詳細はなお明らかではないが障害・疾病や「家督相続」などの問題が推測される）に、通常の教育形態とは異なる特別教育が行われていた。たとえば、正規の課程を修了できない者への補習教育（会津藩日新館）、試験による進級困難な者への試験によらない進級と別業課程（彦根藩稽古館）、能力別により正業課程と別業課程の複線型教育を設け、それぞれに学習内容も異なるもの（出石藩弘道館）などが知られている（小川 1993、2005）。

　幕末から明治初年にかけ、欧米の特別教育の知識・情報が舶載書、来朝外国人、遣外使節や海外留学生の見聞・報告などを通して数多くもたらされた。なかでも 1861（文久元）年の幕府遣欧使節に加わった福沢諭吉の『西洋事情』（1866 年）によるイギリス・フランス・オランダ等の「盲院、唖院、痴児院」の諸施設やそこでの教育方法（聴覚障害児の手話法・口話法など）の簡潔明快な紹介は、特別教育が西洋文明のひとつの体現であることを広く知らしめ、明治初期の開明的官僚や啓蒙家らによる特別教育創設の動きにも大きな影響を与えていった（中野・加藤 1991）。

3　国民国家の形成と国民教育からの障害児排除

　1871（明治 4）年、幕末に英国留学経験をもつ工学頭の山尾庸三が太政官に「盲唖学校ヲ創立セラレンコトヲ乞フノ書」を提出、「盲唖廃疾ノ窮民」の存在は「皇国ノ欠典」であり、西洋諸国にならい盲唖学校を設立し、彼らを救済することは「無用ヲ転ジテ有用トナシ国家経済ノ道」と建白した。

　このような動きのなか、日本の近代的国民教育制度の基礎を築いた 1872（明治 5）年 公布の学制では国民皆学の一環として障害児学校を意味する「廃人学校」も規定されたが、これは文明開化の象徴にとどまり、特別教育制度

の発足に直接は結び付かなかった。明治国家が求めたのは殖産興業・富国強兵を担える国民ないし産業革命下の労働力であり、その目的に合致しない障害児は国民と承認されず（選挙・兵役・教育などの義務・権利をもち得ない欠格対象として制度化）、国民教育の対象から排除されたためである。

　それに対して民間・民衆の側から、特別教育の創成をめざす取り組みが多様に開始された。京都では小学校教師・古河太四郎らが京町衆や寺社の支持を得ながら盲唖院設立運動を展開し、それが文明開化の先端を切る京都府政を動かして、1878（明治11）年に最初の公立障害児学校である「京都盲唖院」の開設となり、近代日本の特別教育はこれを起点に本格的に出発する（岡本1991）。

　東京では明六社の中村正直・津田仙・古川正雄・岸田吟香らの啓蒙思想家たちが、スコットランド宣教医ヘンリー・フォールズの福音主義による盲人救済の呼びかけに応えて「楽善会」を結成し、1880（明治13）年に「楽善会訓盲院」を設立した。そのほか、自由民権政社のひとつである京都府下宮津の「天橋義塾」における小笠原長道（小室信介）の唖児へのわが国最初の口話法教授の試み（1875〈明治8〉年）も開拓的な取り組みであった。

　その後、1889（明治22）年の大日本帝国憲法の公布、1890（明治23）年の教育勅語の発布と小学校令改正、1900（明治33）年の第3次小学校令改正で、天皇制国民国家のもとでの義務教育制度の確立とともに、就学義務の猶予・免除制度が整備・強化されていく。第3次小学校改正では「瘋癲白痴・不具廃疾」は就学義務免除、「病弱・発育不完全」は就学義務猶予、「貧窮」は免除または猶予の対象として規定され、障害・疾病・貧困の子どもたちは「国民教育ノ基礎」である義務教育から「就学スルコト能ハス」として排除されるシステムが完成したのである（髙橋2002）。国家にとって有用でないものを「異常」として規定し、それを排除・隔離ないし管理統制するイデオロギーと制度は、同時期に公布された治安警察法、感化法（非行少年の感化院収容）、精神病者監護法（監護義務者による精神病者の監置、行政官庁による監督）、行政執行法（「瘋癲」等の検束）などにも明瞭にみることができる。

　明治国家が国民教育から障害児を排除したのとは反対に、民間慈善事業の形態で障害児への教育保護事業が萌芽して、着実に成長していく。その代表例が、日本最初の「白痴教育」施設である石井亮一の「滝乃川学園」（1891〈明

治 24〉年に女児の孤児施設＝「孤女学院」として設立され、1897〈明治 30〉年に滝
乃川学園と改名、1900 年ごろ「白痴教育」が教育方針に位置づいた）であり、そ
れに続く脇田良吉の「白川学園」(1909〈明治 42〉年）、川田貞治郎の「日本心
育園」(1911〈明治 44〉年）であった。彼らに共通するのはキリスト教の平等
主義と博愛主義、欧米の先進的な「白痴・低能」に関する教育学・心理学理
論にもとづく教育保護事業の実践である。

4　国民統合／総力戦体制と特殊教育の近代化

　日露戦後から大正デモクラシー期に続く労働・小作争議、社会主義運動、
階級政党結成や護憲・普通選挙運動、部落解放・女性解放運動などの高揚と
体制動揺のなかで、国家は社会秩序の再編と国民統合をはかるため、従来の
障害児の排除・放置施策にも若干の修正を行った。

　視覚障害者や聴覚障害者自身もデモクラシー運動の高揚を背景にそれぞれ
運動団体を組織し、「吾等盲人にも一般国民と等しく義務教育を授けよ」
「我々聾唖者も国民の一人なり、故に国家に対して、教育の機会均等を要求
するの権利あり」などのスローガンを掲げて、国家に盲唖学校の公立化・国
庫補助や盲唖学校令の制定等を要求した。

　それらの運動を背景に、文部省は 1923（大正 12）年に「盲学校及聾唖学校
令」を公布した。それは各道府県に「盲唖」を分離して盲学校と聾唖学校の
設置を義務づけ、学校の設置・維持費を道府県の負担とし、初等部・予科の
授業料の無償などを規定した。同学校令は就学義務の規定がなく義務教育と
なっていないなどの重大な問題を残していたが、国家が社会政策上の見地か
ら障害児の排除・放任施策に最初の修正・譲歩を行ったものであり、盲聾教
育に限り国民教育と承認して公教育制度に位置づけたことは、近代的特殊教
育制度の端緒を開くものであった。

　この特殊教育の対象を盲聾以外の障害にも広げ、それに対応する特別学
校・学級の制度化を進めたのが、1930 年代から 40 年代にかけての総力戦・
戦時動員体制下における一連の教育改革、学制改革であった。

　総力戦体制を構築し国民の大量動員をはかるためには、国家と国民統合の
イデオロギーおよび社会システムの「近代化・合理化・平準化」が不可欠で

ある（雨宮 1997）。国民国家が「国民生活の格差均質化・平衡化」促進のプロパガンダに利用したのが障害児（者）であった。従来は「二級国民」以下の扱いしか受けていなかった障害児も、「天皇の赤子」として国民のなかに形式的に統合され、国家もその範囲において盲聾以外の障害児の教育保障に一定の譲歩を行った。

その政策的譲歩は、1939（昭和 14）年に質・量ともにピークを形成する特別教育制度改革（特殊教育義務制、就学猶予・免除規定改正、教育保護法制定、教育保護施設拡充など）を求める教育運動や民間職能団体の建議運動の高揚と相まって、たとえば、日本最初の肢体障害児の公立特別学校である「東京市立光明学校」（1932〈昭和 7〉年）、同じく最初の知的障害児の公立特別学校である「大阪市立思斉学校」（1940〈昭和 15〉年）の設立として結実する。

また、小学校令を改正した国民学校令（1941〈昭和 16〉年）のもとで「身体虚弱・精神薄弱・弱視・難聴・吃音・肢体不自由等」の障害児の養護学級・養護学校の編制と基準が認められ（1941 年国民学校令施行規則第 53 条および文部省令第 55 号）、さらに旧制の中学校・高等女学校にも身体虚弱・肢体不自由等を対象とする養護学級の編制とその基準が規定された（1943 年文部省令第 2 号および第 3 号、1944 年文部省令第 26 号）。こうして盲・聾唖学校以外の障害児の養護学級・学校が、初めて教育法制上の位置づけを得たのであった（髙橋・渡部 1999）。

しかし、養護学級・学校は任意設置であるために就学保障の具体的施策を欠き、またその目的も戦時下の児童の体位低下・疾病増加を防止し、総力戦遂行に必要な「人的資源の涵養・利用厚生」におかれたから、身体虚弱児の養護学級が中心であり、それらは戦争の拡大や軍事費膨張にともなってほとんどが短期間で機能停止となった。

それゆえに、提起された特殊教育の近代化の課題（障害児の教育機会の保障、教育保護法規制定、義務制実施、就学に見合う特別学校・特別学級の設置等）の大半は、戦後へともち越された。

5 戦後教育改革と近代的特殊教育制度の成立

戦後占領期の教育改革で、日本国憲法・教育基本法が規定する国民の教育

機会の無差別平等、教育を受ける権利の保障、9年間の無償による義務教育保障という原則が障害児も認められ、また特殊教育が学校教育法の制定（1947〈昭和22〉年3月）により学校教育体系の一環として統合されたことにより、近代的な特殊教育制度が成立した。

　具体的には、①戦前に義務教育から排除されていた障害児にもひとしく教育を受ける権利が保障され、②旧法令では通常学校とは異なる別種の勅令や下位規則・省令で規定されていた盲・聾・養護学校や特殊学級が、学校教育法によって一元的・統合的に法制化され、③旧法令で設置義務が不十分ながらも認められていた盲・聾学校に加えて、任意設置であった養護学校が都道府県の設置義務となり、④教育対象や教育形態が拡充されたことなどが指摘できる。

　その一方で、改革の不徹底から、①新学制実施の課題が最優先されて盲・聾・養護学校教育の義務制が延期され、②就学義務猶予・免除制度が存置され、義務制の延期と相まって障害児の教育権保障の大きな障壁となり、③学校教育法と児童福祉法（1947年12月制定）の二元的法制化により、障害児の教育と福祉の保障が分断され、障害児施設は主に就学猶予・免除で不就学となった子どもの受け皿として機能し、福祉施設本来の発展が大きく制約された等の課題を残した（髙橋・清水1998）。

　盲・聾教育の義務制は、戦前からの盲・聾学校の整備や実践の蓄積を背景とした関係者の精力的な要求運動により1948（昭和23）年度に実現したが、学年進行で9年間かけて1956（昭和31）年度に完成した。しかし養護学校教育（知的障害・肢体不自由・病弱）の義務制は、後述のように通常教育に32年間、盲・聾教育に31年間遅れて、ようやく1979（昭和54）年度に実現の運びとなる。

6　特殊教育の近代化徹底と養護学校教育義務制

　戦後教育改革が残した課題は、1950年代後半以降に主に二つの対抗するベクトルの緊張関係のなかで取り組まれた。一つは高度経済成長促進と労働市場の多様化政策のもとに、学校教育の能力主義的再編の課題を受けて登場した国家の特殊教育振興政策であり（教育可能な障害児を能力主義的ハイア

ラーキーの末端に定位)、他方はそうした特殊教育振興政策を批判し、障害児の学習と発達の権利保障をはかりながら民主主義的な国民統合を進め、その過程で国民国家のもつ能力を含む多様な格差・差別の克服をめざす取り組みである。

　能力主義的多様化の一環としての特殊教育振興を端的に示したのは 1963（昭和 38）年の経済審議会答申「経済発展における人的能力開発の課題と対策」であった。答申では産業界の意向を受けて人的能力開発と能力主義教育の徹底を主張し、それに貢献できる障害児に限り職業訓練を中心とした特殊教育を行うことを謳った。国の教育政策もこの趣旨に沿い、教育投資・社会効用論の観点から職業自立が可能な障害児に限定した施策を進めた。

　国家の特殊教育振興策を批判し、不就学をなくしすべての障害児の学習と発達の権利保障を進める取り組みが、1960 年代後半から 1970 年代にかけ全国で展開された。その過程で構築された「権利としての障害児教育」論では、人間の発達の権利性を基礎に、①学習権は生存権的権利、②学習権は発達権の中核的権利であるとともに医療・労働・参政権等の諸権利と統一的に保障されること、③障害児の学習権はすべての国民の学習権の確立のなかで真に保障されることなどが提起され、時代の国民の教育権論に大きな影響を与えた。

　全国的に高揚する障害児の学習権保障の動きを背景に、1971（昭和 46）年の中央教育審議会答申は「すべての国民にひとしく能力に応ずる教育の機会を保障することは国の重要な任務」であり、「それにふさわしい特殊教育の機会を確保する」ために延期されてきた養護学校の義務教育実施などを示した。

　文部省はこの答申に沿い、1972（昭和 47）年度から「特殊教育拡充整備計画」を策定・実施するとともに、1973（昭和 48）年には 1979（昭和 54）年度から養護学校教育を義務制とする予告政令を公布した。東京都は国に先がけ 1974（昭和 49）年度から障害児の希望者全員就学を実施した。1979 年の養護学校教育の義務制実施により、公教育としての特殊教育制度が 1878（明治 11）年の京都盲唖院の開設から 101 年目にしてようやく完成した。また同時に、障害のために通学して教育を受けることが困難な子どもに対して、養護学校等の教員が家庭や医療機関等を訪問して教育を行う訪問教育が実施された。

7　特殊教育・障害児教育の実質的保障と現代化の課題

　1980年代の障害児の学習権保障の課題は、その「形式的保障」から「実質的保障」へと移行し、具体的には障害の重度・重複化や多様化、教育対象の広がりに対応するため、教育年限延長、訪問教育制度の整備、希望者全員の後期中等教育進学、教育と医療の連携（病気療養児や医療的ケアの必要な子どもの教育保障など）、放課後や休日・長期休暇中のケア、卒業後の社会参加への移行・進路保障、社会教育・生涯教育や高等教育の保障などが大きな課題となった。

　さらに1990年代に入ると、ノーマライゼーションやインテグレーションの国際動向のもとに、障害児の教育的統合の可能性やその推進方法の解明、通常学級在籍の多様な特別ニーズをもつ子どものケア・サポートが新たな課題となった。

　1989年の国連第44回総会で採択された「子どもの権利条約」（日本は1994年に批准）では、「障害」を理由とした差別を禁止し、障害児の「特別なニーズ」と「教育、訓練、保健サービス、リハビリテーションサービス、雇用準備およびレクリエーション機会」への「特別なケアへの権利（the right of the disabled child to special care）」を認めた。特別なケアへの権利の保障に際しては「可能なかぎり全面的な社会的統合ならびに文化的および精神的発達を含む個人の発達を達成することに貢献する方法」で行われるべき原則が示され、ノーマライゼーションと発達保障の統一した方向性が提起されている。

　さらに1993年の国連第48回総会で「障害者の機会均等化に関する標準規則」が採択され、「さまざまな障害をもつ人々のニーズに合致するように配慮されたアクセシビリティと支援サービス」を前提条件に、「障害をもつ子ども・青年・成人の、統合された環境での初等、中等、高等教育の機会均等」の原則が提案された。

8　特別ニーズ教育の国際動向と特別支援教育への転換

　1994年にユネスコはスペインのサラマンカで「特別ニーズ教育世界会議」を開催し、同会議が採択した「サラマンカ声明と行動大綱」では「すべての

者の教育（Education for All）」という標語のもとに、「特別ニーズ教育（Special Needs Education）」と「インクルージョン（Inclusion）」いう新しい考え方を示した。

　特別ニーズ教育とは、従来の障害児教育と通常教育という二分法的な教育対応ではなく、子どもの有する「特別な教育的ニーズ」（通常の教育的配慮に付加して特別な教育課程、教育施設・設備、専門教職員配置、教材教具等を必要とするニーズ）に対応した特別な教育的ケア・サービス（医療・福祉等の関連サービスを含む）の保障を子ども固有の権利として承認し、特別な教育的ニーズを有する子どもの諸能力と人格の発達保障を促進するための教育の理念・目的、法制度、行財政、カリキュラム、方法・技術の総体をいう。

　またインクルージョンとは、特別ニーズ教育の充実によって学校がさまざまな違いや多様なニーズを有する子どもの学習と発達、協働と連帯の場になっていくこと、換言すれば「共学・協働と発達保障」の実現を追究する学校教育のあり方を示したものである。

　上記の国際動向を背景に、1993（平成5）年度に、通常学級に在籍する障害等を有する子どもが通常学級で教科等の授業を受けながら、特別の指導を特別の場で行う「通級による指導」が制度化された。

　文部科学省は2001（平成13）年1月の中央省庁再編の際に、従来の特殊教育課を「特別支援教育課」に改組し、同時に「21世紀の特殊教育の在り方に関する調査研究協力者会議」が「21世紀の特殊教育の在り方について（最終報告）」を取りまとめ、盲・聾・養護学校の就学対象の障害程度に関する基準や就学指導の見直し、小・中学校等の通常学級に在籍する学習障害、注意欠陥多動性障害、高機能自閉症など特別な教育的支援を必要とする子どもにも対応していくこととした。

　2003（平成15）年10月には特別支援教育の在り方に関する調査研究協力者会議が「今後の特別支援教育の在り方について（最終報告）」を発表し、特別支援教育を「従来の特殊教育の対象だけでなく、LD、ADHD、高機能自閉症を含めて障害のある児童生徒の自立や社会参加に向けて、その一人一人の教育的ニーズを把握して、その持てる力を高め、生活や学習上の困難の改善又は克服するために、適切な教育や指導を通じて必要な支援を行うものであ

る」と定義し、具体的な制度改革案を示した。

　それをふまえて中央教育審議会は 2005（平成 17）年 12 月に「特別支援教育を推進するための制度の在り方について（答申）」を発表し、それを受けて 2006（平成 18）年 6 月には「学校教育法等の一部を改正する法律」（平成 18 年法律第 80 号）が公布され、2007 年 4 月 1 日から施行となった。

　学校教育法等の一部改正では、①盲・聾・養護学校を障害種別を超えた「特別支援学校」に一本化、②特別支援学校においては在籍児童等の教育を行うほか、小・中学校等に在籍する障害児童生徒等の教育について助言援助に努める旨を規定、③小・中学校等においては、LD・ADHD 等を含む障害児童生徒等に適切な教育を行うことを規定、また教育職員免許法の一部改正では、④盲・聾・養護学校ごとの教員免許状を特別支援学校の教員免許状とすることが規定された。

9　おわりに

　特別支援教育の制度化からすでに 13 年が経過したが、特別支援教育の具体化に必要な教育財源の確保、専門的人材の養成・配置などの教育条件整備の裏づけがきわめて乏しく、特別支援教育制度の「未成熟・不完全性・アンバランス・差別性（劣等処遇）」は大きく改善されていない。

　その象徴が、特別支援学校において設置基準がないことや、1949 年の教職員免許法制定から 70 年が経過しても附則「幼稚園、小学校、中学校又は高等学校の教諭の免許状を有する者は、当分の間、第三条第一項から第三項までの規定にかかわらず、特別支援学校の相当する各部の主幹教諭（養護又は栄養の指導及び管理をつかさどる主幹教諭を除く。）、指導教諭、教諭又は講師となることができる」という規定が存続していることである。

　まずは通常教育制度と特別支援教育制度の格差是正が、特別ニーズ教育・インクルーシブ教育の前提である。その上で日本の通常学級における特別ニーズ教育・インクルーシブ教育の障壁（40 人学級、法的拘束力の強い学習指導要領・教育内容、一人の教師による同一教材・同一テンポ・一斉教授に伴う子どもの学習困難）を、例えばスウェーデンの通常学級の条件「クラスサイズは基礎学校（小中学校に相当）で 20 人前後、複数の教師による授業、専門職・

福祉アテンダントの参加、学習指導要領は大綱的基準、すべての子どもが個別発達計画を有しており集団的学習を行いつつ個別的配慮・発達支援を実施」へと改善していくことが求められている。

（髙橋　智）

文献

雨宮昭一（1997）『戦前戦後体制論』岩波書店。

市川寛明・石山秀和（2006）『図説・江戸の学び』河出書房新社。

河合隆平（2012）『総力戦体制と障害児保育論の形成—日本障害児保育史研究序説』緑陰書房。

久保義三・米田俊彦・駒込武・児美川孝一郎編著（2001）『現代教育史事典』東京書籍。

茂木俊彦・髙橋智・平田勝政（1992）『わが国における「精神薄弱」概念の歴史的研究』多賀出版。

茂木俊彦編集代表（2010）『特別支援教育大事典』旬報社。

中野善達・加藤康昭（1991）『わが国特殊教育の成立（改訂新版）』東峰書房。

岡本稲丸（1991）『近代盲聾教育の成立と発展—古河太四郎の生涯から』日本放送出版協会。

小川克正（1993）『特別教育の系譜』近代文芸社。

小川克正（2005）『共通教育と特別教育』角川学芸出版。

心理科学研究会歴史研究部会編（1998）『日本心理学史の研究』法政出版。

髙橋智（2002）『日本知的障害教育史学史の研究—明治期の近代化と欧米知的障害理論の受容・定着』（平成12年度-平成13年度科学研究費研究成果報告書）、東京学芸大学。

髙橋智（2006）『多文化協同社会と特別ニーズ教育理論の構築—日・米・瑞の比較史研究を中心に』（平成15年度-17年度科学研究費研究成果報告書）、東京学芸大学。

髙橋智・清水寛（1998）『城戸幡太郎と日本の障害者教育科学—障害児教育における「近代化」と「現代化」の歴史的位相』多賀出版。

髙橋智・渡部昭男編（1999）『特別なニーズ教育と学校改革—歴史と今日の課題（講座転換期の障害児教育・第1巻）』三友社出版。

髙橋智・石川衣紀・前田博行（2010）『戦前における鈴木治太郎の大阪市小学校教育改革と特別な教育的配慮のシステム開発に関する研究（〈史料・日本近代と「弱者」第1集〉特別支援・特別ニーズ教育の源流・別巻）』緑蔭書房。

Ⅳ 「特別な」教育の場 その意義と課題

第1節 特別支援学校

1 特別支援学校とは何か

　特別支援学校とは、障害のある幼児児童生徒だけが在籍する学校であり、学校教育法第1条にある9種のいわゆる「1条校」の1つとして定められている（以下、特に断りがない限り、法とは学校教育法を指す）。平成19年度の特別支援教育への転換にあたり、盲学校、聾学校、養護学校が特別支援学校に一本化された（ただし、名称が○○特別支援学校ではないところもあることは注意したい）。本節では、法第8章「特別支援教育」に従い、その基本的な特徴を整理するところから始めよう。

(1) 対象と程度

　特別支援学校の対象は、視覚障害者、聴覚障害者、知的障害者、肢体不自由者、病弱者（身体虚弱者を含む）の5つである（法第72条）。このうち知的障害のある児童生徒、とりわけ高等部の在籍者数が最も多いことはよく知られている。都市部を中心とするこの高等部過密化はここ数年の重要な課題の1つである。また、自閉症（自閉スペクトラム症〈ASD〉）のある幼児児童生徒は特別支援学校にかなり多く在籍しているのだが、その障害自体は対象ではないことにも注意したい。

　この5障害のいずれかを有していれば、特別支援学校在籍の条件を満たすというわけではない。障害の程度が重要となり、「政令で定める」とされて

いる（法第75条）。ここでいう政令は法施行令のことを指し、その第22条第3項に「障害の程度は、次の表に掲げるとおりとする」とある。5障害のうち例えば知的障害についてみると、「一　知的発達の遅滞があり、他人との意思疎通が困難で日常生活を営むのに頻繁に援助を必要とする程度のもの。二　知的発達の遅滞の程度が前号に掲げる程度に達しないもののうち、社会生活への適応が著しく困難なもの」となっている。

(2) 目的

　特別支援学校には2つの目的がある（法第72条）。1つは、「幼稚園、小学校、中学校又は高等学校に準ずる教育を施す」ことであり、ここでいう「準ずる」は「同等の」とほぼ同じ意味といえる。2つは、「障害による学習上又は生活上の困難を克服し自立を図るために必要な知識技能を授けること」である。これらを根拠として、特別支援学校には通常の学校に「準ずる教育課程」を編成することができるし、また教育課程の編成領域に自立活動がある。

(3) 地域のセンター的機能

　特別支援学校には、法第72条に示す目的を実現するための教育を行うほかに、「幼稚園、小学校等の要請に応じて、（中略）必要な助言又は援助を行うよう努める」という役割が存在する（法第74条。筆者が一部省略・改変）。いわゆる「特別支援学校のセンター的機能」である。文部科学省はその具体例として6つの機能を示している。すなわち、小・中学校等の教員への支援機能、特別支援教育等に関する相談・情報提供機能、障害のある幼児児童生徒への指導・支援機能、福祉、医療、労働などの関係機関等との連絡・調整機能、小・中学校等の教員に対する研修協力機能、障害のある幼児児童生徒への施設設備等の提供機能である。

　特別支援学校学習指導要領の総則には、「小学校等の要請により、教師等に対して必要な助言又は援助を行ったり、保護者等に対して教育相談を行ったりするなど、各学校の教師の専門性や施設・設備を生かした地域における特別支援教育のセンターとしての役割を果たすよう努めること」（筆者が一部省略・改変）とある。また、小学校学習指導要領の総則にも、「障害のある児

童などについては、特別支援学校等の助言又は援助を活用しつつ、個々の児童の障害の状態等に応じた指導内容や指導方法の工夫を組織的かつ計画的に行うものとする」とあり、特別支援学校と通常の学校のどちらの学習指導要領にもセンター的機能（センターとしての役割）の重要性が明記されている。

(4) 設置義務

　小学校、中学校の設置義務は市町村にあるが（法第38条、第49条）、特別支援学校においては、「都道府県は、（中略）必要な特別支援学校を設置しなければならない」（法第80条）とある。当然、特別支援学校の学区は小学校等よりも広域となり、児童生徒の通学負担は重くなる。そのため、スクールバスを用意したり、法第78条に定められる寄宿舎を設置したりして、通学を保障する仕組みが工夫されている。とはいえ、特別支援学校に通う児童生徒には地域とのつながりという課題が生じやすく、そのため居住地校交流などの取り組みが重要となる。

2 特別支援学校学習指導要領と教育課程

　「特別支援学校の幼稚部の教育課程その他の保育内容、小学部及び中学部の教育課程又は高等部の学科及び教育課程に関する事項は、幼稚園、小学校、中学校又は高等学校に準じて、文部科学大臣が定める」（法第77条）に従い、特別支援学校小学部、中学部、高等部学習指導要領が存在する（幼稚部は教育要領）。特別支援学校はそれを基準として教育課程を編成するのであるが、大別すれば3つの教育課程を編成することができる。すなわち、通常の学校に準ずる教育課程、知的障害のある児童生徒の教育課程、自立活動を主とする教育課程である。

(1) 通常の学校に準ずる教育課程

　準ずる教育課程は基本的には通常の学校と同一の教科等で編成される。特別支援学校対象のうち知的障害を除く4障害の児童生徒は、この教育課程で学ぶことができる。「通常の学校と同一」とはいえ障害のある児童生徒が対象であることから、4障害それぞれについて5ないし6つの「配慮事項」

が学習指導要領に示されており、これに従って指導計画が作成される。

　また、教育課程の編成領域の1つに自立活動がある。その目標として、障害のある個々の幼児児童生徒が自立を目指し、障害による学習上又は生活上の困難を主体的に改善・克服するために必要な知識、技能、態度及び習慣を養い、もって心身の調和的発達の基盤を培うとあり、その内容として、健康の保持、心理的な安定、人間関係の形成、環境の把握、身体の動き、コミュニケーションの6区分があり、その下にさらに27項目が示されている（旧学習指導要領は26項目であった）。

(2) 知的障害のある児童生徒の教育課程と自立活動を主とする教育課程

　この教育課程は、知的障害特別支援学校はもちろん、他の障害種を対象とする特別支援学校においても、知的障害を併せ有する児童生徒が在籍する場合には編成することができる。特徴的なことを2点まとめる。

　第一に、知的障害のある児童生徒のための教科（以下、知的障害教科とする）が定められている。国語、算数、音楽など通常の教科と名称は同一のことが多いが、その目標と内容については児童生徒の実態や特性が考慮されており、学年ではなく段階で示されている。新しい学習指導要領では、中学部で1段階だったものが2段階へと改正された。高等部では、高等学校とは異なり科目はなく教科だけがあり、また、主として専門学科において開設される教科（流通・サービスや福祉など）の存在も特徴的である。

　第二に、法施行規則第130条第2項に定められているように、各教科、道徳科、外国語活動、特別活動、自立活動の全部または一部について、合わせて指導を行うことができる。従前から、日常生活の指導、遊びの指導、生活単元学習、作業学習などとして実践されてきているものであり、「各教科等を合わせた指導」などと呼ばれている。「特別支援学校学習指導要領解説各教科等編」にそれぞれの説明がある。日常生活の指導は、児童生徒の日常生活が充実し、高まるように日常生活の諸活動について、知的障害の状態、生活年齢、学習状況や経験等を踏まえながら計画的に指導する。遊びの指導は、主に小学部段階において、遊びを学習活動の中心に据えて取り組み、身体活動を活発にし、仲間とのかかわりを促し、意欲的な活動を育み、心身の

発達を促していく。生活単元学習は、児童生徒が生活上の目標を達成したり、課題を解決したりするために、一連の活動を組織的・体系的に経験することによって、自立や社会参加のために必要な事柄を実際的・総合的に学習する。作業学習は、作業活動を学習活動の中心にしながら、児童生徒の働く意欲を培い、将来の職業生活や社会自立に必要な事柄を総合的に学習する。

　また、特別支援学校学習指導要領の総則では、「重複障害者等に関する教育課程の取扱い」において、「重複障害者のうち、障害の状態により特に必要がある場合には、（中略）自立活動を主として指導を行うことができる」と定められており、この教育課程を編成して、障害が重度・重複する児童生徒一人一人の教育的ニーズに応じた指導・支援を行うことができる。

3　特別支援学校に関係する就学や交流

(1) 特別支援学校への就学制度

　特別支援学校への就学制度については、平成24年7月の中教審「共生社会の形成に向けたインクルーシブ教育システム構築のための特別支援教育の推進（報告）」の提言を踏まえて、平成25年に法施行令の一部改正がなされて、就学制度が大幅に変更された。

　改正以前の制度は、法令上に定められた就学基準（本節の1の(1)に示した）に該当する障害のある子どもについては、特別支援学校への就学を原則としつつ、特別の事情があれば通常の学校に就学することもできるというものであった。この通常の学校へ就学する者を認定就学者と呼んでいた。

　施行令改正後の就学制度においては、法令上に定められた就学基準に該当する障害のある子どもについて、当該市町村の教育委員会が、その者の障害の状態、その者の教育上必要な支援の内容、地域における教育の体制の整備の状況その他の事情を勘案して、都道府県の設置する特別支援学校に就学させることが適当であるかどうかを判断することとなった。ここで特別支援学校へ就学することが適切であるとみなされた者は認定特別支援学校就学者と呼ばれる。つまりは、法令上の就学基準に該当する障害がある子どもでも、まずは通常の学校に就学するという前提に立ちつつ、特別の事情がある場合に限り特別支援学校に就学するシステムとなったということである。

(2) 特別支援学校における交流及び共同学習

　交流及び共同学習は、障害のある子どもとない子どもが、相互の触れ合いを通じて豊かな人間性を育むことを目的とする交流の側面と、教科等のねらいの達成を目的とする共同学習の側面をもっている。通常の学校や特別支援学校の学習指導要領においては、交流及び共同学習の機会を設け、共に尊重し合いながら協働して生活していく態度を育むようにすることとされている。

　特別支援学校が関係する交流及び共同学習は大きく2つある。1つは、通常の学校と特別支援学校それぞれの児童生徒が組織的・集団的に共に活動するものであり、一般に学校間交流などと呼ばれる。例えば、ある小学校の3年生が隣接する特別支援学校を訪問して小学部の児童と共同的な学習に取り組むなどであり、教育課程上は小学校が総合的な学習の時間、特別支援学校が生活単元学習などとなる。

　もう1つは、特別支援学校に学籍のある児童生徒が、個々に地域の通常の学校において学習や活動をするもので、一般に居住地校交流などと呼ばれる。例えば、特別支援学校小学部のある児童が、自宅に近い地域の小学校の授業や行事に参加するなどである。こうした参加は直接交流などと呼ばれるが、通学手段等によりこれが難しい場合は、小学校の児童と手紙を交換したりするいわゆる間接交流がなされることもある。東京都では、特別支援学校に在籍する児童生徒について、居住地校交流を行う通常の学校を地域指定校として、そこに副次的な学籍を置くという副籍交流を実施している。居住地校交流を子どもが「別の学校」を訪問して行うのではなく、副次的とはいえ自分の学籍のある通常の学校で行うという意味で、注目すべき取り組みである。

(3) 個別の教育支援計画と個別の指導計画

　就学支援や交流及び共同学習を考える際に重要となるツールが個別の教育支援計画と個別の指導計画である。特別支援学校では、この2つの計画を児童生徒全員に対して作成し、活用することとなっている。

　個別の教育支援計画は、障害のある子ども一人一人の教育的ニーズを把握し、その実現に向けて一貫した切れ目のない支援を実施するための計画である。学校が中心となって、教育、保健、医療、福祉、労働等の関係機関が保

護者（家庭）と連携して作成し活用する。具体的な関係機関としては、教育センター、保健センター、児童精神科等の医療機関、放課後等デイサービス、地域障害者職業センターなどである。また、個別の教育支援計画との関連で言えば、円滑な学校教育の開始のために就学時に作成する個別の就学支援計画や、円滑な就労のために卒業時に作成する個別の移行支援計画なども注目されている。

　一方、個別の指導計画は、個別の教育支援計画に基づき、障害のある子ども一人一人に対して、障害特性や教育的ニーズに応じた学校内における指導目標、指導内容、指導方法、評価等についての計画であり、学校と保護者（家庭）とが連携して作成し活用する。個別の指導計画は、個別の教育支援計画に基づき、学校における支援の内容をより具体化したものと捉えることができる。

　この2つの計画の作成と活用は、以前の学習指導要領では特別支援学校では義務となっていたものの、小学校等では必ずしもそれが明確ではなかった。しかし、通常の学校の新しい学習指導要領では、特別支援学級に在籍する児童生徒と、通級による指導を利用する児童生徒では作成が義務となり、通常の学級に在籍していて通級による指導を利用していない障害のある児童生徒については作成するよう努めることとなった。また、これと関連して、法施行規則が平成30年8月に改正されて、特別支援学校における個別の教育支援計画の作成義務が規定され、特別支援学級と通級による指導でもこれが準用されることとなった。学習指導要領のみならず法令にも位置づけられたことにより、この計画の作成と活用が学校以外の支援機関でも注目されていくことが示唆される。

4　「連続性のある多様な学びの場」の中の特別支援学校

　先に見た平成24年発表の「共生社会の形成に向けたインクルーシブ教育システム構築のための特別支援教育の推進（報告）」では、「インクルーシブ教育システムにおいては、個別の教育的ニーズのある児童生徒に対して、教育的ニーズに最も的確に応える指導を提供できる、多様で柔軟な仕組みを整備することが重要であり、小・中学校における通常の学級、通級による指導、

特別支援学級、特別支援学校といった、連続性のある『多様な学びの場』を用意しておくことが必要である」と示されている（筆者が一部省略・改変）。これを踏まえて、特別支援学校に関係するトピックを最後に2点提起したい（すでに奥住〈2019a〉、奥住〈2019b〉でこれに関連する内容について一部論じている）。

(1) 連続性のある多様な学びの場の充実

　新しい就学制度の意味するところは、障害の種別や程度が法令に該当する子どもであっても、地域の小学校に就学することを前提としつつ、そうした中で、障害の状態や特性の把握とともに、保護者・子ども本人の教育的ニーズや地域・学校の教育体制等を勘案しつつ、「連続性のある多様な学びの場」の中で最適な就学先（学びの場）を決定するシステムである。このシステムを実質化するためには、まずは、通常の学級、通級による指導、特別支援学級、特別支援学校、それぞれの「場」の施設設備、教員体制、教育内容等のさらなる充実と発展が必要となるのは言うまでもない。また、就学後も学びの場が適切かつ柔軟に変更されるような、切れ目のない転学・入学支援が必要と考えられる。

　この新しい就学システムを円滑に進めるためにとりわけ重要と思われることを3点提起したい。第一に、交流及び共同学習の充実・推進で、とりわけ居住地校交流である。特別の事情があるがゆえに小学校ではなく特別支援学校に就学した子どもに対して、就学する可能性があった小学校、そして転学する可能性がある小学校でも学ぶ機会があることの意義はきわめて大きいだろう。前述した東京都の施策である副籍制度においては、特別支援学校の子どもには地元の通常の学校にも副次的に学籍が与えられ居住地校交流（副籍交流）が行われる。特別支援学校と通常の学校それぞれに正副2つの学籍を同時に有することで、「学びの場の連続性」がより明瞭になっているように思われる。

　第二に、特別支援学校のセンター的機能の活用である。特別支援教育開始当時は、厳しい教職員体制の中でなぜ別の学校を支援しなければならないのかという疑問の声も特別支援学校教員の間では少なくなかったように聞く。しかし「連続性のある多様な学びの場」という視点で考えるならば、センター

的機能によって助言または援助を行う通常の学校は特別支援学校とは異なる「別の学校」ではない。自校（特別支援学校）の児童生徒がいずれ学籍をもつかもしれない、あるいは自校（特別支援学校）にいずれ学籍をもつかもしれない児童生徒が通う「連続する」学校なのである。こう考えると、センター的機能は単純な子ども支援や教師支援などではない。学校教育システムや地域の在り方そのものを「インクルーシブなものに」変えていく取り組みなのである。

　第三に、個別の教育支援計画と個別の指導計画の作成と活用である。柔軟な教育の場の変更は、それぞれの場で行われていた教育活動や指導支援がつながることが何より重要であり、これを可能にするのがこの2つの計画の作成と活用であろう。新しい学習指導要領では、特別支援学校だけで作成義務だったものが、特別支援学級と通級による指導の子どもでも義務的作成になっており、このつながりとしての作成と活用がより重視されていることがわかる。

(2) 各教科と自立活動の連続性の保障

　「多様な学びの場の連続性」における柔軟な就学・転学・入学を考えると、それぞれの学びの場における各教科や自立活動の目標や内容もまた連続させる必要がある。以前の学習指導要領では、準ずる教育課程は別として、自立活動と知的障害教科という2側面では必ずしも連続性という視点は明確ではなかったように思われる。新しい学習指導要領におけるこの2つの連続性について以下詳しく見ていきたい。

　まず自立活動の連続性である。以前の学習指導要領では、特別支援学校ではその実施が明確であったものの、通常の学校における実施は必ずしも明確ではなかった。しかし、新しい学習指導要領では、特別支援学級でそれを実施することが明記され、通級による指導では自立活動を参考にして指導を行うこととなった。通常の学級における自立活動の実施は認められてはいないものの、特別支援学校、特別支援学級、通級による指導のすべてで自立活動がなされることとなり、連続的になったことがわかる。一方で、通常の学級に在籍し通級による指導を利用していない障害のある児童生徒に対して、「自立活動的な時間」をどのように保証するかについてはさらなる検討が必

要であろう。

　次に、知的障害教科の連続性については、特別支援学校での知的障害教育課程では、知的障害教科を中心として教育課程が編成される。特別支援学級では、学年相応あるいは下学年の教科だけでなく、児童生徒の実態に応じて知的障害教科まで含めて教育課程を編成することができることが新しい学習指導要領で示された。通常の学級では、知的障害教科を行うことはできないが、通常の教科指導の中で「困難さに応じた指導内容や指導方法の工夫」がなされることとなった。さらには、特別支援学校における知的障害教育課程では、「小学校等の学習指導要領の各教科の目標及び内容を参考に指導ができる」となり、知的障害のある児童生徒に対しても、学習の習得状況などによっては、通常の教科を行いうる可能性も新たに示された。こうして、完全なものではないにせよ、通常の教科と特別支援学校での知的障害教科との連続性が一定程度保障されることとなったことは注目したい。

　一方で、教科の連続性が示されたからこそ、注意しなければならないこともある（奥住 2019c）。すなわち、知的障害教科と通常の教科の連続性は、知的障害教科が通常の教科よりも「低い」水準にあることを直接的に意味するものではない。そして、知的障害教科を学ぶ子どもの指導目標を、通常の教科のレベルにまで能力を引き上げることとすることでもない。言うまでもなく、子どもの知それぞれにはそれぞれ固有の価値があり、その価値は対等である。「知の多様性」「知の対等性」という当たり前の視座に立ちつつ、教科の連続性の重要性、さらに言えば、連続する多様な学びの場の対等性ということを改めて考える必要があるのだと思う。

（奥住秀之）

文献

奥住秀之（2019a）「知的障害と教育」加瀬進・高橋智編著『特別支援教育総論』放送大学教育振興会、76-92。

奥住秀之（2019b）「インクルーシブ教育システムと新学習指導要領」『教室の窓』東京書籍、18-21。

奥住秀之（2019c）「知的発達障害の心理学研究の今後」北洋輔・平田正吾編著『発達障害の心理学』福村出版、57-62。

第2節　特別支援学級

1　特別支援学級とは

　特別支援学校以外の教育の場における特別支援教育の基本的な考え方は学校教育法第81条に規定されている。

第81条　幼稚園、小学校、中学校、義務教育学校、高等学校及び中等教育学校においては、次項各号のいずれかに該当する幼児、児童及び生徒その他教育上特別の支援を必要とする幼児、児童及び生徒に対し、文部科学大臣の定めるところにより、障害による学習上又は生活上の困難を克服するための教育を行うものとする。

②　小学校、中学校、義務教育学校、高等学校及び中等教育学校には、次の各号のいずれかに該当する児童及び生徒のために、特別支援学級を置くことができる。

一　知的障害者

二　肢体不自由者

三　身体虚弱者

四　弱視者

五　難聴者

六　その他障害のある者で、特別支援学級において教育を行うことが適当なもの

③　前項に規定する学校においては、疾病により療養中の児童及び生徒に対して、特別支援学級を設け、又は教員を派遣して、教育を行うことができる。

　条文の六に示す「その他障害のある者」については自閉症・情緒障害者と言語障害者であると規定されており[1]一から五の5つの障害種と合わせて、「7障害種」と呼ばれる。なお、特別支援学級の学級編制については1学級の児童または生徒の数は8人と規定されている[2]。

　特別支援学級の教育課程に関する法令上の規定は、小・中学校等の教育課程に関するものが適用される。しかし、特別支援学級において通常の学級と同じ教育課程をそのまま適用することは適切ではなく、障害のある児童・生徒の特性にふさわしい教育課程が必要であるため、学校教育法施行規則第

138 条において、「小学校、中学校若しくは義務教育学校又は中等教育学校の前期課程における特別支援学級に係る教育課程については、特に必要がある場合は、（中略）特別の教育課程によることができる」と規定されている。この条文において高等学校は除外されており、このため高等学校の特別支援学級は法的には認められているものの設置することができない状況がある。

　特別支援学級の特別な教育課程の内容については小学校学習指導要領第 1 章総則において以下のように記述されている。

---

(1)障害のある児童などへの指導

　イ　特別支援学級において実施する特別な教育課程については次のとおり編成するものとする。

　　(ア)　障害による学習上又は生活上の困難を克服し自立を図るため、特別支援学校小学部・中学部学習指導要領第 7 章に示す自立活動を取り入れること。

　　(イ)　児童の障害の程度や学級の実態等を考慮の上、各教科の目標や内容を下学年の教科の目標や内容に替えたり、各教科を、知的障害者である児童に対する教育を行う特別支援学校の各教科に替えたりするなどして、実態に応じた教育課程を編成すること。

　この内容は中学校学習指導要領においても同様の記述があることから、特別支援学級の教育課程は、小・中学校学習指導要領を基礎におきつつも特別支援学校小学部・中学部学習指導要領を参考として編成されることになる。

2　特別支援学級の成立過程

　ここで特別支援学級の特別な教育の場としての特徴を探るため、その成立過程を概観する。特別支援学級は戦前のわが国の教育体制の中では、特別学級[3]と呼ばれていた。日本における特別学級の起源は、明治 23（1890）年 4 月に設置された長野県松本尋常小学校「落第生」組であると言われる（戸崎 2000）。通常の教育において学力順で最下位に位置づく子どもたちが集団で教授の対象となったのである。戸崎（2000）は、成績不良児（＝劣等児）学級として開設された特別学級の中に、明治 40（1907）年ころから、「主として個人の知的能力に関わって著しい学業成績不良を来たしている一群の子どもたちの存在

が、『低能児』『最劣等児』として認識され、そうした児童への意図的な教育
実践を試みる特別学級が少数ではあるが出現する」と指摘した。通常の教育
における学力問題として成立した特別学級において、障害児教育の実践の萌
芽が見られたとも考えられるが、しかし、当時の一般的な教育現場の認識で
は劣等児と低能児の概念の違いは曖昧であり、両者を区別しえない結果にな
ることが多かったと考えられる。

　大正に入り特別学級はさらなる隆盛期を迎える。その背景には、児童の個
性や自主性を尊重する「新教育」の思想と実践の具体的な発展があったと考
えられる（八幡 2008）。また、もうひとつの条件としては、知能検査の標準
化と、それを教育実践に積極的に適用する試みの進行が挙げられる。大正 9
（1920）年以降の知能検査標準化の流れの中で、文部省社会教育課特殊教育調
査嘱託であった青木誠四郎は「低能児（IQ 70 以下）」と「劣等児（IQ 70〜90）」
を区別した（窪島 1995）。明治期に曖昧だった低能児・劣等児概念に理論的
根拠を与えたものと考えられる。

　昭和になり、戦時体制の進行に伴って、健民（健兵）の育成が学校教育の
重要課題となった。虚弱児学級が急増し特別学級全体数は著しく伸びた。昭
和 19（1944）年には全国で 2,486 学級となったが、戦争の激化とともに、その
ほとんどが消滅した。昭和 22（1947）年に施行された学校教育法では、第 6
章として特殊教育が取り上げられ、盲・聾・養護学校の設置が定められ、特
殊学級もそれと並ぶ障害児のための「特殊教育」機関として設置できるとさ
れた。盲・聾学校は計画設置されることになったが、都道府県における養護
学校の設置義務は延期され、知的障害児の就学の場を特殊学級とする方針を
とった。当時のわが国には養護学校がほとんど設置されておらず、特殊学級
に頼らざるを得ない状況だったと考えられる（八幡 2008）。しかし、特殊学
級の数はなかなか増えず、また地域による設置状況の格差も大きかった。昭
和 34（1959）年に中央教育審議会の答申「特殊教育の充実・振興について」
に基づいて、特殊学級増設 5 カ年計画が策定され、昭和 36（1961）年から実
施されると、特殊学級は急速にその数を増していく。昭和 30（1955）年度に
は全国で 1,172 学級しか設置されなかった特殊学級は、昭和 40（1965）年度
には 8,529 学級になり、昭和 50（1975）年度には 20,573 学級にまで増加する

（文部科学省 2019）。このように特殊学級の数は昭和 50 年度以降 20,000 を越えた数値で推移するが、在籍する児童生徒数は昭和 48（1973）年度の 133,733 人をピークに減少に転ずる。この減少は平成 7（1995）年度まで続き 66,039 人と半数まで落ち込むが、平成 8（1996）年度から増加に転じ、その後平成 19（2007）年度から特別支援学級と名称が変わった後も増加の勢いは止まらない。平成 29（2017）年度は 60,350 学級、236,123 人の児童生徒が特別支援学級に在籍しており、全児童生徒数と比較した特別支援学級在籍率は 2.38% となった[4]。

3 特別支援学級が有する二つの性格

　第二次大戦後、学校教育法の規定により障害児教育機関として法的に整備された特殊学級であったが、戸崎（2000）は特殊学級が「戦後の歴史をみると、実際は障害児の教育機関としてだけでは捉えきれない状況が多々存在してきた」と指摘する。昭和 42（1967）年に文部省が実施した「児童生徒の心身障害に関する調査」では、「精神薄弱特殊学級」の在籍児童生徒の約 27.4% が「精神薄弱児」とはいえない IQ 75 以上であったし、さらに、昭和 46（1971）年度版の「精神薄弱者問題白書」では、「全国特殊学級（精神薄弱）在学中 IQ 76 以上の者」を全体の約 30% と推定している。これらのことから、戸崎は「特殊学級が、障害児教育機関である前に『通常の学級』の教育についていけないと判断された子どもたちの受け皿であったことを事実として示している」とした。この点については他の研究者も同様の指摘を行っている。窪島（1995）は、こうした特殊学級の状況を、「理論的ないしは制度的説明と現実に対象が決定される過程との関係」が「実際には食い違っている」と説明し、特殊学級の成立は「精神発達遅滞概念の心理学的定義」とは「相互に関係しあいながらも本来別個の過程」であったとした。さらに清水（1995）は、特殊学級は「通常教育と不可分な関係」にあり「通常学級の教育指導のあり方と深くかかわって存在する」とした。このように特別学級が、戦後障害児のための教育機関である特殊学級として法的に規定されてからも、障害児のための学級という側面と障害のない学力不振児のための学級という側面の二つの性格を合わせ有していたと考えられる。したがって、これからの特別支

援学級の在り方を研究するにあたっては、通常の教育や通常の学級との関連を十分に考慮する必要があるといえる。

4　特別支援学級の現状と課題

(1) 増大し続ける特別支援学級数と担当教員の専門性

　全国の特別支援学級の数は前述の通り平成8 (1996) 年に増加に転じ、20年以上経った今もなお増え続けている。この要因について鈴木 (2010) は、医療体制の整備、診断の普及や特別支援教育の進展により専門機関での教育が将来の社会的な自立を促すという評価が広まったことなど、積極的な理由を挙げながらも、一方で学校現場における障害やさまざまな教育的ニーズのある子どもの排除や対応の不十分さも影響していると指摘している。

　障害種別では、自閉症・情緒障害学級と知的障害学級の増加が顕著であり、平成19年度から平成29年度までで自閉症・情緒障害学級は学級数で2.0倍、児童生徒数で2.1倍と倍増した。知的障害学級は学級数で1.3倍、児童生徒数では1.7倍の増加となった。

　学級数が増えればそれに見合った教員数が必要となるが、特別支援学級を運営する専門的技量を有する教員の確保は困難で、特別支援学級担当教諭の特別支援学校教諭免許状の保有率は平成29年度で30.7%であった。昭和40年代の特殊学級が激増した時期に三木 (1975) は担任教師の意識に違いが生まれたと指摘した。戦後の特殊学級が少なかった時代には、教師の熱意がなければ学級は開設されず、校長を始めとした教員集団や地域、保護者の強い理解と支援なくしては、学級の維持は不可能だった。ところが、特殊学級の計画設置によって、トップダウンで学級が作られるようになり、教師の熱意、学校全体の合意、保護者の理解がなくても特殊学級が開設され、教師の多くも経験のない者が命令で担任するので、普通児のための教育を水増しして薄めたような教育になっていると批判したのである。当時のこの状況は近年の特別支援学級増加と重なって見える。新たに担任となった教員は子どもを指導しながら、並行して研修等で学ぶOJTの方法を取ることが多くなる。他には通信教育や認定講習などを通して特別支援学校教諭免許を取得する方法や、国立特別支援教育総合研究所[5]や都道府県、市町村教育委員会が主催す

る研修会、民間教育団体が開催する研修会等を活用して専門性や力量の向上を目指す必要がある。いずれにしても学び続けることを求められる存在であるため、特別支援学級の担任として力をつけた教員は長く特別支援学級で働き続けてほしい。身につけたスキルを有効活用できることを切に願う。

(2) インクルーシブ教育システム[6]の下の特別支援学級

　平成 19（2007）年に特別支援教育が始まり、それまで特殊教育諸学校や特殊学級に限定的に委ねられていた障害児の教育はすべての小中学校で行われることとなった。同年に出された「特別支援教育の推進について（通知）」において校長の責務は「校長（園長を含む。以下同じ）は特別支援教育実施の責任者として、自らが特別支援教育や障害に関する認識を深めるとともに、リーダーシップを発揮しつつ、体制の整備等を行い、組織として十分に機能するよう教職員を指導することが重要である」と示された。学校として通常学級における特別支援教育の推進を目指す時、校内に特別支援教育を専門に行う部署である特別支援学級が存在することは大きなメリットとなると考える。校長にはぜひ特別支援学級とその担任教諭を校内体制の中核にすえた学校経営ビジョンを構築していただきたい。

(3) 指導支援機能と理解推進機能

　特別支援学級の有する機能は大きく分けて2つある。在籍する子どもを教育する「指導支援機能」と学級のことや障害児について校内や地域に発信する「理解推進機能」である。この2つは車の両輪の関係でどちらが疎かになっても学級はうまく運営できないと考える。

　指導支援機能は具体的には学級の子どもたちを教育するための教育課程の編成や授業を準備して実施することである。また、これらは学級内で完結するものだけでなく、校内の通常学級との「交流及び共同学習」や他校の特別支援学級との合同行事等も存在する。そのため特別支援学級の授業づくりは校内全体の教育活動の進行や他校との連携を頭に入れ、全体のバランスを把握した上で行わなければならない。

　理解推進機能としてはまず特別支援学級に在籍していないが支援を必要と

する児童生徒への目配りが求められる。これは校内の特別支援教育コーディネーター[7]と協力して行われる業務である。当該児童生徒が今後どのような教育環境を必要としていくか、状況を把握しつつ担任教諭等と連携しながら保護者との相談を進めていく。たいへんデリケートな内容を含む難しい業務である。時折、特別支援学級の担任が特別支援教育コーディネーターを兼務する学校に出会うことがあるが、筆者はこの業務を一人で行うことは負担が過重となる危険性があると考えている。

　さらにもうひとつの理解推進機能として、特別支援学級は複数の校区から児童を受け入れる場合があることから、担任は地域全体への理解推進も視野に入れた教育活動が必要となる。就学や転学に向けた教育相談、学級公開、学区内の他校に向けた情報提供等が考えられる。近隣に特別支援学校がない場合は、特別支援学級がその地域の特別支援教育のセンター的機能を発揮する状況もあるだろう。

⑷ 中学校卒業後の進路

　平成 29 年 3 月に中学校特別支援学級を卒業した生徒 21,170 人の進路としては、特別支援学校の高等部への進学者が全体の 55.1％、通信制や定時制を含む高等学校等への進学者が 39.1％、専修学校や職業能力開発校等が 2.2％、就職は 0.8％となった。特別支援学級が設置できる 7 障害種のうち、特別支援学校高等部があるのは視覚、聴覚、知的障害、肢体不自由、病弱の 5 障害種であり、前述したように児童生徒数が激増している自閉症・情緒障害を有する生徒は知的障害を合わせ有していなければ一般の高等学校に進学することになる。高等学校における障害生徒の受け入れは今後ますます増えていくと考えられ、入学後の障害生徒への学習面や生活面の支援をさらに充実させていくことが求められるだろう。

5　特別支援学級への期待

⑴ 「良質な記憶を作る場」としての特別支援学級

　特別支援学級に入級する子どもたちの中には通常学級を経過してくる場合も多い。彼らは学習についていけなかったり、友人関係に傷ついたりとつら

い経験をしている可能性が高いと考えられる。そのために自己肯定感がもてず学習面でも生活面でも自信がもてない苦しい状況である。彼らは特別支援学級に入って初めて自分と同じように苦しい体験をした友人と出会い、苦しんだのが自分だけではないことを知る。そして、共に学び生活する中で友人関係を育み、それを支えにして自己肯定感を高める。充実した日々は子どもたちの中に良質な記憶を蓄え、やがては将来への展望をもつ。これこそが特別支援学級の存在意義なのだと考える。特別支援学級は、現状の教育システムで傷ついた子どもたちを救い出し再生するプロセスを担う場なのである。

(2) 特別支援学級担任としての誇りをもつ

　筆者は長く特別支援学級を担当してきたが、かつて特別支援学級を担任する魅力について以下の通り10項目にまとめて後輩に投げかけた経験がある。

---

①教育課程を自分の手で作ってみよう。
②就学相談を担当してみよう。
③校内や地域の特別支援教育の専門機関だという自覚をもとう。
④子どもにわかってもらえる授業づくりを楽しもう。
⑤自分の趣味をクラスで活かそう。
⑥校外学習を企画してみよう。
⑦卒業生に会いにいこう。
⑧自分の実践をどんどん発表してみよう。
⑨全国規模の研修会に参加しよう。
⑩子どもとともに成長する存在である自分を実感しよう。

　一人の教師としてこれほど多様な職務を担当できることに幸せと誇りを感じてほしいと願ったためである。この喜びを感じる前に職場を去ろうとする若者たちに伝えたいことでもある。教師は「子どもとともに成長する存在」である。そして成長しなければ子どもの新しい一面を見ることはできない。子どもを再発見することでのみ教師自身の自己肯定感が生まれる。この魅力を一人でも多くの教師に伝え、今後の特別支援学級の発展を期待したいと考える。

（小林　徹）

注

1）平成14（2002）年度文部科学省初等中等教育局長通知第291号および平成20（2008）年度同第1167号によって規定されている。
2）「公立義務教育諸学校の学級編制及び教職員定数の標準に関する法律」第3条による。
3）本節では学級の名称を、明治期の誕生から戦後の学校教育法制定までを「特別学級」、学校教育法制定から、平成19（2007）年の法改正までを「特殊学級」、法改正以後を「特別支援学級」と呼ぶこととする。
4）平成29年度の小学校、中学校、義務教育学校に通う全児童生徒数は9,902,246人（文部科学省2017）。
5）わが国における特別支援教育にかかわる実践的な研究を行う研究所。教職員向けの様々な研修も実施。神奈川県横須賀市に所在。
6）障害のある者とない者が同じ場所で共に学び排除されない教育制度。障害者の権利に関する条約第24条に基づく。
7）各学校で教員の中から指名される業務であり、校内で障害のある子どもを適切に支援するために関係者や機関と連携をとり協同的に対応できるようにするための役割。

文献

窪島務（1995）「通常の学校における『特別なニーズ教育』をめぐる諸問題」茂木俊彦・清水貞夫編著『障害児教育改革の展望』全障研出版部、167-212。
三木安正・上手弘之・山口薫（1975）『精神薄弱児の教育〔第2版〕』東京大学出版会。
清水貞夫（1995）「障害児義務教育制度の直面する問題」茂木俊彦・清水貞夫編著『障害児教育改革の展望』全障研出版部、97-166。
鈴木文治（2010）『排除する学校―特別支援学校の児童生徒の急増が意味するもの』明石書店。
戸崎敬子（2000）『新特別学級史研究―特別学級の成立・展開過程とその実態』多賀出版。
八幡ゆかり（2008）「知的障害教育の変遷過程にみられる特殊学級の存在意義―教育行政施策と実践との比較検討をとおして」『鳴門教育大学研究紀要』23、128-141。

第3節　通級による指導と特別支援教室の意義と課題

1　はじめに

　従来、通常の学校における障害児の教育において、特殊学級（特別支援学級）ならびに通級による指導（通級指導教室）は専門的な指導を行う場として重要な役割を担ってきた。特に1993年（平成5年）に制度化された通級による指導は、通常の学級に在籍する軽度の障害のある児童生徒に対する特別な

指導の場として設けられて以降、年を追って対象児童生徒数が増加している。さらに発達障害児の増加と特別な支援に関するニーズの拡大や障害の多様化に対し、柔軟かつ弾力的な対応を可能とするための指導形態として「特別支援教室」の設置が検討され、東京都などで導入が開始されている。本節では、通級による指導及び特別支援教室の現状を分析するとともにその意義と今後の課題について展望する。

2 通級による指導の経緯と現状

　通級による指導は、戦後に開設された「国語科治療教室」における読みの指導を中心とした実践を端緒としている（伊藤 2000）。昭和 30 年代前半には、仙台市、市川市にわが国最初の言語障害児学級が開設され、その数は昭和 50 年代以降急速に増加して通級による指導の形態が事実上定着してきた。しかし「言語障害児学級」に「通級」する場合の学籍の取り扱いといった制度上の不整合については、30 年以上もの間残されたままであり、1993（平成 5）年に「通級による指導」が制度化されたことでようやく法的に整備された。その後、障害の種類としての情緒障害と自閉症の分類・整理に加え、2006 年（平成 18 年）の「学校教育法施行規則の一部改正」による対象としての LD 及び ADHD の追加、発達障害者支援法の定義に基づく「発達障害」の用語の整理、2016 年（平成 28 年）の学校教育法施行規則の一部を改正する省令等による高等学校での通級による指導の開始など、インクルーシブ教育システムの構築に伴い、通級による指導の対象や学校種の拡充が図られている。

　小・中学校での通級による指導は、年間 35 ～ 280 単位時間（学習障害および注意欠陥多動性障害の者については年間 10 ～ 280 単位時間）までの授業時数を標準として、障害に応じた特別の指導を小学校等の教育課程に加えまたはその一部に替えることができるとするものである。通級による指導は、子どもの教育主体を通常の学級に置きつつも、個別の取り出し指導によって障害に応じた特別な指導を行うことによって学習上または生活上の困難を改善・克服するという点で大きな効果を発揮している。個別の教育支援計画や個別の指導計画に基づく専門的指導を受けることで保護者の安心感が涵養され、子ども本人にとっても自分が受容される居場所となるなど、精神面での拠り所

としても重要な役割を担っている。一方、高等学校での通級による指導の実施については、特別支援教育充実事業や特別支援教育拠点校整備事業でのモデル校や指定校によって先駆的な実践がなされてきたが、入学者選抜による入学者の決定、広域な通学圏、全日制、定時制、単位制、総合学科、中高一貫教育といった課程の多様性など、小・中学校との制度上の違いが大きく、導入から発展・安定に向けて検討すべき事項が多い現状である。

3 特別支援教室の経緯と現状

特別支援教室は2003年（平成15年）の「今後の特別支援教育の在り方について」における提言を受け、2005年（平成17年）に「特別支援教育を推進するための制度の在り方（答申）」においてその構想が提示された。答申においては、特別支援教育を担当する教員が柔軟に配置されること、障害のある児童生徒が原則として通常の学級に在籍しながら、特別の場で適切な指導及び必要な支援を受けることができるような弾力的なシステムを構築することの必要性を指摘し、「特別支援教室」の具体的な形態として、「Ⅰ ほとんどの時間を特別支援教室で特別の指導を受ける形態」「Ⅱ 比較的多くの時間を通常の学級で指導をうけつつ、障害の状態に応じ、相当程度の時間を特別支援教室で特別の指導をうける形態」「Ⅲ 一部の時間のみ特別支援教室で特別の指導を受ける形態」といったイメージが提起された。その後、国立特別支援教育総合研究所と7つの市教育委員会からなる「特別支援教室制度研究会」が発足し、制度の実現に向けて調査・検討等が進められた。特別支援教室制度研究会（2008）では、特別支援教室の特性として、①支援の程度や時間に柔軟に対応できること、②特別な指導を行う専門的な運営ができることの2点を挙げ、支援に必要な時間の把握、学校裁量による取り組み、特別支援教育補助員の活用について検討を行っている。

特別支援教室の設置については、特に発達障害児への教育に対する先進的な地域での検討が進められており、東京都は平成30年度に全公立小学校で特別支援教室の設置を行い、中学校についても随時設置する方向である。東京都では、従来の通級による指導の形態を維持しつつ、既に設置されている情緒障害通級指導学級を中心とした拠点校を設け、担当教員が各校の特別支

援教室を巡回して指導を行う体制を設けた。また制度の運営に際して、各教室に新たに特別支援教室専門員を配置するとともに、臨床発達心理士による相談体制などを構築した。特別支援教室を導入する目的としては、(1)発達障害のある児童への適切な指導の実施、(2)児童・保護者の負担等の軽減、(3)在籍学級における支援の充実による学級運営の安定化、(4)すべての児童にとって分かりやすい授業の充実が挙げられており、「障害の状態に応じて可能な限り多くの時間、在籍学級で他の児童と共に有意義な学校生活を送ることができる」としている(東京都教育委員会2015)。

4 通級による指導・特別支援教室の課題

通級による指導は開始から長い時間が経過した現在、その意義や役割あるいは課題についても一定の理解が共有されているものと考える。一方、特別支援教室は主に発達障害児に対する効果的な指導を担うために設けられた新たな教育システムであり、現時点ではその導入にあたって地域による進め方に多寡がある。それゆえ、運営上の課題についてはモデル校等での実践を踏まえつつ今後検討を進めていくことが必要となるだろう。ここでは、現段階で想定される通級による指導と特別支援教室に通底する課題について述べる。

(1) 発達障害児の増加と判定プロセスの再構築

文部科学省 (2018) によると、通級による指導が開始された 1993 年 (平成 5 年) の時点では、小・中学校での通級による指導の対象児童生徒数は 12,259 人であったのに対し、2017 年 (平成 29 年) には 108,946 人となり、約 9 倍に増加している。特に 2006 年 (平成 18 年) の「学校教育法施行規則の一部改正」によって通級による指導の対象となる障害種が拡大した以降、発達障害児の数が急増し、2017 年には自閉症、学習障害、注意欠陥多動性障害の数が約 54,200 人となり、全対象児童生徒のほぼ半数を占めている。発達障害児の数が増加した背景としては、遺伝学や疫学的な観点から生物学的要因を指摘する報告もあるが (黒田・木村−黒田 2013)、単純にその発生数が増加したというよりも、社会状況の変化が大きく関与していることが考えられる (田中 2009)。すなわち、発達障害に関連する書籍や報道などの増加に加え、DSM 5 等の変

更に伴う診断基準の改訂、発達障害者支援法の施行や特別支援教育の本格実施に伴い、子どもの行動面や学習面に対する保護者や教員の意識が高まったこと、児童精神科での診断を受けることによって利用可能となるサービスが質量ともに大きく変化したことなどが挙げられる。発達障害という概念や用語の社会的認知度の高まりとそれに対する保護者等の"敏感な"反応によって、特別な支援の対象となる発達障害児の数は今後も増加することが予想される。

　特別支援教室はこのような発達障害児の増加に対応するシステムとして機能することが期待されるが、このシステムが普及する上では特別支援学級、通級による指導、特別支援教室といった教育の場を判定するためのプロセスの構築が不可欠となる。わが国では、通級による指導等の特別な教育的支援の必要性に関する判定に際し、主に保護者の希望や就学時のアセスメントなどに基づく専門家の意見等が参考にされてきた。しかし発達障害、とりわけ学習障害については幼児段階での判定が難しい場合も多く、就学後の学習困難の状況などから措置に至る例も多い。近年、米国で開発・実践されたRTI（Response to Intervention）モデルが紹介され、わが国でも実践が開始されつつある。RTIモデルは主に読み書きに関する定期的な評価に基づく学習障害児への多層的・段階的な支援や介入を実施していくためのモデルである。RTIモデルでは3層構造による支援が代表的であるが、特別支援教室は障害の認定と特別な教育的支援が必要な第3層にあたる子どもの教育の場として考えられる。このようなモデルの活用は、特に就学後の学習困難等に応じた措置を考える上で有効であると考えられ、「読み書きアセスメント」「文字の読み書きチェックリスト」等の開発や導入も進みつつある（東京都教育委員会2015）。一方で、RTIモデルに対しては評価の内容や実施状況、学習障害以外の障害への対応の難しさ等に関する批判もあり（村山2017）、仮に多くの学校で導入するとしても教員への理解啓発や実施体制の構築には種々の課題が想定され得る。

　また特別支援教室では専ら発達障害児の指導を行うことを想定しているが、東京都が特別支援教室の目的として挙げた諸点（特に(2)〜(4)）は、他の障害種の子どもに対しても同様に重視されるべきであろう。国立特別支援教

育総合研究所（2017）によると、言語障害通級指導教室等で指導を受けている子どものうち言語発達遅滞が約3割を占めることが報告されている。構音障害や口蓋裂といった言語表出の障害については構音指導等の特別な専門性が必要となるが、言語発達遅滞児の場合、障害の原因等を踏まえると言語の困難に特化した指導が適切か否かといった判断も求められるだろう。また吃音は発達障害者支援法の対象ともなるなど、いわゆる言語表出の障害としてのみとらえることは難しい。通級による指導と特別支援教室の位置づけや教育措置上の判定プロセスについて、各地域での実情に応じた検討が必要となる。

(2) 教員等の専門性の向上

　通級による指導や特別支援教室の最も重要な意義は障害に応じた指導の専門性にあるが、対象児童生徒数の増加に伴い各障害種に対応した専門的知識や技能を有する教員の確保が大きな課題となっている。通級による指導の担当教員については、2017年（平成29年）の「義務標準法等の一部を改正する法律」の施行によって、児童または生徒13人につき教員1人を算定する基礎定数が設けられた。この改正は、教員の安定的・計画的な採用・研修・配置を行いやすくすることを企図したものであるが、全国都道府県教育長協議会第4部会（2018）によると、基礎定数化の実施によって少人数地域への対応、専門的人材の配置や育成、多様化するニーズへの対応に対する不安や課題を有する県の多いことが報告されており、現状の教員配置（児童生徒10人に1人）を維持している自治体もある。特別支援教室の担当教員についても、特別支援学級担当者の弾力的運用による指導、通級指導教室教員・専科教員・教務・管理職等による指導などの相違が考えられ（特別支援教室制度研究会2009）、教員の負担感等を考慮した際、実際に安定的・計画的な配置が可能か否か危惧される。

　さらに現状では通級指導教室の増加に伴って教育経験年数の短い教員が配置される例も多く、障害の多様化が進む中で1人の教員が様々な障害に対応しなければならない状況にある。例えば、全国公立学校難聴・言語障害教育研究協議会（2015）によると、全国のことばの教室の69.5％は担当教員が1

人の教室であり、さらに担当教員の 16.5％がことばの教室担当 1 年目の教員であることが報告されている。教員の確保と専門性の向上は高等学校での通級による指導の導入にあたっても大きな課題として指摘されており、特別な加配措置を求める声も強い。特に巡回指導が基本となる特別支援教室の担当教員の場合、対象となる子どもの実態は多様であることが想定され、障害に関する広く深い専門性が求められる。発達障害や言語障害は、原因や症状あるいは保護者のニーズの多様性と複雑さから、その指導方法を集約し体系化することの難しさがある。また種々の障害に関する学術上の進展に伴い、障害に関する概念や分類・診断基準、薬物の使用等に関する規定、さらに用語等の変化も激しい。担当教員には最新の情報に基づいた高次で幅広い専門的技量が求められるが、教員の増加や経験年数の違いに対応した有為な研修体制は十分とは言い難い。また現行の特別支援学校教員免許状については、5 領域（視・聴・知・肢・病）の障害がベースとなっており、発達障害や言語障害に関する修得内容は限られている。平成 29 年に教育職員免許法規則の一部改正によって、大学等での教職課程における「特別の支援を必要とする幼児、児童及び生徒に対する理解」の単位が必修化されたが、通級による指導や特別支援教室の担当教員の専門性を担保する上で、新たな教員免許状の在り方を検討する必要がある。

　特別支援教室の導入にあたっては、特別支援教育補助員の配置と活用が重要なポイントとされている（特別支援教室制度研究会 2008）。特別支援教育補助員（東京都では、特別支援教室専門員）の役割としては、巡回指導教員や特別支援教育コーディネーター、在籍学級担任等との連絡調整、個別の課題に応じた教材の作成、児童の行動観察や記録が挙げられている。東京都の場合、教員免許状の所有、発達障害児支援の専門的知識と支援経験、特別支援教育支援員等の経験のいずれかが採用条件とされているが、業務内容からみると担当教員と同等以上の専門性が求められるといえ、担当教員とともに障害に関する専門性を担保するための十分な研修体制を整備する必要がある。

⑶ 連携体制の構築

　藤井（2015）は通級による指導に関する近年の研究動向を概観し、自立活

動の指導において重視される学級担任教師や関係者との連携に関する研究が不足していることを指摘している。言語障害児への指導を端緒として開始された通級による指導では、ことばの障害に対する"治療"的な指導方法が追及されてきた経緯もあり、種々の困難を改善・克服するための指導内容や方法が考案されてきた。しかし対象となる子どもの多様化や子どもを取り巻く社会環境の変化に伴い学校における多職種協働やチーム学校の必要性が高まっている現在、関係者との連携・調整といったコーディネート能力が強く求められており、実際に校内支援委員会や特別支援教育コーディネーターの役割を併任する教員も多い。

　特別な教育的支援の充実に向けて一人の子どもに関わる教員や専門家の数が増えることは望ましいが、それぞれの役割分担や業務内容が不明瞭になることに加え、業務が過重化する傾向がうかがえる。近年、種々の専門職の資格化や心理検査の種類に応じた実施等に関する資格基準が設けられるなど、個々の職種の独自性に応じた業務のカテゴリー化が進みつつある。職種間での子どもの個人情報の共有が困難なことや、子どもに対する発達観や教育観が異なる場合もあるなど、関係者相互の連携が取りにくい例もみられる。医師、心理士、カウンセラー、ソーシャルワーカー、学術経験者など学校外関係者も含めた連携体制の構築には、学校の責任者としての管理職による調整やマネジメントを前提としながら、その上で一人ひとりの子どもに対する連携のキーパーソンが不可欠になると考える。子どもとの時間の共有、保護者との連絡、学習や生活状況の理解などから考えるとキーパーソンは担任教員であることが望ましく、インクルーシブ教育の理念にも合致するものといえよう。通級による指導や特別支援教室が十分に機能を発揮するためには、学校全体によるトップダウンと一人ひとりの教員によるボトムアップの両面から特別支援教育に係る連携体制を考えることが重要である。

5　おわりに

　本節では、通級による指導と特別支援教室の現状と課題について展望した。特別支援教室については、新たなシステムとして今後どのように展開されるか見通しにくいが、「特別支援教育を推進するための制度の在り方につ

いて（答申）」では「……各地域におけるニーズに応じた地域社会における総合的な支援体制を構築すること……」とされており、地域や学校の実情に応じた創意・工夫が求められている。21世紀になり、地方分権一括法の後、種々の法律の改正に伴って地域や学校の自律的経営が求められているが、特別支援教育に係る教員の加配や研修会の設定などの財政的負担は少なくない。「支援を必要とする児童生徒全体をカバーする」（特別支援教室制度研究会2008）ためには、必要とされる教員の数と専門性を確実に保証するための柔軟な枠組みを制度化することが求められる。

（澤 隆史）

文献

藤井和子（2015）「通級による指導に関する研究の動向と今後の課題─自立活動の観点から」『特殊教育学研究』53（1）、57-66。

伊藤友彦（2000）「言語障害を理解する─教育の視点から」鮫島宗弘（監修）『障害理解への招待』日本文化科学社、104-107。

高等学校における特別支援教育の推進に関する調査研究協力者会議（2016）「高等学校における通級による指導の制度化及び充実方策について」。

国立特別支援教育総合研究所（2018）「発達障害等のある生徒の実態に応じた高等学校における通級による指導の在り方に関する研究─導入段階における課題の検討」。

国立特別支援教育総合研究所（2017）「『ことばの教室』がインクルーシブ教育システム構築に果たす役割に関する実際的研究─言語障害教育の専門性の活用」平成27年度～28年度、研究成果報告書。

黒田洋一郎・木村-黒田純子（2013）「自閉症・ADHDなど発達障害増加の原因としての環境化学物質─有機リン系、ネオニコチノイド系農薬の危険性（上）」『科学』83（6）、693-708。

文部科学省（2018）「特別支援教育資料」（平成29年度）。

村山拓（2017）「RTI（教育的介入に対する反応）モデルの可能性と課題─通常学級で学ぶ学習障害児の支援をめぐる議論の検討」『教職研究』29、81-91。

田中哲（2009）「医療機関における発達障害関係の状態 梅ケ丘病院での変化」平成20年度厚生労働省障害者保健福祉推進事業障害者自立支援調査研究プロジェクト（2009）「発達障害をもつ子どものトータルな医療・福祉・教育サービスの構築」研究報告書、日本発達障害福祉連盟、8-11。

特別支援教室制度研究会（2008）「文部科学省『新教育システム開発プログラム』特別支援教室制度に関する研究平成18・19年度研究報告書』『学校運営の裁量拡大による「特別支援教室制度」に関する研究』

東京都教育委員会（2015）「小学校における特別支援教室の導入ガイドライン（改定版）」。

第4節　訪問教育

1　訪問教育とは

(1) 訪問教育とは

① 訪問教育の定義と実施校

　学校教育法第81条第3項では「前項に示した学校においては、疾病等により通学して教育を受けることが困難な児童生徒に対して、学級を設けてもしくは教員を派遣して教育を行う事ができる」とされている。前項に示す学校とは初等、中等教育学校であり、具体的には幼稚園、小学校、中学校、高等学校等を指すが、現在、訪問教育を行っている学校の多くは特別支援学校であり、ごくわずかに小学校や中学校が訪問教育を行っている場合もある。文部省が1978年に示した「訪問教育の概要（試案）」（以下、「概要」）では訪問教育を「心身の障害が重度であるか又は重複しており、養護学校等に通学して教育を受けることが困難な児童・生徒に対して、養護学校等の教員が家庭、児童福祉施設・医療機関等を訪問して行う教育」であり、「可能な限り学校教育を受ける機会を提供しようとするもの」としている。

② 訪問教育の対象

　「疾病等により通学により教育を受けることが困難」な状態として、病気が重く、入院中もしくは在宅療養中であったり、病状は安定しているが、重度重複障害により外出する体力がなかったりすることが想定されている。全国訪問教育研究会（以下、全訪研）による訪問教育に関する第八次調査（以下、第八次調査）（全訪研2018）では、家庭（在宅）訪問が約60％、病院訪問、施設訪問がそれぞれ約20％だった。第八次調査によると2017年度に訪問教育を受けている児童生徒の内、自立活動を主とする教育課程の者は85％を超えている。同調査では、家庭（在宅）訪問を受けている理由として、家庭の都合や交通事情が約15％、医療的ケアが約29％となっている。交通事情については、家から特別支援学校までの距離が遠く、通学時間が長くなり身体への負担が大きいことや、てんかん発作や医療的ケア等により寄宿舎等への入舎が難しい場合などがある。病院訪問では長期入院が理由となっており、病

気療養児と重度重複障害の重症心身障害児が対象となっている。施設訪問では療育施設等に入所しており、特別支援学校から施設が離れていることなどが理由となっており、主に重症心身障害児者が訪問教育を受けている。

(2) 訪問教育の歴史

　障害や疾病が重く通学することが困難な子どもたちは就学猶予・就学免除の措置が取られ、未就学の状態にあった。訪問教育は 1965 年に大分県で退職教員が在宅の肢体不自由児に家庭訪問指導を行ったのが最初と言われている。公的制度としては、1969 年には東京で「家庭訪問教育」の制度が始まり、各地に広がっていた。翌 1970 年には初めて在宅のままで学籍をもつ児童に訪問指導が行われ、訪問教育が学籍上も認められたことにより、障害の重い子どもたちの就学が可能になった。訪問教育を実施する自治体は少しずつ拡大し、1978 年に文部省から「概要」が出されたことで、これまで自治体が独自で実施してきた訪問教育が養護学校等の教育の一形態と位置付けられた。1979 年の養護学校義務化により、訪問教育は全都道府県で実施されるようになった。

　一方、高等部訪問教育は学習指導要領に記述されていないということから、訪問教育は中学部卒業までの 9 年間と定めている自治体も多かった。高等部訪問を求める声はあったが、養護学校高等部設置が優先とされ、中学部卒業後は進学を断念して在宅か、通学籍を選択して長期欠席にならざるを得ない状況が長く続いていた。1995 年に「全国訪問教育親の会」が結成され、高等部訪問の実現に向けて署名活動、養成活動等が行われた。こうした活動を受け、1997 年度から高等部訪問の「試行的実施」が開始され、1988 年度に全都道府県に広がり、2000 年度から本格実施となった。

　このように養護学校義務化、高等部訪問の制度化によりすべての子どもたちの教育機会が保障されることとなったが、不就学のまま成人を迎えた重度障害のある在宅者、施設入所者が学齢超過者として存在している。高等部訪問が始まったことで、在宅や施設入所の重度障害者の中から高等部進学を希望する学齢超過者も出てきており、小・中学部の訪問教育も含めて、不就学児者への対応としての訪問教育が現在も行われている。

(3) 医療的ケアと訪問教育

　重症児は痰の吸引や経管による栄養剤の注入などのケアを必要とすることが多い。これらの行為は医師法第 17 条により、「医行為（医療行為）」として、医療機関で医師及び看護師等によって行われてきた。在宅医療の進展に伴い、医師の指導の下、家族等が家庭等で日常的にこれらの行為を行うようになり、1980 年代には養護学校内での医療的ケアの実施が養護学校（肢体不自由）独自の課題として現れ始めた。1988 年に東京都教育委員会は医療的ケアを要する子どもたち（以下、医療的ケア児）は「原則として訪問学級」とし、通学する場合には保護者の付き添いを求めた。このことにより医療的ケアの課題が顕在化し、各自治体や養護学校では教育保障や法律上の可否、実施者の責任等について様々な議論が展開された。

　2004 年、厚生労働省が「盲・聾・養護学校におけるたんの吸引等の医学的・法律学的整理に関する取りまとめ」を出し、これを受けて、厚生労働省、文部科学省より、看護師の適正な配置など医療安全の確保が確実になるような一定の条件が満たされれば、教員によるたんの吸引等を盲・聾・養護学校で行うことを当面の間のやむを得ない措置（違法性の阻却）として容認する通知が出された。学校における医療的ケアの実施への対応は都道府県（自治体）によって異なり、文部科学省（2005）「平成 17 年度特別支援学校医療的ケア実施体制状況調査結果」によると看護師のみの実施が 26 自治体、看護師と教員との連携による実施が 21 自治体であった。その後、看護師と教員との連携による実施は増加し、2010 年度は 33 自治体となっている。

　2010 年、厚生労働省は「介護職員等によるたんの吸引等の実施のための制度の在り方について中間まとめ」を発表し、2011 年には「社会福祉士及び介護福祉士法の一部の改正」が行われ、非医療職である介護福祉士や特別支援学校の教員等を含む介護職員等が認定特定行為業務従事者として、たんの吸引等を行うことが法律に位置付けられた。この改正後、通学を選択する医療的ケア児が増え、訪問教育を受ける児童生徒は減少している。医療の進歩により重症児の生存率が高まり、在宅で学齢期を迎える児童が増えている。医療的ケア児は 10 年間で約 2 倍、人工呼吸を必要とする子どもは 10 年間で 10 倍となっている。表 4-4-1 に平成 29 年度特別支援学校医療的ケア

表4-4-1 平成29年度特別支援学校医療的ケアの対象幼児児童生徒数

区分		医療的ケアが必要な幼児児童生徒数（名）				
		幼稚部	小学部	中学部	高等部	合計
通学生		41	3,011	1,532	1,477	6,061
	うち病院内や病院に併設している特別支援学校の本校・分校・分教室に在籍している幼児児童生徒数	2	351	218	219	790
訪問教育（家庭）		0	642	318	246	1,206
訪問教育（施設）		0	229	137	154	520
訪問教育（病院）		0	188	95	148	431
合計		41	4,070	2,082	2,025	8,218
在籍者数（名）		1,323	40,116	29,758	66,087	137,284
割合（%）		3.1%	10.1%	7.0%	3.1%	6.0%

注）平成29年5月1日現在
出所）文部科学省平成29年度特別支援学校医療的ケアに関する調査結果

の対象幼児児童生徒数を示した。

　2019年3月には「学校における医療的ケアの今後の対応について」（通知）で、医療的ケア児の教育保障と充実に向け、保護者の付添いは「本人の自立を促す観点からも、真に必要と考えられる場合に限るよう努めるべきである」とされたことから、さらに医療的ケア児の通学が増え、訪問教育は真に障害や病気が重く、通学が困難な子どもたちの教育を保障するセーフティネットとなっていくことが予想される。

2 訪問教育の現状

(1) 授業回数・時間数

　特別支援学校学習指導要領第1章第8節6では「教員を派遣して教育を行う場合について、特に必要があるときは、実情に応じた授業時数を適切に定めるものとする」とされているが、自治体の基準として、全国的に週3回・1回2時間程度を基本とする学校が多い。

　第八次調査によると、家庭（在宅）訪問ではほぼ週3回・1回2時間であり、これより回数・時間数が少ない児童生徒もいた。病院訪問では週4回、5回

で1回の指導時間が90分以上、120分以上の児童生徒も少なくない。施設訪問では週4回・1回60〜90分、週5回・1回45分未満など、回数は増やすが時間数が短くなる児童生徒もいる。家庭（在宅）訪問では各家庭に行くことで移動時間がかかるが、病院訪問と施設訪問は同じ病院・施設に複数の児童生徒がいることから、移動時間を授業時間に当てたり、時間が短くなっても対面で教育を行う回数を増やしたりしていることが推測される。

(2) 教育課程

　児童生徒の発達段階に応じて教育課程を編成する。訪問児童生徒が複数在籍する学級では訪問担当教員が複数の教育課程を担当することもある。

① 準ずる教育課程

　小・中・高等学校の学習指導要領に示されている教育課程に準じて指導を行う。授業時間数が少ないこと、中・高等部では専科教員が訪問することが難しいことや、卒業後に受験を希望する生徒もおり、受験指導をどのように進めるのかも課題となっている。また、病院訪問では退院後に原籍校に復学する児童生徒、進学を希望する生徒も多いことから、学習の遅れが生じないよう、原籍校の進度も考慮して指導を行う必要がある。

② 知的代替の教育課程

　疾病等による通学困難に加え、知的障害がある場合は、特別支援学校（知的障害）の教育課程を代替して指導を行う。この教育課程では、遊びの指導、生活単元学習、日常生活の指導などの領域・教科を合わせた指導や、国語、算数・数学などの基礎的・基本的な内容が取り扱われている。病院訪問では、知的障害があり、何らかの疾病に罹患し入院する場合に加え、近年は軽度知的障害や発達障害の児童生徒で対人恐怖などの精神的症状から通学が困難となり、訪問教育を希望するケースも出てきている。

③ 自立活動を主とする教育課程

　障害が重度で重複している場合は、自立活動を主とする指導を行う。身体の取り組みやコミュニケーション指導、音楽遊び、素材遊びなどを含めた製作などが行われている。特に身体面、健康面への配慮が必要な児童生徒であることから、保護者や病院・施設職員との連携の下、指導を進める必要がある。

3　訪問教育の課題

(1)　授業時間数と学級定数

　現行の学習指導要領では、年間の授業時数が小学校では 850〜1015 時、中学校では 1015 時、高等学校の卒業単位数は 74 単位以上（1 単位 ＝ 50 分 × 35 コマ）とされているが、訪問教育の授業時間数は週 6 時間程度とされ、通学籍の 1〜3 割と圧倒的に少ない。準ずる教育課程で学んでいる訪問児童生徒は、本来は教育課程を修了することが困難な状態にある。体調により授業時間数を増やせない場合もあるが、訪問教育の学級は通学の重度重複学級に準じていることから、教育制度上、訪問回数を増やせないという課題がある。さらに通学の重度重複学級の児童生徒と併せて学級を編成する自治体もあり、訪問児童生徒の実情に応じた授業時数を設定することがより困難になっている。ICT 機器等の活用による遠隔授業などで授業時数を増やすことが可能になっているが、インターネット環境の問題などにより現段階では活用は限定的である。

(2)　切れ目のない教育と遠隔授業

　病院訪問では心臓疾患、腎臓疾患、小児がんなどによる長期入院児が対象となっているが、近年では精神疾患等の子どもたちも訪問校育を希望するようになってきている。対象が拡大する中、「高校生への学習保障」、「退院に伴う復学支援」、「短期入院への対応」など、病弱教育と同様の課題がある。文部科学省は「病気療養児に対する教育の充実について（通知）」(2013) において、特別支援学級、通級による指導などにより教育環境を整備すること、ICT 機器等を活用した指導の実施などによる効果的な指導方法の工夫を行うことと併せて、「通学が困難な病気療養児の在籍校およびその設置者は、退院後にあっても当該病気療養児への教育への継続が図られるよう、保護者、医療機関、近隣の特別支援学校等との十分な連携体制を確保すること」と通知している。第八次調査では病院訪問での対応として、学籍の異動を伴わない学習支援を行っている学校が全国に複数あることが明らかになっている。内訳としては「交流及び共同学習」、「教育相談扱い」、「通級指導」、「セ

ンター的機能の活用」などが挙げられていた。また、8自治体9校において
ICT 機器や通信教材を活用した学習が行われており、Skype、Facetime な
どを用いたテレカンファレンス（テレビ会議）や、Orihime や Double などの
テレプレゼンスロボット[1]が活用されていた。こうした取り組みが広がるこ
とで、集団学習や退院に向けた円滑な移行、退院後の自宅療養期間の学習保
障などが可能になるであろう。

(3) 超重症化、多様化と教員の専門性

　医療的ケアの校内実施が進んだことにより、付き添い困難により訪問教育
を選択する児童生徒は減少しているが、人工呼吸器や酸素吸入などの高度な
医療的ケアを必要とし、体力や健康面で課題がある超重症児が増えてきてい
る。また、発達障害の二次障害で外出が困難になったケースや精神疾患、不
登校など、これまでの重症児教育とは異なる対象児への訪問も行われるよう
になってきている。前述した通り、1人の教員が複数の教育課程の児童生徒
を担当することがあり、さらに中・高では複数の教科を教えることになるた
め、教科指導から重度重複障害への対応、医療的ケア、進路指導（卒業後の
生活づくり）など、多様なニーズに応えることが求められている。通学であ
れば、複数の教員によって実施される観察やアセスメント、ケース検討を行
うことが難しい、訪問児童生徒の障害種と学校種が異なるといった状況があ
り、訪問担当教員は誰にも相談できない、授業に自信がもてないなどの悩み
を抱えている。こうした課題を解決し、子どもたちのニーズに応えていくた
めには、校内の教職員のみならず、医療・福祉・地域など他領域の人びとと
のつながりを構築しながら、これまでの知見を継承し、ICT 機器を活用し
た学習機会の保障及び学習内容の充実など新たな教育課題に取り組みなが
ら、訪問教育を発展、充実させていく必要がある。

(4) インクルーシブ教育において訪問教育が果たす役割

　インクルーシブ教育は幼児児童生徒が障害の有無に関わらず、居住地域で
一人ひとりのニーズに応じた教育を受けることを指す。通常の学校には病気
や不登校など、様々な要因で通学することが困難な児童生徒が在籍してお

り、こうした子どもたちへの教育保障として、訪問教育が果たせる役割は大きい。入院中の児童生徒の教育については、院内学級や病弱・身体虚弱特別支援学級、通級による指導などと、訪問教育の役割を改めて精査し、通常の学校、特別支援学校という枠を超えて、また、義務教育だけでなく高等学校段階での教育機会の保障についても検討していくことが求められている。「教育機会確保法」が制定され、学びの多様化に対応した「学校」の存在が問われるなか、様々な理由により教育を受けにくい状態にある児童生徒の現状をふまえて、「（養護）学校教育の一形態」とされてきた訪問教育の意義を問い直し、障害のある子どもの教育の権利と多様なニーズに応じる公教育とはどうあるべきかを議論していくことが求められる。

（樫木暢子）

注

1) テレプレゼンスロボット

　　遠隔地からパソコンやスマートフォンなどで操作できるロボット。ロボットにはカメラ、マイク、ディスプレー、スピーカーなどが搭載されており、リアルタイムでロボットが伝送する映像や音声によって、自身がその場にいるかのように他人とコミュニケーションを取ることができる。

文献

文部科学省（2013）「病気療養児に対する教育の充実について（通知）」。

文部科学省（2018）「平成29年度特別支援学校医療的ケアに関する調査結果」。

文部科学省（2019）「学校における医療的ケアの今後の対応について（通知）」。

全国訪問教育研究会（2018）「訪問教育の現状と課題Ⅷ—訪問教育に関する第八次調査報告」。

全国訪問教育研究会（2000）「高等部の訪問教育」文理閣。

全国訪問教育研究会（2007）「せんせいが届ける学校—訪問教育1年目のあなたへ」クリエイツかもがわ。

通常学級における特別ニーズ
教育の実践

第1節 「困っている子ども」のアセスメントと
校内支援システム

1 はじめに

　共生社会の形成に向けて、子ども一人一人の特別な教育的ニーズに応じた特別支援教育の推進が求められている。文部科学省（2012）の「共生社会の形成に向けたインクルーシブ教育システム構築のための特別支援教育の推進（報告）」において、共生社会の形成に向けて、障害のある者と障害のない者が共に学ぶ仕組みであるインクルーシブ教育システムを構築することが教育の重要な課題であると示されている。さらに、インクルーシブ教育システムにおいて障害のある子どもの学習の質を保障するために、通常の学級、通級による指導、特別支援学級、特別支援学校といった連続性のある多様な学びの場を用意し、子ども一人一人の特別な教育的ニーズに応じて適切な指導及び必要な支援を行う特別支援教育の推進が重要な役割を果たすと考えられている。本稿では、通常学級における特別支援教育の実践の方向性について、「困っている子ども」の実態の多様化と複雑化を踏まえ、アセスメントと校内支援システムの視点から論じる。

2 困っている子ども

　特別支援教育の対象は、障害のある子どもである。文部科学省（2005）の「特別支援教育を推進するための制度の在り方について（答申）」では、「『特

別支援教育』とは、障害のある幼児児童生徒の自立や社会参加に向けた主体的な取り組みを支援するという視点に立ち、幼児児童生徒一人一人の教育的ニーズを把握し、その持てる力を高め、生活や学習上の困難を改善又は克服するため、適切な指導及び必要な支援を行うものである」と示されている。特別支援教育が対象とする障害は、従来の特殊教育の対象であった視覚障害（弱視）、聴覚障害（難聴）、知的障害、肢体不自由、病弱（身体虚弱を含む）、言語障害、自閉症、情緒障害と、2007年の特別支援教育の開始とともに新たに追加された学習障害、注意欠陥多動性障害である。特殊教育から特別支援教育への移行に伴い、通常学級における特別支援教育により高い関心が向けられるようになったが、特に学習障害、注意欠陥多動性障害、自閉症等のいわゆる発達障害に基づく特別な教育的ニーズへの対応が中心に据えられている。

　特別支援教育の対象以外の障害のある子どもの特別な教育的ニーズも重要である。一つは発達性協調運動障害である。これは、協調運動技能の低さや不器用さに特徴づけられる発達障害の一つである。運動面の困難は、本人にも気付かれやすいため、自発的な運動機会の減少に基づく体力低下や肥満といった身体的問題や、失敗経験の積み重ねや度重なる叱責に基づく自尊心や自己肯定感の低下といった心理的問題などの二次的な問題を引き起こしやすい（本郷2019）。発達性協調運動障害は、他の発達障害と重複することが多いが、他の発達障害特性の陰に隠れてしまい、その支援が十分ではないことが少なくない。今一つが愛着障害である。愛着とは、「特定の人と結ぶ情緒的なこころの絆」のことである（米澤2015）。愛着形成に問題を抱える子どもは、基本的信頼感を獲得することが難しく、他者との共感的関わりが希薄になったり、逆に過剰になったりする。共感的関わりが乏しいタイプは反応性愛着障害と呼ばれ、このタイプの子どもは、不安や恐怖などのネガティブな感情を感じてもそれを和らげるために他者との関わりを求めたりせず、時としてあまのじゃくな言動をとってしまうこともある。共感的関わりを強く求めるタイプは脱抑制型対人交流障害と呼ばれ、このタイプの子どもは、愛着を求める傾向があるが、その対象が特定の人に限定されず、誰かれ構わずに愛着を求め、しばしば知らない人にも積極的に近づき交流する。愛着障害のある子どもは、気持ちをコントロールすることの弱さ、不快な感情に起因する多

動傾向あるいは他の子どもとの交流の乏しさなどから発達障害のある子どもと混同されやすい。これらの障害に基づく特別な教育的ニーズについても適切な支援を行うことが求められている。

　障害以外の要因に基づく特別な教育的ニーズへの対応も重要である。特別な教育的ニーズ（Special Educational Needs）は、1978 年に英国で提出されたウォーノック報告（DES, 1978）で提唱され、1994 年のサラマンカ声明（UNESCO, 1994）を機に国際的な関心を集めるようになった教育学的概念である。特別な教育的ニーズは、従来の障害カテゴリーだけでは捉えきれない子どもの教育的ニーズも含めて、すべての子どもの教育的ニーズを法的枠組みに取り込むために、子どもの学習困難と必要とされる特別な教育的支援に基づいて規定されるものである。したがって、特別な教育的ニーズは、必ずしも障害だけに基づくものではなく、言語・文化的な背景や経済的な背景に基づくものも含まれる包括的な概念として考えられている（池田 2019）。

　母国語の問題のある子どもの特別な教育的ニーズへの関心が高まっている。文部科学省は、日本語で日常会話が十分にできない児童生徒及び日常会話ができても、学年相当の学習言語が不足し、学習活動への参加に支障が生じている児童生徒を「日本語指導が必要な児童生徒」と定義して、実態調査を実施している。文部科学省（2017b）の「『日本語指導が必要な児童生徒の受入状況等に関する調査（平成 28 年度）』の結果について」では、平成 28 年度において公立学校に在籍している外国籍の児童生徒数は 8 万人を超え、そのうち日本語指導が必要な児童生徒数は約 3 万 4 千人であること、そして日本語指導が必要な日本国籍の児童生徒数（帰国児童生徒、日本国籍を含む重国籍の児童生徒、保護者の国際結婚により家庭内言語が日本語以外である児童生徒を含む）も約 1 万人であること、さらにそれらの児童生徒数は増加傾向にあることが示されている。そして、文部科学省（2017a）の「学校における外国人児童生徒等に対する教育支援の充実方策について（報告）」において、日本語指導が必要な児童生徒に対して、児童生徒の文化的背景を踏まえた学校生活への適応や学力保障の観点から、小・中・高校における外国人児童生徒等の受入体制を整備するとともに、単に日本語指導を行うだけではなく、日本語と教科の統合指導や生活指導等を含めた総合的・多面的な指導の充実を図

ることが急務であることが示されている。さらに、同報告において、学校に
受け入れる児童生徒の状況の多様化の進展を踏まえ、児童生徒の個々の日本
語能力、母語の能力、発達段階、基礎的な学力、文化的背景等を踏まえた対
応が求められることが指摘されている。

　貧困の問題のある子どもの特別な教育的ニーズへの関心も高まっている。
厚生労働省は、経済協力開発機構（OECD）の作成基準に基づいて算出した
相対的貧困率を用いて、子どもの貧困率に関する実態調査を実施している。
相対的貧困率とは、世帯の可処分所得（収入から税金・社会保険料等を除いた
いわゆる手取り収入）を世帯人員の平方根で割って調整した所得である等価可
処分所得が、貧困線（中央値の半分の額）を下回る者の割合である。厚生労働
省（2013）の「平成25年度国民生活基礎調査の概況」では、平成24年度の貧
困線は122万円であり、17歳以下の子どもの貧困率は16.3%であること、
そして子どもがいる現役世帯（世帯主が18歳以上65歳未満の世帯）のうち大
人が一人の場合（ひとり親家庭を含む）の貧困率は54.6%に上ることが示され
ている。OECD加盟国における子どもの貧困率の相対的な高さや、生活保
護世帯の子どもの高校等進学率の低さなどの子どもの貧困に関連する問題を
背景として、平成25年6月に「子どもの貧困対策に関する法律」（平成25年
法律第64号）が成立し、平成26年1月に施行された。この法律は、「子供の
将来がその生まれ育った環境によって左右されることのないよう、貧困の状
況にある子供が健やかに育成される環境を整備するとともに、教育の機会均
等を図るため、子供の貧困対策を総合的に推進する」ことを目的とするもの
である。同法律に基づいて、平成26年8月に「子供の貧困対策に関する大綱」
が閣議決定され、子どもの貧困状況の改善に向けて、教育の支援、生活の支
援、保護者に対する就労の支援、経済的支援等の取り組みを推進することが
示された。特に教育の支援では、学校を子どもの貧困対策のプラットフォー
ムとして位置付け、学校教育による学力保障、学校を窓口とした福祉関連機
関との連携、経済的支援等を通じて総合的に対策を推進するとともに、教育
の機会均等を保障するために教育費負担の軽減を図ることが示されている。

　通常学級における「困っている子ども」の実態は、多様化・複雑化してい
る。これまでのインクルーシブ教育システム構築に向けた各国の取り組み

は、各国の社会的・経済的情勢に基づき、障害のある者と障害のない者が共に学ぶことを図る「メインストリーミング」の理念と、言語・文化的な背景や経済的な背景などのために教育機会を享受できなかった子どもを含むすべての子どもに教育機会を保障する「万人のための教育（Education for All）」の理念に基づいて、動向が大きく二つに分かれていた（D'Alessio, 2011）。一方で、近年のグローバル社会や多文化共生社会における言語・文化的な多様性や経済的な多様性のさらなる拡大を鑑みると、これらの動向を統合させて、すべての子どもの人権保障としてのインクルーシブ教育システム構築に向けた取り組みが求められていると考えられる。したがって、障害に基づく特別な教育的ニーズだけではなく、言語・文化的な背景や経済的な背景に基づく特別な教育的ニーズにも目を向けて、特別支援教育を推進することが共生社会の形成に向けたインクルーシブ教育システム構築において重要であると考えられる。

3 アセスメント

「困っている子ども」の多様で複雑な実態を適切に把握するために、生物―心理―社会モデル（Bio-Psycho-Social Model）に基づいてアセスメントを実施することが重要である。子どもの実態を生物システムと心理システム、社会システムの視点から多元的に捉え、それらの相互作用について考察することで問題の所在や支援方法を見出すことが容易になる。図5-1-1は、発達障害の生物―心理―社会モデルである。このモデルに基づいて、5つのステップが考えられる。第一に、子どもの行動を明らかにすることである（学習面・行動面のつまずき、自己肯定感の低下、適応上の困難）。日常生活場面におけるエピソードを学習面、生活面、社会面などの観点から多面的に記述する。その際、問題行動が現れる頻度について記述することも重要である。問題行動は、発達障害の場合はいつも見られるのに対して、愛着障害の場合はムラがあることが多いためである。さらに、自己肯定感や不安の状態についても記述することで支援の緊急性を測ることができるだろう。第二に、個人特性を明らかにすることである（脳神経機能障害、認知機能障害）。医療機関への受診や知能検査等の心理アセスメントを通して、どのような障害特性があるか

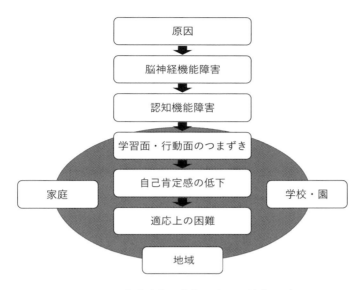

図5-1-1　発達障害の生物―心理―社会モデル
（松田 2015）

に加え、知的機能、実行機能、社会的コミュニケーション等の認知機能特性
を評価する。第三に、環境要因を明らかにすることである（家庭、地域、学校・
園）。家庭環境や言語環境、生育歴等の発達に影響を与える要因を把握する
とともに、放課後等デイサービス等の地域で利用できるサービスなどについ
ても情報を集めることが必要である。第四に、支援ニーズを明らかにするこ
とである。支援ニーズを明らかにするにあたって、子どものつまずきがなぜ
起こっているのかを、個人特性や環境要因を関連づけて分析することが重要
である。第五に、支援の仮説をつくり出すことである。アセスメントは、子
どもの困難がどのようなメカニズムによって生起しているのかをさまざまな
情報を基に推論し、仮説をつくり出す過程である（前川 2013）。その仮説に基
づいて、課題や環境、関わり方の調整を行ったり、子どもに必要なスキルを
身につけさせたりといった支援を行う。子どもが問題行動の代わりにとるべ
き適切な行動をとることができたときに、あるいは目の前の活動に適切に取
り組むことができるようになったときに、仮説が証明されたことになる。

4 校内支援システム

「困っている子ども」の多様で複雑な実態を踏まえて適切に支援を行うために、支援者間による連携・協働が重要である。文部科学省（2015）の「チームとしての学校の在り方と今後の改善方策について（答申）」において、「これからの学校が教育課程の改善等を実現し、複雑化・多様化した課題を解決していくためには、学校の組織としての在り方や、学校の組織文化に基づく業務の在り方などを見直し、『チームとしての学校』を作り上げていくことが大切である」と指摘され、「多様な専門性を持つ職員の配置を進め、チームとして連携・協働を進める学校づくりを提言するとともに、そのなかで管理職のリーダーシップや校務の在り方、教職員の働き方の見直しを行うことが必要である」ことが示されている。さらに同答申では、「チームとしての学校」の実現のために、「専門性に基づくチーム体制の構築」、「学校のマネジメント機能の強化」、「教職員一人一人が力を発揮できる環境の整備」の3

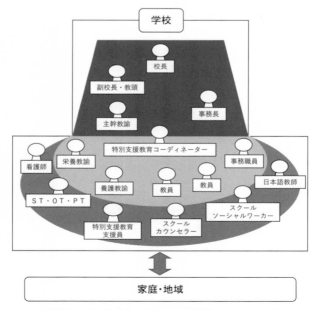

図5-1-2 「チームとしての学校」のイメージ

つの視点から整備を進めていく必要があることが示されている。具体的な改善方策の一つとして、教員以外の専門スタッフの参画が挙げられている。心理や福祉に関する専門スタッフ（スクールカウンセラー、スクールソーシャルワーカー）、授業等において教員を支援する専門スタッフ（ICT支援員、学校司書、英語指導を行う外部人材と外国語指導助手〈ALT〉等、補習など学校における教育活動を充実させるためのサポートスタッフ）、部活動に関する専門スタッフ（部活動指導員〈仮称〉）、特別支援教育に関する専門スタッフ（医療的ケアを行う看護師等、特別支援教育支援員、言語聴覚士〈ST〉、作業療法士〈OT〉、理学療法士〈PT〉等の外部専門家、就職支援コーディネーター）などである。子どもの多様な特別な教育的ニーズに応じた支援を行うために、個別の教育支援計画や個別の指導計画を軸とした教職員と専門スタッフとの連携・協働が求められている。

5　おわりに

　支援は、子どもの問題行動を減らすためだけに行うのではない。問題行動をとってしまうこと自体が問題なのではなく、結果として目の前の活動に適切に取り組むことができないことが本質的な問題だと考えられる。そのために、学習を積み重ねられず、自立や社会参加に必要なスキルを身につけることができないばかりか、失敗経験を重ねた結果として自尊感情が低下し、さまざまな二次障害が生じてしまうのである。したがって、特別な教育的ニーズのある子どもが活動に適切に取り組むことができるように支援をすることが重要である。特別な教育的ニーズのある子どもが示す問題の多様化と複雑化を踏まえ、生物―心理―社会モデルの観点から包括的にアセスメントを実施すること、そして「チームとしての学校」の理念に基づいて教職員と専門スタッフとの連携・協働を図ることが現代の特別支援教育には求められている。

（池田吉史）

文献

D'Alessio, S. (2012) Inclusive education and special needs education. In S. D'Alessio (Ed.), Inclusive education in Italy (pp. 23- 42). Rotterdam: Sense.

Department of Education and Science (DES). (1978) Special Educational Needs: A Report of the Committee of Enquiry into the Education of Handicapped Children and Young People. London: HMSO.

本郷一夫（2019）「発達性協調運動障害の理解と支援の方向性」辻井正次・宮原資英監修『発達性協調運動障害』金子書房、1-11。

池田吉史（2019）「特別な教育的ニーズのある子どもの実行機能：母国語や貧困等の問題との関連」『上越教育大学特別支援教育実践研究センター紀要』25、1-5。

前川久男（2013）「発達障害のアセスメントとその目的」前川久男・梅永雄二・中山健編『発達障害の理解と支援のためのアセスメント』日本文化科学社、1-17。

松田修（2015）「WISC-IV によるアセスメントの手順」上野一彦・松田修・小林玄・木下智子著『日本版 WISC-IV による発達障害のアセスメント―代表的な指標パターンの解釈と事例紹介』日本文化科学社、51-92。

United Nations Educational, Scientific and Cultural Organization (UNESCO). (1994) The Salamanca Statement and Framework for Action. Paris: UNESCO.

米澤好史（2015）『「愛情の器」モデルに基づく愛着修復プログラム―発達障害・愛着障害現場で正しくこどもを理解し、こどもに合った支援をする』福村出版。

第2節　「困っている子ども」に着目する授業づくり

1　通常学級に在籍する「困っている子ども」と学習指導

　文部科学省の調査において、通常学級に在籍する教育的支援を必要とする子どもが平成14年調査では6.3％だったのに対し、平成24年調査では6.5％であった。インクルーシブ教育システムがわが国において進められていく中、通常学級において障害のある子どもや何かしらの支援を必要とする子どもが増加傾向にあることは、こうしたデータからも明らかである。さらに文部科学省（2012）はこうした支援が必要な子どもについて、「学習面又は行動面で著しい困難を示すとされた児童生徒を取り出して支援するだけでなく、それらの児童生徒も含めた学級全体に対する指導をどのように行うのかを考えていく必要がある」とし、同じ学級の中で共同した授業展開を行うことを原則としている。そのため、通常学級の教員における障害等に関する知識や支援技術のニーズが高まりつつあることは論を俟たない。また、近年では外国籍の子どもや貧困、不登校など、障害だけではなく、様々な面で「困っている子ども」が通常の学級に混ざり合っている。教師はそうした多様な「困っている子ども」一人一人に着目した授業を行っていく必要がある。

2　「困っている子ども」が授業で見せる困難

　平成30年度における一学級の平均人数は23.5人である（文部科学省2018）。その学級を見渡してみると、様々なタイプの子どもがいることが分かる。例えば、黒板に集中できずに外ばかり眺めている子、椅子にじっと座っていることができず立ち歩いてしまう子、グループ活動で他の子どもと協働学習が難しい子など様々な子がいる。小学校等の通常学級における授業形態の多くは一斉指導である。もちろん、学校や学級によって一概に一斉授業と言っても様々な工夫はなされているが、教師が黒板の前に立ち、子どもが整列された机と椅子に着席して授業を受けるという形態が主であることは否定できないであろう。「困っている子ども」というのは、その特性上この一斉指導での授業が困難である場合も少なくない。教師は、「困っている子ども」を巻き込んだ授業づくりを行うことが求められる。では、教師はどのような工夫を凝らした授業をつくる必要があるのか。本節では、「困っている子ども」に着目した授業づくりについて考えていく。

3　「困っている子ども」と「主体的・対話的で深い学び」

(1)　「主体的・対話的で深い学び」

　平成29年告示の小学校学習指導要領等において、新たに「主体的・対話的で深い学び」の視点から授業を改善することがまとめられた。「主体的・対話的で深い学び」の文部科学省（2016）による定義をまとめると表5-2-1

表5-2-1　主体的・対話的で深い学びの定義

学びの種類	定義
主体的な学び	学ぶことに興味や関心を持ち、自己のキャリア形成の方向性と関連付けながら、見通しを持って粘り強く取り組み、自己の学習活動を振り返って次につなげる
対話的な学び	子ども同士の協働、教職員や地域の人との対話、先哲の考え方を手掛かりに考えること等を通じ、自己の考えを広げ深める
深い学び	習得・活用・探究という学びの過程の中で、各教科等の特質に応じた「見方・考え方」を働かせながら、知識を相互に関連付けてより深く理解したり、情報を精査して考えを形成したり、問題を見いだして解決策を考えたり、思いや考えを基に創造したりする

のようになる。

　主体的な学びでは、子どもが学習活動に興味を持ち、自身の将来の姿をイメージしながら学習活動を振り返ることが求められる。対話的な学びでは、学習した知識等をより深化されるために、子ども同士や対教職員、地域と協働し、多様な視点から物事を考えられるようになることが求められる。深い学びでは、既知の知識と新規の情報を結び付け、関連を持たせた理解及びさらなる課題を見出すことが求められる。

　こうした３つの学びの視点はそれぞれ相互に影響し合うものでもあるが、学びの本質として重要な点を異なる側面から捉えたものであり、授業づくりにおいてはそれぞれ固有の視点であることに留意が必要である。単元や各授業の中で、子どもたちの学びが３つの視点を含むものになっているか、それぞれの視点の内容と相互のバランスに配慮しながら学びの状況を把握し改善していくことが求められている。

⑵　「困っている子ども」に着目した「主体的・対話的で深い学び」

　「主体的・対話的で深い学び」の考え方は、特に特別支援教育の分野を通してみると、それ自体が必ずしも新しい考えではない。特別支援教育の分野においては、障害のある子どもの動機づけや社会への般化の観点からも、従来から子ども自身が興味を惹きやすい教材づくりや、実生活に基づく授業が行われてきた。各教科等を合わせた指導の一つである生活単元学習はその最たる例と言える。しかし、新学習指導要領において前面的に押し出されたことにより、今後は特別支援教育の分野だけでなく全教師が「主体的・対話的で深い学び」を念頭に置いて授業を組み立てていかなければならない。通常学級において「困っている子ども」に着目した「主体的・対話的で深い学び」に基づく授業をどのように組み立てていけばよいだろうか。その一つの方法が授業のユニバーサルデザインである。

4　授業のユニバーサルデザイン

　ユニバーサルデザインとは、障害者の権利条約において「調整又は特別な設計を必要とすることなく、最大限可能な範囲ですべての人が使用すること

のできる製品、環境、計画及びサービスの設計」と定義されている。特定の誰かではないすべての人が分け隔てなく使用することができるという点が重要な点である。元々は、90年代にアメリカの建築家ロナルド・メイスにより「すべての年齢や能力の人々に対し、可能なかぎり最大限に使いやすい製品や環境のデザイン」という建築や日用品に対する用語として広まった概念である。このユニバーサルデザインの考え方を教育に応用したものが「授業のユニバーサルデザイン」である。「授業のユニバーサルデザイン」の登場が特殊教育から特別支援教育への考え方の転換に大きく貢献したとも指摘されている（柘植2011）。

　多くの学会において授業のユニバーサルデザインについての研究がなされているが、特に2009年に発足した日本授業UD学会（発足当時は授業のユニバーサルデザイン研究会）において、「授業のユニバーサルデザイン」に焦点を当てた研究が進められている。この学会では、「授業のユニバーサルデザイン」の定義を、「学力の優劣や発達障害の有無にかかわらず、全員の子どもが、楽しく『わかる・できる』ように工夫・配慮された通常学級における授業デザイン」としている（桂2010）。そして、授業のユニバーサルデザインにおいて「焦点化」「視覚化」「共有化」の視点で授業をつくることが全体の指導の向上につながると指摘している（桂2011）。

(1) 焦点化

　焦点化とは、授業のねらいや活動を絞り、子どもにとって取り組みやすく理解しやすい学習活動にしていくことである。こうして授業を焦点化することにより、付けたい力や発問が具体的なものになるとともに、活動をシンプル化し、子どもの到達度や達成感を評価しやすくなる。具体的には、授業のめあてを単元の初めに提示し、授業のゴールを明確にすることが考えられる。

(2) 視覚化

　視覚化とは、説明や指示など言語的な教示を視覚化し、文章理解に苦手さのある子や言語情報だけでは理解の難しい子の理解につなげることである。授業の流れを視覚的に捉えることができるとともに、教師の発問や子どもの

発言が視覚情報として残り、児童一人一人の主体的な学習を導くことができる。具体的には、授業の流れを初めに提示し、全体で確認することで見通しをもたせることができ、また教師の発問や子どもの発言を黒板に残すことで、いつでも授業で出た考えを振り返ることができる。

(3) 共有化

　共有化とは、教師の指名の下で一部の子どもが回答し授業が進むのではなく、話し合い活動を中心に組織化することである。一人一人の考えを全体の考えとしていくことである。自分の考えを確実にもたせた後に、ペア学習、グループ学習などを行い、徐々に全体での情報の共有につなげていく。個人では考えをまとめることが難しい子が、他の子どもの意見を聞きながら、自身の考えを整理することができる。また、全体で挙手し発言することが恥ずかしい子が数人のグループになることで発言しやすくなる。

(4) その他の「授業のユニバーサルデザイン」

　「焦点化」「視覚化」「共有化」以外にも例えば伊藤 (2013) は「オープン」といういくつかの問題に出会いながら考えていく授業をデザインし、児童が問題を答えやすくなったり、発展的に考えたりできるようにする授業の展開方法を提唱している。また、村田 (2013) は「スパイラル化」として子どもが持つ社会的見方・考え方を、他の事象にも重ねてみるという授業の展開を提唱している。このように、「困っている子ども」だけでなく、すべての子どもが分かる、楽しめるための授業実践が日々行われている。

5　授業づくりにおける教室環境整備

　授業づくりにおいては、授業の進め方だけでなく、授業を行う教室の環境についても注意を払う必要がある。特に「困っている子ども」においては、些細と思われる情報が大きな刺激となり、授業を落ち着いて受けることに困難を有する場合が少なくない。「困っている子」が通常の学級で見せる困りごととしては、どのようなことがあるだろうか。困りごとは多岐に渡るため、ここでは5つの視点に分け確認していく。

(1) もの
① 整理整頓（物の位置・並ぶ位置を決めること）

　教師が言葉で伝えるよりも、写真や絵によって整理整頓された状態を視覚的に伝える工夫・配慮が必要である。その際には「何を」「どこに」「どのように」整理するかが分かるように詳しく示す必要がある。物の整理整頓以外にも、並ぶ際の立ち位置や教室の場所などは、床表示によって示すことで、スムーズに行動でき児童同士の接触によるトラブルも減らすことができる。

② 教材・教具等

　教材・教具への配慮は一人ひとりの実態に合わせて工夫することが求められる。教材・教具によって、授業の理解度や集中度が大きく変わってくる。しかし、一人ひとりの実態に合わせると、準備する時間がかかり教師の負担が増えることも考えられる。元々あるものを工夫して使ったり、他の先生と教材を共有したりして、できる範囲内で最大限の工夫をし、継続的に支援していくことが重要である。また教材・教具が使いたい時に使えることや、必要な ICT 機器が使える環境を整えることが求められる。

(2) 情報（刺激）
① 視覚的な刺激のコントロール

　掲示物には興味や関心を持って欲しい情報を示す役目があるが、これらは視覚的な刺激になってしまうことが多い。黒板の周辺の物や掲示物の精選とともに色づかいや配置などにも気をくばる必要がある。目から入ってくる刺激を調整するために日頃からチェックシートを作って教室を見直すなどして、学びやすい学習環境を整えようとする意識を持つことが求められる。

② 聴覚的な刺激のコントロール

　聴覚的な刺激のコントロールは大きく次の３つがポイントになってくる。音の軽減、確実な情報伝達、視覚的な配慮である。あらかじめ音に対して敏感な人がいることを知ることや、ルールを確認しておくことが不可欠である。自分の発する音や声が周囲に及ぼす影響を自覚できるように支援し、音に対する意識を高めることが重要である。

⑶ 予定、見通し

　月間行事や週の予定表と共に、1日のスケジュールや授業の流れなどを、「いつ」「どこで」「何を」「どのように」といった項目にし、さらに「見える形で」提示することが大切である。見通しが持てないことで強い不安を感じ、朝学校にいくことも困難になってしまう子どももいる。このことから、なるべく早めに予定・予定の変更を知らせることが求められる。また、予定表と合わせて準備物などの情報も加えると、より効果的である。その際は、絵や写真付きで示す方法もある。先を示していくことで、自主的に動く習慣を身につけていくことにも繋がっていく。実態に応じて、指示を忘れないように自分でメモする、次にすることを自分で考え行動できるように促す支援も必要である。

⑷ ルール

　ルールが明確に示され、守られている学級では落ち着いて安心して生活することができる。また、無駄な時間を減らすことで活動がスムーズに流れ、自分たちで考えて動ける自由な時間が増える。このように、子どもたちが過ごしやすく、より充実した生活を送るためにはルールは不可欠である。また学校ではルールであることが、将来社会に出た際には常識になることからルールを知り、守る態度を育成することは重要なことである。ルールは「どのような場面で」「どのようにすれば良いか」を具体的に示す（場合によっては手順化する）ことで明確にできる。またこれらのルールを視覚的に示すことが重要である。ルールは誰もがわかって当然ではない“暗黙のルール”が存在することを教師側が理解して支援することが必要である。

⑸ 座席

　視力・聴力など身体的な面、こだわり等への配慮が必要な場合は座席位置に影響されることがある。最大限の学習効果が得られるように席の位置、配置を決める必要がある。また人間関係にも配慮していくことが必要である。普段から子どもの様子をよく観察し、細かいことにも配慮できるような支援のあり方を考えていく必要がある。

6　まとめ

　本節では「困っている子ども」に着目した授業づくりについて、今後の授業構築の要である「主体的・対話的で深い学び」から入り、授業のユニバーサルデザイン及び教室環境整備の観点から論じてきた。「困っている子ども」といってもその子どもが示す様相は一人ひとり異なり、一つの方法ですべての子どもが授業に適応できるとは限らない。授業のユニバーサルデザインと教室環境整備のどちらにおいても視点は多岐に渡っている。教師はそうした多岐に渡る方法があることを学習し、子どもの実態と照らし合わせながら、今必要な方法を吟味していく必要がある。こうした授業づくりは、一教師のみで構築するのではなく、特別支援教育コーディネーターに相談したり、特別支援学校のセンター的機能を活用したりし、できるだけ多くの人と話し合いながら進めていくことが重要である。

（斎藤遼太郎）

文献

伊藤幹哲（2013）「特別支援的な視点をもとにしてクラス全員がわかる・できる算数授業をデザインする」授業のユニバーサルデザイン研究会　桂聖・石塚謙二編『授業のユニバーサルデザイン』Vol.6、東洋館出版社、86-93。

桂聖（2010）「授業のユニバーサルデザインとは何か」授業のユニバーサルデザイン研究会　桂聖・廣瀬由美子編『授業のユニバーサルデザイン』Vol.2、東洋館出版、33。

桂聖（2011）「国語授業のユニバーサルデザイン―全員が楽しく『わかる・できる』国語授業づくり」東洋館出版社。

文部科学省（2012）「通常の学級に在籍する発達障害の可能性のある特別な教育的支援を必要とする児童生徒に関する調査結果について」。

文部科学省（2016）「幼稚園、小学校、中学校、高等学校及び特別支援学校の学習指導要領等の改善及び必要な方策等について（答申）」。

文部科学省（2018）「平成30年度学校基本調査」。

村田辰明（2013）「社会科授業のユニバーサルデザイン―全員で楽しく社会的見方・考え方を身に付ける！」東洋館出版社。

柘植雅義（2011）「通常学級における授業のユニバーサルデザイン―その有効性と限界をめぐって」全日本特別支援教育研究連盟編『特別支援教育研究』№652、東洋館出版社、4-6。

第3節　困っている子どもと学級経営

1　学級経営の中の教育的ニーズ

　学級経営とは、学級における教育活動の目標を、最も有効に展開、実現するために、教師が教育活動全般の計画を立案し、運営していくことである。

　その始まりは、明治30年代に、被教育者の人格や価値等の形成などがなされる学級の訓育的機能が着目されたことにさかのぼる。明治45年には「学級経営」という言葉も初めて遣われ、我が国では古くから、学級を「経営」するという考えが根付いてきた（澤1912）。法規の適用、事務的処理によって教育条件を維持・遅滞なく運営するという管理的な発想に限定せず、学級内のすべての活動における教師と子どもの主体的・創造的な活動により、学級経営は子どもの人間的な成長を担ってきたことが確認できる。

　近年では、インクルーシブ教育システム・共生社会が推進され、児童生徒一人ひとりの多様性に対する認識がより一層深まりつつあり、それとともに、少子化・核家族化・地域社会との結び付きの減少などの社会的な要因も相まって、社会生活の基礎を培う集団の場としての学級の意味がより強く認識されるようになった。これは、「障害の有無やその他の個々の違いを認識しつつ様々な人々が生き生きと活躍できる共生社会の形成の基礎となるものであり、我が国の現在及び将来の社会にとって重要な意味を持つ」という特別支援教育の理念を学級経営の中で実現していくことにつながる。

　ところで、実際の学級生活において、特別な教育的なニーズのある子どもたちは、どのような困難が生じるかを具体的に考えてみる。注意集中が困難な子どもは、整理整頓、学習規律の維持、当番活動の遂行に困難が生じやすい。抽象的な概念の理解が苦手な子どもは、学級目標や指示の理解が難しい場面が想定される。衝動性の強い子ども、コミュニケーションに苦手さのある子ども、こだわりのある子どもは、話し合いや係活動、休み時間の遊びなどで他者との協力や折り合いを付けることに困難が生じる可能性がある。空間認知に困難のある子どもは、教室移動がわからなくなったり、板書をノートに書き写すことが苦手であったりする。運動に不器用さのある子どもは、

作品づくりや学級の体育的なレクなど様々な面での苦手さが目立つこともある。感覚過敏のある子どもは、給食や清掃活動で困難が生じる。ほかにも、家庭的な支援が必要な子どもは、学習用具の準備や必要種類の提出が困難であったり、性別に違和感のある子どもは、呼名や着替え等に配慮が必要になったりする。これらはあくまでも一例であり、実際には、子どもたち一人ひとりで状況や度合いも異なる。しかし、共通することは学級経営の中にある子どもたちの困難はどのような場合にも学校生活と直結し、できないことによる自己肯定感の低下や二次的な障害にもつながりかねない点である。

2　具体的な支援・配慮

(1) 3つの支援の軸と支援のマネジメント

　子どもの困難は千差万別であり、その数だけ支援方法があると言える。子どもたちの困っている内容や学級の問題を学級担任の教師が具体的な指導・支援・配慮を行うことで一つ一つ解決に導き、過ごしやすい学級を作ることにある。田中・奥住（2018）は、小学校の通常の学級における特別支援教育の視点を取り入れた学級経営の実践をまとめたところ、「見通し」「構造化」「認め合える人間関係づくり」の3点が支援の軸となっていたことを報告している。「見通し」に関する支援は、子ども自身が自主的に行動できることにつながるだけでなく、不安が強い子どもの安心した学校生活につなげることができる。「構造化」に関する支援は、刺激を整理したり、抽象的な概念を可視化したりして、子どもたちがわかりやすく活動できる。「認め合える人間関係づくり」は、学校生活への意欲や自己肯定感の向上につながる。学級経営において重要な点は、どれか一つだけではなく、3つの軸を総合的に視野に入れて、学習指導と生活指導を包括的に行うことである。そこで、どの学級でも当たり前のように行われている活動も、子どもたちの困っている内容や状況を考慮して具体的な支援や配慮を工夫したり、見直したりするなどのマネジメントしていくことを大切にしたい。実際に、本節筆者が通常の学級の担任として、このような視点をもって取り組んだ実践を中心に取り上げ、困っている子どもと学級経営について考えていく。

(2) 構造化の支援①—わかりやすい教師の指示や視覚的な支援—

　学級目標によく並ぶ言葉として「協力」「団結」「信頼」「友情」「やる気」「けじめ」などがある。学級担任の言葉掛けや指示で、「○年生らしい行動をしよう」、「自主的に取り組もう」などの表現があることも珍しくない。これらは、いわゆる「目には見えない大切なこと」であり、学級の中には、抽象的な概念や行動目標が多々ある。行事前や学期末などで、時間的な制約があったり、教師と子どもにとって、体力や精神力が必要とされたりするときには、特に教師の指示は抽象的や情報過多になりやすい傾向にあることが考えられる。これらの言葉だけでは抽象的であるがゆえに、子どもたちにとって行動や目指すべき姿はわかりにくく、教師や子ども一人ひとりの価値観によっても左右されやすい。現代社会における価値観の多様化や抽象的な概念の理解が困難な子どもの存在を踏まえると、わかりやすい指示や視覚的な支援を行うことにより、見通しをもちやすくしたり、自主的な行動につなげたりする必要がある。

　そこで、学級経営の中で指示を聞いたり、目標に向けて取り組む側の子どもの立場になってみるとよいだろう。一文一動詞で端的な言い方でやるべきことを具体的に示し、聴覚的に情報を処理しやすくすることは、基本である。さらに、子どもたちに特に伝えたい・守ってもらいたい点は、言葉掛けに加え、掲示や板書等の視覚的な支援も行うことで情報処理しやすくなる。

　ほかには、子どもたちが困惑しやすい清掃や給食当番、避難経路などの場面については、手順、役割分担、場所を図や表に示して整然と掲示することで、失敗やトラブルを避け、子どもたちの自主的な活動を促すことができる。

　前述の学級目標については、抽象的な表現に加えて、具体的な目指すべき数値や行為をいわゆる「目に見える大切なこと」として、教師と子どもたちが共有できると効果的である。なお、この点を学級経営案に記載しておくと、教師自身のふりかえりと自己評価にもつながり得る。

(3) 構造化の支援②—スケール化—

　行動プランニングの弱い子どもは、自分自身の行動を調整できる力を養うために、抽象的な概念を子どもたちなりに理解しやすくなるような言葉掛け

が重要である。そこで、学級経営の中で子ども自身に抽象的な概念のスケール化を促すことが考えられる。例えば、「自分（クラス）は今、○年生として10点満点中何点だと思う？　その理由は？　もう一点上げるには何ができるようになったらいいと考えますか？」や「前方の座席と後方の座席だと集中度は10点満点でどれくらい違う？　それを踏まえて、どこの席だと集中しやすいか選んでみよう」「自分のイライラはコップの水に例えるとどのくらい」などの言葉掛けを意識的に行う。ほかには、教室環境の整備として、スケール化の視覚的な支援も考えられる。例えば、声のものさし、ルール等の掲示である。「『木』の叱り方は忘れ物、『林』の叱り方は掃除をしない、『森』の叱り方は人や自分を傷つけること」というような教師の指導の基準を木に例えた掲示を行い、子どもたちがイメージをもつことを促すことができる。このように、問題を外在化し、解決志向で具体策を考えることは、スクールカウンセリングの領域において心理的なアプローチとして用いられることもあるが、このような取り組みは、子どもの行動変容を促し、学級経営にもよい影響が与えられることが考えられている（森・黒沢2002）。

⑷　見通しの支援─予定黒板の使い方─

　子どもによっては、活動の全体像を理解して見通しをもってから始める方が取り組みやすい子どももいれば、活動しながら段々と見通しを持っていく方がやりやすい子どももいる。一方、過剰に見通しを与えてしまうことで、子ども自身の思考力・判断力を養う習慣が付かなくなってしまうことも懸念される。どのように、どのくらい見通しを持たせるかの調節は、子どもの実態とその時々の状況によって学級担任が判断していく必要があり、非常に難しい。

　翌日の時間割や持ち物、家庭学習等の確認はどの学級でも、予定黒板等に学級担任が書き、子どもたちが連絡帳に書き写すことで行われている。これは、学習や生活に見通しを持つためであるが、いつもどの子どもたちにも同じようにするのではなく、実態に合わせて最適な方法を見極めて取り組むという工夫ができる。その実践例を2つ紹介する。

① 必要最低限の情報を書く

　本節筆者が２年生担任のとき、授業中に視線が大黒板からそれ、予定黒板を見ている子どもが多いことに気が付いた。例えば、次のお楽しみ会の予定が黒板に書いてあり、その文字が目に入ったら、頭の中が楽しい気持ちに溢れて注意集中が授業から逸れてしまうことも２年生の子どもの実態を考えると想定内のことであろう。予定黒板に多くの内容が過剰に書いてあると、逆に雑情報となり、注意の集中を妨げ、本来の目的である時間割の見通しをもつことにもつながりにくくなっていた。

　そこで、「授業中はよそ見をせずに話を聞き、休み時間に予定黒板を見て次の授業の準備ができるようになる」という指導の目標を立て、予定黒板には必要な最低限の情報のみを書き、なおかつ、一日の予定の中で、終わったところから順に消し、刺激となる情報をできるだけ排除した（写真5-3-1）。１カ月ほど続けると、注意集中が逸れやすい子どもを含めて学級全体が授業や時間割に注意集中が向けられるようになった。

② １週間分の予定を書く

　小学校高学年では、行事や学校全体にかかわる動きも多いために、イレギュラーな日課を組むことも多い。そのような中で、忘れ物をする子どもや

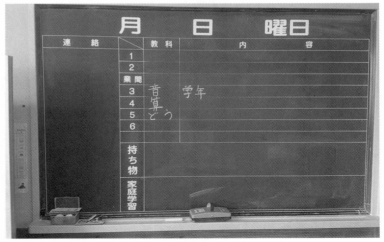

写真 5-3-1

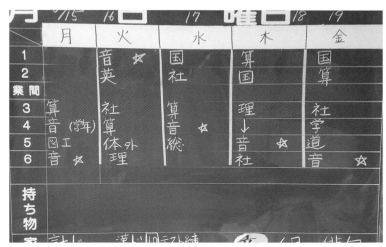

写真 5-3-2

連絡を聞き逃す子どもがいると学級担任からは「どうして忘れるの？」「さっき言ったのに……」という否定的な言葉掛けも多くなりがちである。そこで1週間を見通した行動ができるようになるために、従来は次の日の予定だけを書く枠だった予定黒板の枠を変え、1週間分の予定を書く取り組みを行った（写真5-3-2）。特に、運動会や音楽会等に向けた特別時間割や学級担任の出張がある週には、黒板に1週間分の予定を書いた上で丁寧に説明した。

　取り組みを始めると、徐々に予定黒板を見る子どもが増えた。「月曜日の図工は絵の具を忘れずに持ってこよう」「先生、水曜日の体育は外ですか？中ですか？」など、子どもたちが曜日と予定を結びつけて発言をすることが多くなり、自分から進んで見通しを持とうとする様子があった。また、学力不振の子どもが、週の後半にある漢字テストを目指して復習をするようになったり、不安感の強い子どもは、担任が出張のときには「いってらっしゃい」と笑顔で見送り、課題をしっかりとできるようになった。

(5) 構造化と見通しを合わせた支援─時間の有意義な使い方─

　本節筆者がかつて勤務した小学校には、清掃が終わり、5時間目の授業が始まる前に「移動・準備」という5分間があった。しかし、実際には子ども

たちは時間を持て余し、教室内外でおしゃべりしたり、走り回ったりしていた。子どもたちが自由に使える時間は、いわゆる「隙間の時間」であり、行動プランニングが難しい子どもにとっては、逆に困る時間になりやすい。

　そこで、「隙間の時間」を有意義に使えるように、クラス全員で集中的に整理整頓や宿題に取り組む時間にした。整理整頓のために、「スッキリタイム」として、隔日３分間、学級全体でロッカーや引き出しを整頓する時間をとった。学習用具等が散らかっているとその都度片づけるように学級担任から整理整頓が苦手な子どもに言葉を掛け、なおかつ学期末にもまとめて整頓していたが、いくら言葉を掛けても日常的に物が散乱していることが多かった。しかし、取り組みが定着すると習慣が付き、子どもたちは時間になると自主的に引き出しの中にある不要物を捨てたり、学習用具を整えたりした。これまで苦手だった子どもは「自分できれいにできた」「なくしものが少なくなった」と話し、整理整頓できていることを自信に思っていた。

　また、家庭学習に見通しをもつために、「フライングタイム」として、隔日３分間、教室で宿題をする時間をとった。取り組み前には、学力不振や不注意傾向のある子どもたちは家に帰ってからなかなか宿題に取り組めない現状があった。しかし、子どもたちは「学校で宿題のフライングができる」と喜び、３分間集中して取り組み、翌日には、きちんと提出できる子どもが増えた。子どもたちに聞くと「家に帰ってから宿題はどこをやるかわからなくなることが減った」「少しやってあると気持ちが楽になった」「わからないところを帰る前に先生に聞けてよかった」と話し、成果が上がったことがわかった。

　宿題の提出や整理整頓は、学級生活に非常に重要な要素であるが、継続することの困難から、失敗経験を積みやすく、自己肯定感も下がりやすい。ところが、毎日短時間学級全体で取り組むことで、時間を有効活用する習慣を身に付け、子どもたちが自分自身の力で行動できるように促すことができた。

(6) 認め合える人間関係づくり

　安定した学級経営は、支援や指導の工夫を有機的に結び、より効果的なものとする根幹の部分に当たる。「みんな得意なことと苦手なことがあって当

たり前」という考えのもと、苦手なことや手助けが欲しいときにはそれを言葉として伝い合え、一人ひとりが互いのよさや得意さを認め合い、それを活かして支え合える学級では、支援や配慮は当たり前のこととして受け入れられる。この点については、国立教育政策研究所 (2015) が生徒指導の重要な視点として提唱している「絆づくり」と「居場所づくり」と重なりうる。子どもたち同士の絆を深め、一人ひとりが学級を自分の居場所と感じることで、一人ひとりが大切にされる認め合える人間関係の構築につながる。

　そのためには、学級担任自身が意識的に子どもたちの「よさ」に目を向ける必要がある。田中・奥住 (2020) は、指導困難学級における学級経営の共通点を調査したところ、「日常的な指導場面」「生徒指導上の問題発生時の指導場面」において「担任教師の否定的・消極的なかかわり」があることを報告している。これを逆説的に捉えれば、安定した学級経営のためには、「担任教師の肯定的・積極的なかかわり」を重視すべきであると考えることができる。具体的には、子どもが失敗する経験をした際は、教師ができているところに注目して評価したり、次にどうすればいいかを具体的に助言したりする。できなかったことができたときには学級全体で共有するなどの言葉掛けを意識的に取り入れる。子どものつたない表現や行動の中にも、本当に伝えたい思いや意味を汲み取り、共感し、努力や成長の過程を学級経営の中で価値付けることは極めて重要である。「がんばったことを先生がわかってくれた」「みんながドンマイと言ってくれた」「うれしい気持ちをみんなで分かち合えた」という気持ちを子どもたちがもてると、自己肯定感や学級への所属感が高まり、すべての子が「また明日も来たい」と思える学級となるだろう。

　また、学級経営の一環として、学級満足度尺度、学校生活意欲尺度等を用い、子どもたちの学級生活での満足度と意欲、学級集団の状態をアセスメントすることもできる。その上で、構成的グループエンカウンターやソーシャルスキルの学習、ストレスマジメント教育等を取り入れることは予防的・開発的な教育相談として、その有効性が近年注目されている (河村 2013)。

3 まとめ

　学級担任の教師にとっては、学級経営を毎年行うこととして捉え、「既存

の物や時間などの『枠』に子どもたちを合わせる」ということをしがちである。本節では、特別な教育的なニーズのある子どもを含めて誰にとっても過ごしやすい学級環境を整えるにあたり、子どもたちの困っている内容や状況を見極め、これまで学級経営の中で当たり前としてきたことにも、その都度修正したり、もう一工夫加えたりすることで「子どもたちの実態に合わせて『枠』の使い方を変える」という実践を取り上げた。先に支援や指導のデザインありきではなく、子どもの実態に応じて支援の内容と量をマネジメントすることで、子どもの成功体験・失敗体験や教師からの賞賛や叱責の量の調節をすることにつながり、ひいては子どもたちの人格形成につながっていく。

多様な子どもたちがともに学ぶ現代の特別ニーズ教育時代に学級経営を行うにあたっては、学級に存する諸条件に対していかに教育的見地から効果的に働きかけていくかという経営的発想がますます強調されている。そういった意味で、脈々と重要な学校文化として受け継がれてきている「学級を経営する」という考え方は、より一層重要となってきていると言えるであろう。

（田中　亮）

文献

河村茂雄（2013）『集団の発達を促す学級経営』図書文化社。

国立教育政策研究所生徒指導進路指導研究センター（2015）「絆づくり」と「居場所づくり」『生徒指導リーフ』。

森俊夫・黒沢幸子（2002）『解決志向ブリーフセラピー』ほんの森出版。

澤正（1912）『學級經營』弘道館。

田中亮・奥住秀之（2019）「小学校の通常の学級における特別支援教育の推進―学級経営、授業改善、校内連携、校内体制を視点に」『東京学芸大学紀要総合教育科学系』70（1）、383-392。

田中亮・奥住秀之（2020）「小学校・指導困難学級における学級経営から見た教師論に関する一考察」『東京学芸大学紀要総合教育科学系』71（1）、315-323。

第4節　「困っている子ども」と学力問題

1　本節の課題

　本節の課題は、「困っている子ども」への対応の特徴や可能性を、いわゆる学力問題との関連で考察することである。「困っている子ども」は文字通り広範な対象であり、同時にその境界の不確実性も考慮に入れるべきであると考えられる。いわゆるグレーゾーンの子どもを含めた検討も必要であろうし、学力をめぐる何らかのニーズを持つ子どもを広く対象に想定して検討するべき内容である。

　子どもの学力問題が議論されるようになって既に久しい。特別なニーズのある子どもの学習保障をめぐる研究や実践も、既に様々な形で進められてきているが、本節では、根拠に基づく（evidence-based）実践の一つとして「教育的介入に対する反応（Response to Intervention、以下引用箇所を除き RTI とする）」モデルに注目する。RTI モデルは、米国で開発・実践されている学習者に対する評価と指導のモデルである。「通常の教育で遅れを認める児に対し診断確定を待たずに補足的な指導を行い、指導への反応により次第に強度と特殊性の高い指導へと移行していく介入方略」である（関 2015：40）。特に読み書きの指導において「定期的な評価を行い、読み書きが苦手な状態であればそれに応じた指導を行い、改善すれば終了とし、改善が不十分な小児にはさらに集中的な指導を行う」という方法が採られている（小枝ほか 2014：18）。これらは、「遅れが顕著になる前に指導が開始できること」と、「周辺群へも介入が行えること」が利点とされている（関 2015：40）。その点で、例えば障害や疾患の確定診断や、心理検査等による有意な差を認められない場合でも、子どもの学習上の課題や「困っていること」に即した対応の可能性が開かれる。学習面で「困っている子ども」はそのニーズや「困りごと」を必ずしも明確に発信できるわけではない。その点で、学習者のニーズやその可能性を見いだすシステムとしても可能性があるのではないかと考えられる。

　RTI モデルは、学習支援を必要とする通常学級在籍児童への支援、さらにはインクルーシヴ教育の実践的示唆をもたらすものとして、「近年の教育

領域の最大の変化」であると評価する論者もいる（例えば Hall et al. 2013）。最大かどうかはともかく、特別ニーズ教育の対象の拡大と実践の展開を展望する上で、RTI モデルの検討は有効であると考えられる。

2 RTI モデルの手続き的特徴

(1) RTI モデルのプロセス

　RTI モデルは LD 判定と要支援児に対する指導と評価の一連のプロセスと考えられるが、そこには以下の要素が含まれる（清水 2008）。すなわち、①通常教育での適切な指導の展開、②子どもの学習不振や困難の発見、③学習不振や困難に対応した個別ないしは小集団による教育介入とその漸進的対応の強化、④教育介入した子どものモニタリング、⑤教育介入への反応のなさとモニタリングデータを利用した障害認定である。

　川合（2009）は RTI モデルを "Response" と "Intervention" とに分け、次のように説明している。「児童生徒が教育的介入に応答的かどうか（つまりその教育的介入に対する効果があるかどうか）を調査する」ことが RTI の原則であるが、「非応答性（教育的介入を行っても効果が表れない児童生徒）が現れるリスクのある児童生徒のサブグループを特定」する必要がある（川合 2009：61）。サブグループの特定には、当該の年度に「特定の学年の児童生徒全員に試験を行う、その試験で 25 パーセンタイル以下の成績を収めた児童生徒をリスク児として認定することも可能である」という（Fuchs & Fuchs 2006）。そしてリスク児が選定されると、通常学級におけるリスク児の「応答性が常にチェック」され、「リスク児は困難があると考えられる教科や領域における標準化された学力テストを受ける」（川合 2009：61）。この場合、応答性の評価基準 25 パーセンタイルよりも基準を狭めた値（例えば 16 パーセンタイル）と定義されるという（同）。教師には、「リスク児の成績をより的確に比較するための方法を選定することが要求され」、「中でも適切な方法とされているものは、①毎週リスク児がどれほど学力を伸ばしているかを測定するための、地方教育委員会や州などが標準化した評価尺度、または②毎週リスク児がどれほど学力を伸ばしているかについての評価基準を示す対照表やグラフ」とされている（Fuchs & Fuchs, 2006、川合 2009）。つまり、RTI において

は、「常に児童生徒の学習進捗度をチェックすること」が求められ、「児童生徒の現在の学習到達度や学習進捗度をつぶさにチェックすることができるダイナミックアセスメントの形式」で評価することになる（同）。このように入手された情報は、特別な支援を必要とする児童生徒を特定することに加え、初期の教育的介入方法を計画するためにも活用されている。「教師はこれらのデータをもとに、カリキュラムや教材、あるいは指導手順を変更する必要があるかどうかを決定」し、「児童生徒がリスク児かどうかを判定」するための情報として、また「多層モデルのどの層に児童生徒が該当するのかを判断」するための材料としても活用される。

(2) 三層構造によるRTIモデルの理解

　RTIモデルは、多層モデルによる教育的介入を行うもので、二層から四層まで、いくつかのバリエーションが提唱されているが、特に代表的なのはRTIを三層構造においてとらえる考え方である（A three-tier RTI model）。ここでは、清水（2008）による三層モデルごとの支援内容を整理する（表5-4-1）。

(3) RTIモデルの実践的評価

　RTIモデルの目的と意義は多岐にわたって論じられている。学習障害等の医学的診断を待たずに教育的介入を進めることの意義、ディスクレパンシー・モデルの文化的、言語学的バイアスの克服を図るものとしての意義などである（Montalvo, et al. 2014）。モンタルヴォらは、RTIを根拠に基づく指導方法として評価しつつ、多くの「文化的、言語学的に多様な子ども」に対して、特別教育の対象としての判定をすることになったと述べている。文化的、言語学的に多様性をもつ子どもの学習様式、行動様式、文化的知識、経験といった背景を踏まえることが重要であるという（同）。そして文化的、言語学的に多様な子どもにとって、RTIモデルによる指導は主に二つの意味で重要であるという。第一に、文化的、言語学的に多様な子どもが英語（米語）リテラシーを習得するにあたり、根拠に基づいた実践を提供することである。それによって、家庭環境や学習期間の不十分さにより英語（米語）の習得が十分でない子どもが、「決定的な失敗（significant failure）」を経験する

表5-4-1　RTI三層モデルにおける各層ごとの支援内容 (清水2008より)

第1層：通常教育における質の高い教育的介入と支援（通常学級担任教員と特別教育担任教員の協働）

◎前年度学期末に成績や学力テスト等でリスク児が発見されたとき、リスク児はまず通常学級内で、通常のカリキュラムを履修しながら、必要に応じて通常学級教師による補充学習を受け、通常のカリキュラムを基礎にした評価法によりその学習進捗度がモニタリングされる。この補充学習期間は、一般的には8週間を超えない期間と考えられている。
・教師による読み書き能力等のスクリーニングテストの実施
・教師による確かな指導戦略とアプローチの適用
・継続的なカリキュラムを基礎としたアセスメントと進捗のモニタリングの実施
・アセスメント結果に基づく個別の指導の実施

第2層：判定・評価に基づく教育的介入とそのモニタリング（通常学級担任と特別教育担任の協働）

◎第1層における教育的介入の実施にもかかわらず、子どもの困難が改善しないとき、通常のカリキュラムに加えて、より重点的な教育的介入が行われる。通常少人数による指導が実施される。この教育的介入は、第1層以上の期間を要するものの、学年を超えない期間と考えられている。この段階では、学校は教育的介入の計画を作成し、保護者と面談して計画について説明し、了承を得ることが望ましいとされている。
・カリキュラムを基礎とした評価を実施し、引き続き支援の必要な子どもを明らかにする。
・子どもの学習進捗状況を頻繁にモニタリングして教育的介入の効果を高める。
・保護者に子どもの学習の状況および教育的介入とそのモニタリングについて知らせる。
・教育的介入やモニタリングについて通常学級担任教師に対して支援を提供する。

第3層：障害の認定と特別な教育的ニーズに応じた教育（特別教育担任教員、あるいは通常学級担任教員と特別教育担任教員の協働）

◎子どもの困難に焦点を当てた集中的な個別による指導が行われる。この指導を実施したにもかかわらず、子どもの困難が改善しないときは、特別教育対象児として認定する。第3層における指導とモニタリングの実施責任者は、通常学級担任教師の場合もあれば、特別教育担任教師の場合もある。各層における子どもに対する教育的介入の記録は、専門家チームの協議に諮られ、個別教育計画が作成される。
・障害があるか否かを判定するために、総合的な評価を実施することの了承を保護者から得る。
・第1層および第2層において収集されたデータとともに、標準化された検査を含む多様なアセスメントを実施する。
・リソースルームにおける組織的・集中的な個別・小集団指導を実施する。

前に、学業不振（underachievement）に対応したり、学習を支援することが可能になるという（同）。第二に、文化的、言語学的に多様な子どもの中でも、特別なニーズにもとづく教育のサービスを受けることが適切と考えられる子どもを見出すことができるということになる。

3　RTIモデルにおける指導者の役割

教育的介入によるこのアプローチは、多くの学校に採用された（川合2009）。一方で、このモデルは、教師や専門家が、アセスメントや指導について、高度な専門的見識や技能を備えていることが前提となっていることである。「教師は多くの種類のアセスメントや指導方法に精通していなければなら」ず、「どのアセスメントや指導方法が適用されるべきかを的確に知るだけの適正な臨床判断能力と経験がなければならない」という（川合 2009：63）。指導方法、指導技術の専門性は、RTI モデルに必然的に伴われるものともいえる。なぜなら、第一層の介入において、75～85％程度の児童生徒が、確かに学習成果を上げたことが示されてこそ、その指導において十分な反応を見せなかった子どもへの次の手だてとしての第二層の介入が開始されるからである。

また、RTI によって介入のレベルを上げても改善が得られない子どもがいること、RTI では限界があり、年単位での指導を行うことが必要であることなども指摘されている（Denton, 2012）。もともとの RTI モデルは比較的短期間での介入をもとに指導の効果を検証することを基本としてきた。今後、中長期的な介入を視野に入れるべきなのか、中長期的な介入を導入する条件や方法は何か、といった検討も必要になってきている。一方、ADHD児など、さまざまなタイプのニーズのある子どもに RTI モデルの支援を適用する研究も 2010 年代から報告され始めている。RTI が多様な障害、多様なニーズのある子どもの学力保障に適用されるようになってきていることは興味深い事象といえる。

4　学力問題と学習指導

RTI は先述の通り、可能性・評価と課題を併せ持ちながら、実践の展開

が進められており、わが国においても、日本型RTIとでも呼ぶべき取り組みが始められている（例えば海津 2014）。教育的介入に対して、期待される反応（効果）が見られない子どもを抽出して、さらなる介入（指導）を行うというモデルは、例えば障害の確定診断を受けない子ども、いわゆるグレーゾーンと呼ばれ、支援が必要と考えられる子どもに対する支援と介入のモデルとしての有効性が期待される。特に、RTIは読み書き能力の評価と指導を中心に展開してきた。これは、例えばLD児が通常学級での学習にどのように参画できるかを検討するうえでも、示唆をもたらす可能性がある。一方で、このモデルは、教師が授業を通して質の高い学習指導を実践していることが前提となるモデルであり、アセスメントについても同様のことがいえる。発達にゆがみや偏りのある児童生徒の学力面の課題を、授業を通して見出すことの必要性がより高まっているといえるだろう。

　さらに今後の大きな課題として、特別なニーズのある子どもの、認知発達の状態に合わせた学力をどのように想定して、カリキュラムをデザインするかという難問がある。例えばRTIモデルの場合、もちろんその実践にバリエーションはあろうが、基本的には学習指導に対する個々の学習者の反応を手がかりに、支援や介入を検討する枠組みとなっている。しかし、近年の学力論の中でも、特に構成主義的に学力を捉えた場合、学力は個人に内包しないという立場を取る。例えば、インクルーシヴ教育研究で著名な英国のフローリアン（Florian, L.）は、インクルージョン政策とその具体的な実践への導入にはギャップがあると指摘し、そのギャップが、学校で扱う能力（ability）と役割に関する議論をもたらすものだとした。加えて、学習面で困難を抱える生徒を受け入れるメカニズムと、学習形態の多様性を一つの教室でどこまで進めることができるか、という議論を進めている（Florian, 2008）。これらは学校教育において指導・学習内容の設定や、子どものニーズに応じることをどのように接合させるかという問題にもつながる。同様に、21世紀型スキル学びと評価プロジェクト（ATC21S）のような、自分の考えを他人に伝え、コミュニケーションとコラボレーションによって学びを深めていくタイプの学習の拡充が求められている（Binkley et al. 2012）。すべての子どもにとって可能とするような授業や学習のデザインはどのように考えるべきな

のか。学習が協働的な活動への参加を要件としているのであれば、例えば知的障害や学習障害の生徒にどのような形で完全な参加をもたらすのか、すべての生徒のための学習のフレームワークをどのようにデザインするか、といったことが今後の検討課題になる。

（村山　拓）

文献

Binkley, M., Erstad, O., Hermna, J., Raizen, S., Ripley, M., Miller-Ricci, M., & Rumble, M. (2012) "Defining Twenty-First Century Skills", Griffin, P., Care, E., & McGaw, B. Assessment and Teaching of 21st Century Skills, Springer.

Denton, C. A. (2012) "Response to Intervention for Reading Difficulties in the Primary Grades: Some Answers and Lingering Questions" Journal of Learning Disabilities, 45, 232-243.

Florian, L. (2008) "Special or Inclusive Education: Future Trends" British Journal of Special Education, 35 (4), 202-208.

Fuchs, D. & Fuchs, L. S. (2006) "Introduction to Responsive to Intervention; What, why, and how valid is it?", Reading Research Quarterly, 41, 93-99.

Hall, C. & Mahoney, J. (2013) "Response To Intervention: Research And Practice", Contemporary Issues in Education Research, 6 (3), 273-278.

羽山裕子 (2015)「アメリカ合衆国における中等教育段階の生徒を対象とした Response to Intervention に関する一考察」『SNE ジャーナル』21、144-156。

海津亜希子 (2014)「高い実践性を有する多層指導モデル　MIM の創造をめざして」『LD 研究』23 (1)、41-45。

川合紀宗 (2009)「IDEA 2004 の制定に伴う合衆国における障害判定・評価の在り方の変容について」『広島大学特別支援教育実践センター紀要』7、59-68。

小枝達也・関あゆみ・田中大介・内山仁志 (2014)「RTI (response to intervention) を導入した特異的読字障害の早期発見と早期治療に関するコホート研究」『脳と発達』46、270-274。

Montalvo, R. Combes, B. H., & Kea, C. D. (2014) "Perspectives on Culturally and Linguistically Responsive RtI Pedagogies Through a Cultural and Linguistic Lens", Interdisciplinary Journal of Teaching and Learning, 4 (3), 203-219.

村山拓 (2016)「RTI (教育的介入に対する反応) モデルの可能性と課題―通常学級で学ぶ学習障害児の支援をめぐる議論の検討」『教職研究』29、81-91。

関あゆみ (2015)「治療介入法の考え方」『脳と発達』47、198-202。

清水貞夫 (2008)「『教育的介入に対する応答 (RTI)』と学力底上げ政策―合衆国における LD 判定方法に関する議論と『落ちこぼし防止』法」『障害者問題研究』36 (1)、66-74。

VI 特別ニーズ教育と社会的養護・矯正教育

第1節　児童養護施設における子どもの「育ちと発達の困難」と困難・支援ニーズ
―子どもの「語り・つぶやき」からさぐる―

1　はじめに

　現代社会における急激な経済的格差や養育困難の拡大のなかで、子ども・若者は安心・安全に生きるための生活基盤や成長・発達に不可欠な条件を喪失し、「不安・緊張・恐怖・抑うつ・孤立・ストレス」等に晒されている。そのなかで「ネグレクト・被虐待・愛着障害・依存症・不適応・触法・非行」等の子ども・若者の多様な「育ちと発達の困難」が顕在化している。

　そうした子ども・若者の多様な「育ちと発達の困難」に対応するのが社会的養護の取り組みであるが、とくに児童養護施設は「保護者のない児童、虐待されている児童その他環境上養護を要する児童を入所させて、これを養護し、あわせて退所した者に対する相談その他の自立のための援助を行うことを目的とする」と規定されている。

　筆者らはこの間、子ども・若者の多様な「育ちと発達の困難」の実態と発達上の課題・困難を有する子ども・若者が求めている支援のあり方を明らかにするために、国内のいくつかの児童養護施設に入り、参与観察を行い、入所する子ども・若者の「語り・つぶやき」を詳細に聞き取る作業に取り組んできた。

　本節では、201X 年 X 月～201Y 年 Y 月の 1 年間、複数の児童養護施設に

おいて、入所する発達上の課題・困難を有する小学生から高校生から聴き取った多様な「育ちと発達の困難」に関わる「語り・つぶやき」を記録し、KJ法を用いてこれらを検討した。

　発達上の課題・困難を有する子どもの「語り・つぶやき」の記録の検討を通して、「育ちと発達の困難」に関わる236件のデータを抽出し、表6-1-1に示したように、「大カテゴリ」9件と「小カテゴリ」33件を得た。

　大カテゴリは、①「日常生活面の困難・支援ニーズ」、②「認知・行動上の困難・支援ニーズ」、③「自己理解・認識における困難・支援ニーズ」、④「親・家族との関係性における困難・支援ニーズ」、⑤「施設内の子ども関係における困難・支援ニーズ」、⑥「職員・大人との関係性における困難・支援ニーズ」、⑦「学校生活面の困難・支援ニーズ」、⑧「進路・社会的自立面の困難・支援ニーズ」、⑨「その他」である。

　以下、この大カテゴリにしたがいながら、発達上の課題・困難を有する子

表6-1-1　子どもの「語り・つぶやき」から抽出されたカテゴリ

大カテゴリ	小カテゴリ
日常生活面の困難・支援ニーズ	感覚の特異性／食の困難／睡眠困難／体調不良・身体症状／清潔の維持困難／金銭面の困難
認知・行動上の困難・支援ニーズ	行動・モノ・規則・ルールへのこだわり／不注意・忘れやすさ／無計画・見通しのもてなさ／意志の弱さ
自己理解・認識における困難・支援ニーズ	自己肯定感の低さ／苦手さや障害の気づき・訴え／自分の変化・成長・発達への気づき／振り返り・反省
親・家族との関係性における困難・支援ニーズ	親に対する嫌悪感・虐待のトラウマ／親への愛着／理想の親・家庭への渇望
施設内の子ども関係における困難・支援ニーズ	他児からのプレッシャー／他児への責任転嫁／他児への偏見・非難・暴言・攻撃／他児との比較による正当化／他児への配慮
職員・大人との関係性における困難・支援ニーズ	職員・大人の批判・不信・責任転嫁／人見知り・他人と話せない／特定の職員への愛着／職員への配慮・感謝
学校生活面の困難・支援ニーズ	学校への登校不安・プレッシャー／教師への不信／クラスメイトとの関係（孤立・不安・いじめ等）／学習関連の困難・不安・プレッシャー
進路・社会的自立面の困難・支援ニーズ	就職・仕事・社会的自立への不安／進学への不安
その他	性に関する不安／ネット・ゲーム依存

どもの「語り・つぶやき」の検討を通して、児童養護施設における子どもの発達困難の実態と支援ニーズについて明らかにしていく。

2 日常生活面の困難・支援ニーズ

日常生活面の困難・支援ニーズに関して「感覚の特異性」「食の困難」「睡眠困難」「体調不良・身体症状」「清潔の維持困難」「金銭面の困難」が小カテゴリとして抽出された。

「感覚の特異性」（表6-1-2）のために日常生活のあらゆる場面において「生きづらさ」を抱えているケースも少なくなく、「○○さんが急に怒ったり、声を大きくすると驚いてしまう」「周りの声がかなりうるさくて、自分を責めたてるみたい」というつぶやきから、聴覚過敏による不安・緊張・ストレス等の高まりのために、一人で静かに落ち着くことが困難であるケースもみられた。「（仕事で）一緒にトラックに乗っている人のにおいがすごいんだ」「色々なにおいが混ざることが気になる」などの嗅覚過敏に関するつぶやきも得られ、職場や学校での対人関係の困難の背景の一つに感覚過敏があるこ

表6-1-2 「感覚の特異性」に関する子どもの語り・つぶやき

カテゴリ	コード	切片化された語り・つぶやき
嗅覚過敏	においに敏感	「色々な臭いが混ざることが気になり、公園の掃除に行く時は、たくさんの臭いがあるのでびっくりする」
	特定のにおいへの過敏	「一緒にトラックに乗っている人の臭いがすごいんだ」「プールのような臭いがする」「コーヒーが目にしみる」
聴覚過敏	小さい声に敏感	「電話の内容が聞こえてしまうから仕方ないでしょ」
	急な大きな音への過敏	「○○さんが急に怒ったり、声を大きくすると驚いてしまう」
	周りの声がうるさい	「周りの声がかなりうるさくて、自分を責めたてるみたい」
	聴覚過敏の原因としての不安・緊張・ストレス	「最近、声がうるさく聞こえるのは、やらなきゃいけないことができないからかもしれない」「将来の生活への不安もあるかも」
皮膚過敏	濡れることの気持ち悪さ	「濡れるのが気持ち悪いので風呂は嫌い」「今日は晴れで嬉しいです。雨で身体が濡れるのが嫌」
	「触れられる」ときの痛み	「抱きつかれるのはいいのだけど、なんか痛くて嫌なんだよね」「○○さん、さわらないでよ。痛いよ」

とがうかがえる。

　こうした感覚過敏の振り返りのなかで、ある高校生は「やらなきゃいけないことができないから」「将来の生活への不安もある」と語っており、日常生活における不全感・ストレスや漠然とした将来への不安等が、感覚過敏にも影響を与えていることが示唆された。また、職場実習などストレスを強く感じる場面において、気分が悪くなってしまうことも多い。

　さらに、少し触られただけでも「痛い」と訴える子どもも少なくなく、「抱きつかれるのはいいのだけど、なんか痛くていやなんだよね」という言葉の通り、スキンシップを求めているものの、実際に身体が接触すると痛みを感じてしまうために、気持ちとは裏腹に他者との関わりを避けてしまうこともうかがえる。このように対人関係等の困難やトラブルの背景には、子どもの感覚過敏の可能性があることにも注目する必要がある。

　「食の困難」に関して「漬物だけでご飯を終わりにしちゃう」「夜になってお腹がすくと、ご飯にマヨネーズをかけて食べる」「なんでコーヒーを出しておくの。見えると飲んでしまうから、しまっておいて」など、偏食や特定の嗜好品への依存に関するつぶやきが多く得られた。これらのつぶやきや子どもとのやり取りを通じて、本人は偏食や嗜好品への依存を改善したいと思っているが、長年身につけてきた生活習慣等から簡単には改善することができない状況であることが見てとれた。

　「睡眠の困難」に関して「早く寝ようとすると寝れないんだよね」「時間通りに寝れないと嫌だ」等の入眠時の困難に関わるつぶやきが多く得られた。また、起床時の困難も日常生活・学校生活に大きな影響を及ぼしており、起き抜けに「吐き気はおさまったけど頭が痛い」「本当に頭痛い。毎朝、何でだろう」というような「体調不良・身体症状」を訴える子どもが多く、睡眠の質や登校ストレスのために体調不良・身体症状が生じている可能性がうかがえる。また、夜更かしをしてしまい、「どうしても起きられない」子どもたちについて、なぜ夜更かしをしてしまうのかについて、子どもと一緒にその背景要因や抱えている「不安・緊張・恐怖・抑うつ・孤立・ストレス」等について考えていく必要がある。

　児童養護施設の子どもにおいては清潔の維持困難についてしばしば言及さ

れるが、「小さい頃から汚いことに慣れてしまっている」「綺麗にすると落ち着かない」などの子どものつぶやきが抽出された。また、「ひげを剃るのは痛いから」とひげを剃らないでいた子どもについては、クリーム使用等の適切なひげの剃り方を知らなかったことが子どもとのやり取りからわかるなど、施設入所前のネグレクトや基本的生活習慣の未習得が清潔の維持困難につながっているケースも多くみられた。

3　認知・行動上の困難・支援ニーズ

　認知・行動上の困難・支援ニーズに関して「行動・モノ・規則・ルールへのこだわり」「不注意・忘れやすさ」「無計画・見通しのもてなさ」「意志の弱さ」が小カテゴリとして抽出された（表6-1-3）。

　「行動・モノ・規則やルールへのこだわり」に関して「歯を磨かなくてはいけないし、トイレに行かなきゃいけないし」「嫌いなものを食べなきゃ、デザートは食べれないよね（無理やり食べてしまい吐いてしまう）」などのつぶやきが得られた。こうしたこだわりのために施設内の対人関係等のトラブルに発展することも少なくないが、こうしたつぶやきは、子どもが不安・緊張を極度に感じているときに語られることが多く、自身の不安・緊張を少しでも和らげるための方略として用いられていることもうかがえる。

　例えば、ある子どもは他児から暴力等を振るわれた際に、お気に入りで特定の本をしっかりと抱きかかえることで安心感を求め、その本が破れた場合

表6-1-3　「認知・行動上の困難・支援ニーズ」に関する子どもの語り・つぶやき

カテゴリ	切片化された語り・つぶやき
行動・モノ・規則・ルールへのこだわり	「歯を磨かなくてはいけないし、トイレに行かなきゃいけないし」「嫌いなものを食べなきゃ、デザートは食べられないよね（無理やり食べてしまい吐いてしまう）」
不注意・忘れやすさ	「シャワーで洗った体の箇所を忘れない？」「切符をなくしちゃったんだよね」
無計画・見通しのもてなさ	「とにかく行きたかったんだよ」「なんでできないんだよ。やるって言っていたじゃん」「全然、楽勝じゃない。大変だ。終わりっこない」
意志の弱さ	「僕は重要なことになると、すぐに人に頼ってしまうんだ」「その時は、いいと思ったのだけど、本当にいいと思っていたのか、わからなくなってきた」

には「（修復するための）テープを出して」と職員に伝え、あたかも傷ついた自分を修復するように、何度も何度もテープで本の修復をしていた。

　このように、日々抱える不安・緊張や対人関係のストレスを和らげたり、平常心を保つために「独特なこだわり」を有していることもまた明らかとなった。

　また、施設における急な予定変更等に対して、必要以上に不安や焦りを感じてしまい、「とにかく行きたかったんだよ」「なんでできないんだよ。やるって言っていたじゃん」と訴えるなど、慌ててしまい、パニックになることが多かった。

　また、宿題がまだ終わっていないということを他児から何度も言われることで、実際はすぐに終わるような平易な課題であっても、「全然、楽勝じゃない。大変だ。終わりっこない」として不安やパニックに陥ってしまうケースも観察された。この子どもについては、職員が実際の進捗状況を一緒に確認することで落ち着くことができた。

　以上のように、突然の予定変更や見通しがもてない場合などに、不安・緊張・ストレス等を必要以上に感じてしまい、パニックになることが多いために、計画を一緒に立てて見通しを確認し、子どもが安心感をもてるような関わりが不可欠である。また、こうした不安・緊張・ストレス等を和らげるため、子どもは「独特なこだわり」をもつことも多いが、「こだわり」のみに注目して禁止・叱正するのではなく、その背景にある子どもの「困りごと」に十分に目を向けることが重要である。

4　自己理解・認識の困難・支援ニーズ

　自己理解・認識の困難・支援ニーズに関して「自己肯定感の低さ」「苦手さや障害の気づき・訴え」「自己の変化・成長・発達への気づき」「振り返り・反省」が小カテゴリとして抽出された（表6-1-4）。

　「自己肯定感の低さ」を示すつぶやきが多く得られた。「他の子はすぐにほめてもらえるのに、僕は全くほめてもらえない」「いや俺なんてたいして勉強もできないし、学校も行ってないからさ」「どうせ僕は嫌われやすいタイプだから、嫌われたって大丈夫だし、慣れている」等、他者と比較して自分

表6-1-4 「自己理解・認識の困難・支援ニーズ」に関する子どもの語り・つぶやき

カテゴリ	切片化された語り・つぶやき
自己肯定感の低さ	「僕は何をやっても駄目だ。聞いてからやろうと思った」「他の子はすぐにほめてもらえるのに、僕は全くほめてもらえない」「いや俺なんてたいして勉強もできないし、学校も行ってないからさ」「どうせ僕は嫌われやすいタイプだから、嫌われたって大丈夫だし、慣れている」
苦手さや障害の気づき・訴え	「○○君は普通と変わらないよとみんなが言うにもかかわらず、実際は○○○○○○と言われることもあるし、自分は馬鹿にされていることがある」「お前は手帳を持っているからねと言われるのがすごく嫌だ」「老人ホームでの職場体験をしたけど、でもそういう仕事につくような人ってことなのかな」「自分が普通で大丈夫であるように装うのは、もう無理なんだよね」「昔、お母さんにお前はADHDってやつだって言われて。気にしている訳ではないけれど、小学校の頃の自分は相当変なやつだったなって思う」
自己の変化・成長・発達への気づき	「たしかに、昔に比べて、パニックになることは少なくなったような気がする。本当に、昔は暴れていたよね」「昔よりは、怒る前にね、考えるようになったんだよ」
振り返り・反省	「冷静に自分の悪いところを振り返ることがある」「後から自分の非を認めて謝ることもある」「僕が頭を叩いたわけではないけど、無理やり連れていこうとしたのは、悪いと思う」「別に○○さんを痛めつけるつもりはなかった。我慢できなくなってしまった」

の「できなさ」を強く感じていることを示唆するつぶやきが多く見られた。

　また、こうした自己肯定感の低さについては、「苦手さや障害の気づき・訴え」との関連性も示唆されている。ある子どもは、自身の障害について他者から揶揄われることについて強い不安を感じており、「○○君は普通と変わらないよとみんなが言うにもかかわらず、実際は○○○○○○と言われることもあるし、自分は馬鹿にされていることがある」と語った。

　そのほかにも「お前は手帳を持っているからねと言われるのがすごく嫌だ」「老人ホームでの職場体験をしたけど、でもそういう仕事につくような人ってことなのかな」「自分が普通で大丈夫であるように装うのは、もう無理なんだよね」というつぶやきからも、周囲から「普通」ではないと思われることに対して強い不安・恐怖を感じており、そのことが自己肯定感の低さにも繋がっていることが示唆された。

　こうしたなかで「自己の変化・成長・発達への気づき」について示された

つぶやきも見られ、ある子どもは過去の自分を振り返りながら「たしかに、昔に比べて、パニックになることは少なくなったような気がする。本当に、昔は暴れていたよね」「昔よりは、怒る前にね、考えるようになったんだよ」と語り、自身がパニックに至ってしまう原因や対処法について考えようとしている様子がうかがえた。

　このように過去の自分と今の自分とを比較して、自分の「できないこと」や「できること」を客観的に評価し、丁寧な振り返りを繰り返し行うことを通して、自身の変化・成長・発達を確認し、それが自己肯定感の向上に繋がっていくことが示唆された。

　自分の非を認めたり、自分の過ちに対する「反省・振り返り」のつぶやきも多く得られた。ある子どもは登校前で慌てているときに職員とぶつかってしまい、そのときはイライラしていたものの、少し落ち着いてから「さっきは、自分は前を見ていなくて、ぶつかってしまってごめんね」等の自分の非を認める語りが得られた。

　また、ある子どもは職員や友人に対してつい非難や文句を言ってしまうが、「冷静に自分の悪いところを振り返ることがある」「後から自分の非を認めて謝ることもある」と語っており、こうした反省・振り返りを大切にしながら、本人の気づき・改善を促していく発達支援が求められているといえる。

5　親・家族との関係性における困難・支援ニーズ

　親・家族との関係性における困難・支援ニーズに関して「親に対する嫌悪感・虐待のトラウマ」「親への愛着」「理想の親・家庭への渇望」が小カテゴリとして抽出された（表6-1-5）。

　「親に対する嫌悪感・虐待のトラウマ」に関するつぶやきとして「（家族からの手紙を見ながら）せっかく忘れていたのにさ、絶対に思い出したくないことなのに、思い出してしまうじゃん。こんなの」「自分には母親から逃れるために、ゲームとかがある」等と語られた。

　幼少期に受けた虐待・ネグレクトやそれに繋がるトラウマ、言語化することができない当時感じていた「どす黒いもやもや」が浮かび上がってくるのを防ぐために、ゲーム・動画などにのめりこんでしまうケースも多い。深夜

156

表6-1-5 「親・家族との関係性における困難・支援ニーズ」に関する子どもの語り・つぶやき

カテゴリ	切片化された語り・つぶやき
親に対する嫌悪感・虐待のトラウマ	「一緒に住めないのだったら、最初から僕を産まなければよかったんじゃないかな」「(家族からの手紙を見ながら) せっかく忘れていたのにさ、絶対に思い出したくないことなのに、思い出してしまうじゃん。こんなの」「自分には母親から逃れるために、ゲームとかがある」
親への愛着	「お母さんは引き取る気があるし、自分も帰りたいのに、なぜか帰れない」「ぼくはお母さんと一緒に住みたい」「○○さん、(お母さんの居る家に) 帰ろう」
理想の親・家庭への渇望	「○○さんがお父さんだったらよかった。職員がお父さんだったらいいのに」「時々この夢みるんだけど、お母さんと食事をして家で普通に暮らしている夢、今日も見たんだよね」「時々、お母さんだけじゃなくて、お兄ちゃんとかもっと家族も増えたりするんだけど、起きた瞬間、絶望するんだよね」「友達の家に遊びに行ったりして、普通の家の雰囲気を見ると、自分ってどうなのかなって思う」「別にお金持ちとかでなくていいから、普通の家族の生活ができたらいい」

のオンラインゲームなどは、睡眠や生活リズムの乱れにも繋がる。

　ある子どもは「一緒に住めないのだったら、最初から僕を産まなければよかったんじゃないかな」と語り、母親との関係再構築への希望とそれが到底かなわない現状のために、強い自己否定を抱えていた。ほかにも「ぼくはお母さんと一緒に住みたい」という希望、「僕のお母さんはそんなミスをすることはない」というように支えにしている母親像を訴えるつぶやき、ふとしたときにぼんやりと「○○さん、(母が住む家に) 帰ろう」と話すなど、親や家族のもとで生活したいという気持ちを抱き、またそれを自分の心の中に必死に押し込めるということを繰り返している。

　こうした子どもの語り・つぶやきは「無理なこと、仕方がないこと」として無視されてしまいがちであるが、愛着形成の不全や成長・発達に不可欠な安全・安心の関係性が不足して、安全基盤のない不安のために大きく揺れているサインでもある。こうした子どもの気持ちを言語化し、共有して受け止めることができるような子どもと職員との関係づくりが必要である。

　入所している子どもの多くが「理想の親・家庭への渇望」を抱いており、「○○さんがお父さんだったらよかった。職員がお父さんだったらいいのに」

と訴えることも多い。ある子どもは学校の友人の家に遊びに行った後、施設に戻って開口一番に「友達の家に遊びに行ったりして、普通の家の雰囲気を見ると、自分ってどうなのかなって思う」と語った。「普通」の家庭で生活することができないことが、子どもの不安・緊張・ストレスを高め、子どもに否定的感情を抱かせ、自己肯定感の低下にも繋がっている様子がうかがえる。

6　施設内の子ども関係における困難・支援ニーズ

　施設内の子ども関係における困難・支援ニーズに関して「他児からのプレッシャー・他児への責任転嫁」「他児への偏見・非難・暴言・攻撃」「他児との比較による正当化」「他児への配慮」が小カテゴリとして抽出された（表6-1-6）。

　「他児からのプレッシャー・他児への責任転嫁」について「この前はあのような状態になって、ナイフを持ち出したのだから、本当に怖い。○○君は危ないのではないの？」「無視しても○○君は挑発をし続けるし、自分がどこかいっても、また邪魔をしてくる」等、他児の行為に対して不安や恐れを感じているつぶやきが得られた。

　また、これに関連して「他児への偏見・非難・暴言・攻撃」についても、「○

表6-1-6　「施設内の子ども関係における困難・支援ニーズ」に関する子どもの語り・つぶやき

カテゴリ	切片化された語り・つぶやき
他児からのプレッシャー・他児への責任転嫁	「この前はあのような状態になって、ナイフを持ち出したのだから、本当に怖い。○○君は危ないのではないの？」「無視しても○○君は挑発をし続けるし、自分がどこかいっても、また邪魔をしてくる」
他児への偏見・非難・暴言・攻撃	「○○君はご飯をこぼしまくっていて汚い」「○○はうるさい。何を言っているかわからない」「（○○寮では）結構、学校に行かない子どもは多いし、なれなれしいし、すぐに反抗する。本当に関わりたくない」
他児との比較による正当化	「（○○に比べて）僕はちゃんとご飯を食べているし、10分前には席につくことができるから」「他の寮にくらべて○○寮（自分のいる寮）はみんな学校に行っているし、ちゃんとしている」「○○は自分より大きいから、○○は太っている（自分は大丈夫）」
他児への配慮	「○○（友人）を守りたかった（突如、通行人を飛び蹴りしてしまった子ども）」「（学校に行きたくないと言って泣いている友人に対して）○○君、明日、学校に行こうよ。僕と一緒に行けば大丈夫」

○君はご飯をこぼしまくっていて汚い」「○○はうるさい。何を言っているかわからない」「(○○寮では) 結構、学校に行かない子どもは多いし、なれなれしいし、すぐに反抗する。本当に関わりたくない」等のつぶやきが得られた。

施設に入所している他児からのプレッシャーのために、大きな不安・緊張・恐怖・ストレス等を抱えつつも、それらを職員に十分に受け止めてもらえず、発散できる方法がなかったり、日々の生活がうまくいかないことで、他児への非難・暴言・攻撃等に繋がることが示唆された。

また、「(○○に比べて) 僕はちゃんとご飯を食べているし、10分前には席につくことができるから」「他の寮にくらべて○○寮 (自分のいる寮) はみんな学校に行っているし、ちゃんとしている」「○○は自分より大きいから、○○は太っている (自分は大丈夫)」など、厳しい口調で他児を非難し、他児との比較によって自身の正当化をすることがしばしば見られる。これらはまさに「低い自己肯定感」の象徴そのものであるが、他者への攻撃ではなく、自身の課題へのチャレンジを通して確実に自己肯定感を高めていく発達支援の取り組みが要請されている。

一方で、「他児への配慮」を示唆するつぶやきも見られた。「学校に行きたくない」と言って泣いている友人 (小学生) に対して「○○君、明日、学校に行こうよ。僕と一緒に行けば大丈夫」というような他児を励まそうとするつぶやきが聞かれた。また突如、通行人を飛び蹴りしてしまった子どもは、後で職員に語るところでは「○○ (友人) を守りたかった」ということであり、「友人を守る」という思いが衝動的な行動として表面化してしまったことが明らかにされた。

7 職員・大人との関係性における困難・支援ニーズ

職員・大人との関係性における困難・支援ニーズに関して「職員・大人への批判・不信・責任転嫁」「人見知り・他人と話せない」「特定の職員への愛着」「職員への配慮・感謝」が小カテゴリとして抽出された (表6-1-7)。

「職員・大人への批判・不信・責任転嫁」については「(職員には) 言いづらい」「(職員は) 忙しいから」「聞きにくいのだよね。なんかとくに、寮に来

表6-1-7　「職員・大人との関係性における困難・支援ニーズ」に関する子どもの
　　　　　語り・つぶやき

カテゴリ	切片化された語り・つぶやき
職員・大人への批判・不信・責任転嫁	「（職員には）言いづらい」「（職員は）忙しいから」「聞きにくいのだよね。なんかとくに、寮に来た直後とかはイライラしているから、声をかけづらいのだよね」「○○さん、こっちが話しかけないと話してくれない」「仕事として（夜帰るのが遅い）俺のことを心配していたのでしょ」「職員は僕の勉強のところばかりしか見ていなくて、他のところを褒めてくれない」「なんで職員は○○や○○のことを先にやって、自分を後回しにするの。俺だって、我慢して、仕事をしているじゃん」
人見知り・他人と話せない	「床屋さんに話しかけるのは恥ずかしい」「日本語があまりわからないので、外に出たくない」「髪が長くなりすぎて、理髪店に行くのもなんかイヤだ」
特定の職員への愛着	「ここまで話がわかる人は本当に初めて」「○○さん（以前に働いていた職員）が戻ってくればよかったのに」「熱が出て辛いし、部屋にこもっていなくてはいけないのは分かるけれど、寂しい」「○○さん、部屋まで来てくれない」
職員・大人への配慮・感謝	「○○さん、手伝いをしようか。もし必要になったら言ってね」「スープを作るのに失敗していない？僕が味見をしようか」「○○さん、仕事をしていて疲れているだろうから、お茶を入れてあげようかな」「○○さん、本当に深夜まで働いていて、大丈夫なのかなって、たまに思うよね」

　た直後とかはイライラしているから、声をかけづらいのだよね」「○○さん、こっちが話しかけないと話してくれない」等、職員・大人への相談のしにくさについて語られるつぶやきが多く得られた。子どもの気持ちを見過ごしてしまったり、イライラや不快感が表情・態度に出ている職員・大人の存在は、子どもによっては思い出したくない大人との関係性を想起させるものであり、子どもを過度に緊張させたり、萎縮・遠慮させてしまう。

　また、「仕事として（夜帰るのが遅い）俺のことを心配していたのでしょ」「職員は僕の勉強のところばかりしか見ていなくて、他のところを褒めてくれない」「なんで職員は○○や○○のことを先にやって、自分を後回しにするの。俺だって、我慢して、仕事をしているじゃん」等、自分に対して職員・大人がきちんと向き合ってくれないことへの不信・不満に関わるつぶやきも多く出された。

　その一方で、信頼関係の築くことができている職員・大人に対しては「こ

こまで話がわかる人は本当に初めて」等の配慮や感謝をしているつぶやきも多く得ることができた。普段は暴言・暴力が多い子どもにおいても「○○さん、手伝いをしようか。もし必要になったら言ってね」「スープを作るのに失敗していない？　僕が味見をしようか」等のつぶやきが示された。

　そのほかにも「○○さん、仕事をしていて疲れているだろうから、お茶を入れてあげようかな」「○○さん、本当に深夜まで働いていて、大丈夫なのかなって、たまに思うよね」というように、職員や身近な大人に対して労いを示すつぶやきも見られ、暴言・反抗的態度を示すような子どもでも、自分にしっかりと向き合ってくれる大人に対しては配慮・感謝の念を抱いていることも見て取れた。

　また、「日本語があまりわからないので、外に出たくない」という声もあるように、児童養護施設には日本語を母語としない児童だけでなく、日本語・母語の双方とも未成熟なダブル・リミッテッドの子どもが入所してくることも少なくなく、言語習得の課題と同時に、愛着障害などを含む発達困難を持つ子どもへの適切な発達支援が求められている。

8　学校生活面の困難・支援ニーズ

　学校生活面の困難・支援ニーズに関して「学校への登校不安・プレッシャー」「教師への不信」「クラスメイトとの関係（孤立・不安・いじめ等）」「学習関連の困難・不安・プレッシャー」が小カテゴリとして抽出された（表6-1-8）。

　学校生活に関するつぶやきとして「なんで学校に行かなくちゃいけないんだよ」「体調も悪いけれど、学校に行きたくない。休みたい」「学校に行く話しはしたけれど、今日行くとは完全に約束したわけじゃない」等の漠然とした登校不安・プレッシャーを訴えるつぶやきが多く得られた。

　「学校の多くの先生は全く信頼できない。自分のことをちゃんとみてくれない」「机を蹴ったりしながら怒る教師がいて、最悪じゃない？　間違えて謝っても、『言い訳するな！』と言って聞いてくれないんだよ」「先生にわからないことを聞くのは嫌だ」等の学校の教師に関する否定的つぶやきも多く得られたが、学校で認められたいという思いから学校での立ち振る舞いやそ

表6-1-8　「学校生活面の困難・ニーズ」に関する子どもの語り・つぶやき

カテゴリ	切片化された語り・つぶやき
学校への登校不安・プレッシャー	「なんで学校に行かなくちゃいけないんだよ」「体調も悪いけれど、学校に行きたくない。休みたい」「学校なんて行きたくないな」「学校に行く話しはしたけれど、今日行くとは完全に約束したわけじゃない」「学校に行きたいのだけれど、熱が38.5度もあるから行かない方がいいかな？うーん、やっぱり熱が下がらない」
教師への不信	「学校の多くの先生は全く信頼できない。自分のことをちゃんとみてくれない」「机を蹴ったりしながら怒る教師がいて、最悪じゃない？間違えて謝っても、『言い訳するな！』と言って聞いてくれないんだよ」「先生にわからないことを聞くのは嫌だ」
クラスメイトとの関係（孤立・不安・いじめ等）	「僕には友達がいないから、休み時間は一人で寝て過ごすんだよね」「本当は天気とかは問題じゃない。クラスで大きな声を出す人が多すぎる。クラスの中に入っていくのがめんどうくさい」「においが残っていて、クラスメイトからくさいといわれたら嫌だから、僕は風呂に入るよ」「なんか、自分の顔は見せられないっていうか、恥ずかしくて、マスクをとれなくなっちゃったんだよね」「髪型を変えてみたものの、クラスの〇〇くんはチヤホヤされるのに、自分はバカにされる」
学習関連の困難・不安・プレッシャー	「学校で、一番前で話を聞いているのに、よくわからない、できない」「文章が出てこないんだよね、全然。書けない。疲れちゃった」「人よりも板書が遅いから、授業についていくのがかなりきつい」「テストが不安。保健室に行こうかな」

れに対する評価に敏感となり、子どもにとって大きな不安・ストレスになっていることが示唆された。

　学校でのクラスメイトとの関係については「僕には友達がいないから、休み時間は一人で寝て過ごすんだよね」「本当は天気とかは問題じゃない。クラスで大きな声を出す人が多すぎる。クラスの中に入っていくのがめんどうくさい」「においが残っていて、クラスメイトからくさいといわれたら嫌だから、僕は風呂に入るよ」等のつぶやきが得られ、学校でクラス集団に入り、友人関係を維持していくことが、子どもにとってとてもプレッシャーが大きいものであることが示唆される。

　また、「髪型を変えてみたものの、クラスの〇〇くんはチヤホヤされるのに、自分はバカにされる」など、他者からの承認を得るために「髪型を変える」などを試みているものの、逆に友人から奇異な目で見られてしまったケースもある。さらに「良好な友人関係を維持しなければならない」という

プレッシャーが、「なんか、自分の顔は見せられないっていうか、恥ずかしくて、マスクをとれなくなっちゃったんだよね」というところまで子どもたちを追い込んでしまっている場合もある。

学習関連の困難・不安・プレッシャーについては「学校で、一番前で話を聞いているのに、よくわからない、できない」「文章が出てこないんだよね、全然。書けない。疲れちゃった」等と語られ、日頃から自分の困難について意識せざるをえない状況であることが示唆された。また「人よりも板書が遅いから、授業についていくのがかなりきつい」というように自分の困難さについて自覚している場合でも、改善策が見つからずに「テストが不安。保健室に行こうかな」というように、不安ばかりがつのる状態であることが明らかにされた。

高校生段階になると「仕事もやりたくないし、こんな毎日が続くなら、いっそ（人生が）終わればいいと思う」「仕事もなんか勝手に決められたからさ」など「就職・仕事・社会的自立への不安」に関するつぶやきも聞かれるようになり、現在の生活だけでなく、将来においても大きな絶望感・不安を抱えていることが明らかにされた。

さて、これまで発達上の課題・困難を有する子どもの「語り・つぶやき」の検討を通して、児童養護施設における子どもの発達困難の実態と支援ニーズについて明らかにしてきた。そのことをふまえ、児童養護施設で暮らす子ども・若者が、希望をもって将来の自立や社会参加を展望できるような基礎的条件整備と発達支援を保障していくことが何よりも不可欠である。

（髙橋　智・石井智也・能田　昴）

第2節　発達困難を有する非行少年の　　　　社会的自立・地域移行と困難・支援ニーズ

1　はじめに

現代において、子どもは安心・安全に生きることができる生活基盤や大人になっていくために不可欠な成長・発達の条件・環境を十分に保障されない状況に置かれている。「育ちと発達の困難」ともいえる状況下において、不

安・緊張・ストレス等が複雑に絡み合い、自律神経失調症・心身症、抑うつ・自殺、不登校・ひきこもり・中途退学などの心身の発達困難、いじめ・暴力・被虐待、触法・非行などの多様な不適応を有することが報告されている（小野川ほか 2016）。そのなかでも虞犯・触法・非行等の「不適応状態」にある子どもにおいては発達の機会を阻害され、教育支援ニーズは高く、家庭・学校や福祉等の関係諸機関の連携による早期の適切な発達支援が求められている（髙橋 2014）。

　矯正教育施設である少年院では発達障害等の発達上の課題・困難を有する少年の存在が確認されている（内藤・髙橋・法務省矯正局 2015）。少年院での処遇に関わっては 2015 年の少年院法改正の施行により、知的障害・情緒障害・発達障害等とのボーダーラインにある少年を対象とした支援教育課程Ⅲ（N3）の新設や、法務省矯正局少年矯正課において 2 年間の試行を経て作成された『発達上の課題を有する在院者に対する処遇プログラム実施ガイドライン』（法務省矯正局 2016）が示され、現在、全国の少年院等でこのガイドラインにもとづく処遇が進められている（内藤・田部・髙橋 2020）。発達障害等の発達上の課題・困難を有する少年に対して、障害特性に配慮した処遇や障害者手帳の取得、少年院出院後に特別支援学校への移行支援が行われる事例も出てきている。

　しかし、少年鑑別所に入所し、家庭裁判所の審判の結果、少年院送致となるのは約 26％にすぎず、ほとんどが保護観察処分等で家庭や地域で生活を送っている（法務省 2016）。そのため地域における非行少年の立ち直りや社会的自立の発達支援が不可欠である。

　保護観察所では矯正教育施設等に入所中の早い段階から必要に応じて施設退所後の環境調整が進められる。以前は発達障害の診断を有していても福祉支援を受けられない事例等が報告されていたが（衛藤 2006）、近年では、保護司の協力で関係機関と連携できた事例（藤澤 2012）、少年院・保護観察所・市役所障害福祉課・受け入れ候補施設・弁護士等で支援チームを構成し、地域移行準備への取り組みも報告されている（生島ほか 2013）。他方、更生保護施設における非行少年の受け入れがきわめて不十分という実態（更生保護施設入所者数のうち男子少年 4.5％、女子少年 7.5％）も報告されている（一般社団

法人よりそいネットおおさか 2014)。

　上記のことからも、発達困難を有する非行少年の立ち直りや社会的自立等に向けた適切な発達支援を考えていくためには、更生保護における支援の実態と課題を明らかにすることが不可欠である。それゆえに本節では、全国の保護観察所・更生保護施設・自立準備ホームの職員と保護司への調査を通して、発達困難を有する非行少年が社会的自立・地域移行において直面する困難・支援ニーズの実態を検討し、支援の課題を明らかにすることを目的とする。

　なお、本節で用いたデータは、法務省保護局観察課の後援・協力により実施した「発達障害等の発達困難を有する非行少年の社会的自立・地域移行の実態と支援に関する調査—全国の保護観察官・更生保護施設職員・自立準備ホーム職員・保護司調査を通して—」によって得られたものである。

2　方法

　調査は、保護観察所（全国 50 カ所：調査時）保護観察官および各保護観察所管轄内の駐在官事務所保護観察官・更生保護施設職員・自立準備ホーム職員・保護司を対象とした訪問面接法調査を実施した。

　調査項目は、①「生活環境の調整（特別調整含む）における困難・ニーズ」、②「発達困難を有する保護観察処分少年および少年院仮退院者等（20 歳代の保護観察対象者を含む）の困難・支援ニーズと支援状況（困難・支援ニーズ、支援内容、専門性の確保）」、③「関係機関連携（矯正施設、更生保護施設、自立準備ホーム、保護司、学校・地域、地域生活定着支援センター、その他の関係機関等）の具体的な内容」、④「発達困難を有する少年への社会的自立・地域移行の支援の課題」を設定した。なお、「発達困難を有する非行少年」とは 20 歳代の若年者を含む発達障害・軽度知的障害の診断を有する少年のほか、発達障害・軽度知的障害が疑われ発達困難が認められる少年を指している。

　調査期間は 2016 年 7 月〜2017 年 1 月である。法務省保護局観察課との事前協議とプレ調査により調査項目を設定し、保護局より事務連絡を全保護観察所（駐在官事務所は管轄の観察所）宛に発信していただき、その後調査担当者からの電話連絡により日程等を調整した。なお、保護観察官のほか調査対

象となる施設等は更生保護施設 104 カ所、自立準備ホーム 352 カ所、保護司 47,939 名が設置・登録（2016 年調査実施時）されているが、調査協力・回答については各保護観察所窓口担当者を通じて回答候補者を検討・選出と調整をしていただいた。

　回答者には、面接への参加をもって調査への同意を確認した。面接の実施は原則職種別と考えたが、日時の関係や回答者の希望により、保護司と保護観察官等、職種の異なる回答者同席による面接も行った。

　調査結果の分析は、①調査時のメモ記録をもとに文字データの作成、②特別支援教育・発達障害を専門とする研究者メンバー 2 名以上同席での検討によるコード化を行った。

3　結果

　調査はプレ調査を含め全 43 回実施され、延べ 70 名（内訳：保護観察官 31 名、保護司 19 名、更生保護施設職員 10 名、自立準備ホーム職員 9 名、その他：保護観察対象者入所中の障害者施設職員 1 名）から回答を得た。回答者の希望および状況に応じて、他職種が同席して同時回答による調査を実施した。なお、各調査項目におけるコード数は、同一回答者による複数回答を含む総回答数をコード数として示している。

(1) 対象者の困難・支援ニーズ
　本調査では回答者がこれまでに担当した事例を中心に回答をいただいた。

表6-2-1　困難・支援ニーズのカテゴリーとコード数

カテゴリー	コード数（n=408）
生活面	113
対人面	104
周囲の理解	60
認知・自己理解	52
その他	32
修学・就労・社会的自立	30
支援体制	17

回答ではエピソードにもとづく本人の困難・ニーズや支援者の困難さが挙げられたが、それら408コードをカテゴリー分類し、「生活面」「対人面」「周囲の理解」「認知・理解・学力」「修学・就労」「支援体制」「その他」とした（表6-2-1）。

① 生活面の困難・支援ニーズ

　生活面における困難では、給与などをあるだけ使ってしまうことや、金品を媒介として他者との関係を持とうとすることなどから起こる「金銭管理等の金銭問題」（15コード）が自立生活をめざすうえでの困難として回答された。とくに更生保護施設や自立準備ホームなどの集団生活では、「基本的生活スキルの未修得」（14コード）や「無断外泊・外出」（8コード）により職員が対応に追われていることが挙げられた。「不安が強い」（6コード）ことや「劣等感の強さや自信のなさ」（7コード）も就労等への困難な要因となっている。

　また、多様な不安・緊張・ストレス等から不定愁訴と見られがちな「身体症状（頭痛・吐き気・腹痛・だるさ・身体痛等）」（8コード）を訴える少年もいた。

② 対人面の困難・支援ニーズ

　困っているが適切に「助けを求められない」（13コード）ことにより「暴言」「防衛的行動」に至り、「対人トラブル」（12コード）に繋がっていること等が回答された。「コミュニケーションの苦手さ」（18コード）やわざと指示を聞かない・反発するなどの「お試し行動」（4コード）の背景には、「大人への不信感」（7コード）が関わっていることが考えられ、そのことは「防衛的反応・他罰的行動」（10コード）にも繋がっているが、そうした対人困難は就労の継続困難等の問題も引き起こしている。

　また、「愛着関係の困難さ」（10コード）を有している少年への対応の難しさも回答されており、彼らの多くが保護者・家族と不仲で家庭が安心できる場ではないために、「安心できる居場所」を求めていることが回答された。

③ 周囲の理解に関する困難・支援ニーズ

　発達困難を有する非行少年においては、劣悪な家庭環境や周囲の無理解による二次的困難さを有していることが多い。とくに「保護者の受止めや障害理解の困難さ」（17コード）から適切な支援機関などへ繋げにくいこと、本人との関係がうまく修復されていないことが回答された。

　次いで、保護者以外の「関係者の無理解・誤解等による困難さ」（14コード）も挙げられた。そこには「本人は困っていない」ように見えるなど、本人の発達困難を周囲が気づきにくい状況が関係している。

④　認知・自己理解の困難・支援ニーズ

　「障害者として扱われたくない」といった「障害受容ができていない状況」（8コード）、「自己理解の困難さ」（7コード）など、少年が自身の課題や発達困難に気付けていないため、支援を受け入れられない状況が回答された。また、多くの少年が将来の夢や希望を持てず、「将来のことを具体的に考えられない」（6コード）ことも確認された。

　さらに「客観的にみられない」（2コード）ことや「判断能力が低い」（2コード）ことで集団生活においてトラブルになっていること、保護観察や遵守事項そのものへの理解が不十分なケースが回答されており、丁寧な説明や対応が求められていた。

⑤　修学・就労・社会的自立の困難・支援ニーズ

　修学支援は少なく、ほとんどが就労・社会的自立を目標とした事例であった。就労に関しては、非行経験・保護観察中であることを理由に就労先から断られるケースも含めた「就職困難」（9コード）が回答された。協力雇用主やハローワーク等を活用しての就労後においても「職場での対人関係トラブルにより就労の継続が困難」（19コード）が回答された。

　なかには本人の「感覚過敏」等の発達特性により職場が限定されてしまうことや、睡眠困難・起立性調節障害等のために朝起きられずに仕事が継続できないことも回答されている。

(2) 支援の内容と課題

　上記の困難・支援ニーズに対して、支援内容として179コードが挙げられ、3つのカテゴリー「本人への支援」95コード、「対応の視点」63コード、「システム」21コードと、「支援の課題」8コードに分類できた。

　「本人への支援」では、「本人の話をまず丁寧に聴く」（15コード）が最も多い支援として回答された。とくに保護司の支援として多く回答されており、保護観察官と保護司が役割分担をしながら本人の困難・支援ニーズを聴

いていることが挙げられた。

「対応の視点」として職員が最も重視していたことは、「障害者としてみない」「一人の人としてみる」「特別扱いしない」（7コード）ということであった。また、本人が安心して失敗できる環境を設定し、多様な経験をさせることが挙げられた。そのためには「受容的に関わること」（5コード）、「得意なこと・良いところに着目して支援につなげること」（6コード）が行われており、そのうえで「本人が困難を自覚できるように配慮」（2コード）がなされていた。

障害者手帳の取得や福祉サービスの受給等については本人との信頼関係を築きながら、「タイムスケジュールや日記」の記録を通して、本人が自身の特性や状況・困難を振り返ることができるような機会の提供が行われていた。

「システム」では、いくつかの保護観察所等では支援者を二人体制にして、保護司が本人、保護観察官が保護者を中心にサポートする等、ニーズに応じた支援体制が整えられていた。また、担当保護観察官や保護司だけで問題を抱え込まず、他機関にも繋げて相談できるようなシステム構築をめざしていることも回答されている。

発達困難を有する非行少年の社会的自立に向けた今後の支援の課題として挙げられた164コードは、「システム構築」55コード、「対応の視点」41コード、「地域支援体制」29コード、「移行支援」10コード、「職員体制」9コード、「本人の自立の課題」5コード、「施設における課題」3コード、「家庭の協力」2コード、「その他」10コードに分類された。

コード数の上位3カテゴリーをみてみると、「システム構築」では「機関連携・ネットワークづくり」（10コード）が多く回答され、その際に機関連携を専任とするコーディネーターの役割を担う職員配置の要望も挙げられた。次いで更生保護施設・自立準備ホーム等の「受入施設・受け皿の拡充」（5コード）や国の予算拡大による職員体制の充実も回答されている。そのほか、保護観察期間中の「安心して失敗できる環境」（4コード）の設定が課題とされた。

「対応の視点」では「障害者手帳の取得」（4コード）、「様々な経験をさせる」（4コード）、「支援方法の早期の見極めと見直し」（3コード）が回答され、学校段階での早期の介入支援が求められている。

「地域支援体制」では少年は地域で生活していくので「地域住民の理解・協力」(8コード) が求められ、また保護観察期間終了後にも「定期的に支援できる存在」(4コード)、地域のなかに気軽に立ち寄れる「居場所の提供」(4コード) 等が挙げられている。

4　考察

本調査を通して、発達困難を有する非行少年の社会的自立や地域移行に向けた困難・支援ニーズが明らかになった。

本人の困難・支援ニーズに対しては、保護観察所・保護司を中心に丁寧な関わりが行われていることが示されたが、その一方で、保護観察以前のより早期段階での適切な介入支援が届かず、対人不信や身体症状面の困難さ、過度な不安・ストレスによる発達困難が深刻化していることが想定された。とくに発達障害等の診断・判定を有していないボーダーラインにある少年への支援が行き届いていないことが推察されるが、少年院在院中あるいは保護観察処分決定前において、本人の発達困難をより丁寧に明らかにしていくことが求められる。

そうした発達困難を有する非行少年の社会的自立や地域移行において保護司や保護観察官の果たす役割は大きい。押切 (2005) は、経験年数が長い保護司らが「硬軟織り交ぜた面接、地域性をいかした指導・援助、関係機関・団体との連携に力を発揮」しており、「モラールや処遇能力の面で高い水準にある」ことを示唆している。

本調査でも、とくに保護司による「本人の話を丁寧に聴く」ことが重要な支援として行われ、少年の発達促進において大きな成果を挙げていた。

少年の抱える不安・ストレス等について一緒に考えていくという姿勢で丁寧に聴き、「不安の原因の可視化」「問題の共有」「解決方法をともに考えていく」という伴走的発達支援のアプローチが、少年において「安心」「信頼」を回復し、指導を受け止めて教育支援の意義を理解できるようになったことで、本人の発達を一気に加速したと推察される取り組みが報告された。大人への不信感が強い非行少年は、少年院の法務教官・保護司・保護観察官などの「信頼できる大人との出会い」によって大きく変化し、成長・発達してい

く。

　保護観察において社会や自立へのコーディネートをしていくうえで、少年の「発達支援」の視点から、「安心」「安全」な環境を設定し、少年の「困難・ニーズ」を「発達の可能性」へと"反転"させていくプロセスが重要である。そのためには、少年の処遇にあたる保護観察官・保護司・施設等職員が少年に対する理解や処遇状況の検討を行うことが求められるが、その際に、専門家によるスーパーバイズを含む事例検討会等を実施し、多角的な視点から少年の発達の可能性を探ることが肝要である。

　機関連携の重要性は自明のことであり、法務省でも次第に連携促進が図られている。少年鑑別所による保護観察処分となった少年への処遇指針の作成（久保・横地 2015）、少年院における在院中の少年を対象とした処遇ケース検討会の実施や在院中から保護観察官と情報共有を図ること、一定の枠組みで保護観察中の少年に対して少年院教官が相談助言を行うなどの支援に取り組んでいる（名執 2012）。

　連携に繋がるひとつの方法として、前述の法務省矯正局（2016）によるガイドラインの取り組みが着目される。当ガイドラインでは「発達上の課題を有する在院者の改善更生及び円滑な社会復帰を図るためには、処遇をする側が、『発達支援』という視点を持つことが重要である」と述べ、障害名や診断・判定の有無にとらわれず、発達上の課題を有する少年への発達支援が目的とされている。支援にあたっては、①本人の話を聴く、②安全安心な環境をつくる、③職員が専門的な知識を身に付け連携する、④ストレングスモデルに基づく指導を行う（できないところより「できるところ」への着目）、⑤移行支援を行うという5つのポイントが挙げられている（内藤・田部・髙橋 2020）。

　このガイドラインでは、とくに少年の発達上の困難・支援ニーズの把握のために「身体感覚に関するチェックリスト」（全46頁）が設けられている。その実施目的として「発達上の課題を有する在院者の身体感覚や身体症状（身体の不調・不具合）を理解することにより、適切な指導・支援の実施に資するとともに、在院者の不安やストレスの軽減を図る」ことが挙げられている（「身体感覚に関するチェックリスト」は、東京学芸大学髙橋智研究室の発達障害当事者の身体感覚・運動や身体症状の調査研究の成果をもとに作成された）。

発達困難を有する少年の社会的自立や地域移行の支援においても、ガイドラインに示された当事者性や発達支援の視点が不可欠と考えられる。

5 おわりに

　本節では、全国の保護観察所・更生保護施設・自立準備ホームの職員と保護司への調査を通して、発達困難を有する非行少年が社会的自立・地域移行において直面する困難・支援ニーズの実態を検討し、支援の課題を明らかにしてきた。

　保護観察官および保護司からの回答では、保護観察官と保護司が連携を図りながら丁寧に少年に関わるなかで、少年との関係を築いていることが回答された。とくに保護司との関わりにおいては、地域で共に生活する「祖父母的、父母的」役割が少年にとって重要な役割を有していることが明らかとなった。

　本人が「困っている」タイミングで適切に介入をすることが重要であり、少年の「困難・支援ニーズ」を「発達の可能性」へとどのように「反転」させていくかがポイントである。保護司・保護観察官のように、本人だけに「責め」を求めない「善なる大人」との出会いのなかで少年は大きく成長・発達していく。また、本調査を通して「困難ばかりに目が向きがちだった回答者」が、新たな観点で少年を捉え直すきっかけとなった様子もうかがえた。

　今回挙げられた事例は20歳代までの若者だけではなく、一部それ以降の成人の状況も回答されている。法務総合研究所研究部（2017）の報告でも知的障害・精神障害を有する成人受刑者の増加が報告されているが、それらの動向をふまえても、いかに早期の介入・支援と二次的障害の予防が重要であるかをあらためて確認することができた。このことは法務省の矯正教育・保護観察だけの問題ではなく、学校教育（文部科学省）や福祉・就労（厚生労働省）との連携・協働が当面する課題といえる。

（髙橋　智・内藤千尋・田部絢子）

文献
衛藤文徳（2006）「竹原君の保護観察六六〇日」『更生保護』57（3）、35-38。

藤沢彦一郎 (2012)「知的障害を持つ 5 号観察対象者の処遇」『更生保護』63 (10)、38- 41。

法務省 (2016)「犯罪白書」平成 28 年版。

法務省矯正局 (2016)『発達上の課題を有する在院者に対する処遇プログラム実施ガイドライン』。

法務総合研究所研究部 (2017)「高齢者及び精神障害のある者の犯罪と処遇に関する研究」『法務総合研究所研究部報告』56。

生島浩・十河民世 (2002)「非行問題における学校臨床と地域との連携―学校と保護司との連携活動調査報告を中心に」『福島大学教育学部実践研究紀要』43、21- 28。

生島浩・北川美香・安部大嗣・山下健太・坂根真理・名取恵・内山登紀夫・水藤昌彦 (2013)「発達障害のある対象者の保護観察」『更生保護学研究』2、40- 48。

一般社団法人よりそいネットおおさか (2014)『更生保護施設および更生保護施設入所者・退所者の実態に関する調査報告書』。

久保勉・横地環 (2015)「『甲府モデル』―少年鑑別所と保護観察所の連携」『更生保護』66 (4)、18- 23。

内藤千尋・髙橋智・法務省矯正局少年矯正課 (2015)「少年院における発達障害等の特別な配慮を要する少年の実態と支援に関する調査研究―全国少年院職員調査を通して」『東京学芸大学紀要総合教育科学系 II』66、107- 150。

内藤千尋・田部絢子・髙橋智 (2020)「『発達上の課題を有する在院者に対する処遇プログラム実施ガイドライン』の検討と改善課題―発達上の課題・困難を有する少年院在院者への面接法調査を通して」『矯正教育研究』65、日本矯正教育学会、23。

名執雅子 (2012)「更生保護との協同に向けた少年矯正の取組」『更生保護』63 (2)、29- 33。

小野川文子・田部絢子・内藤千尋・髙橋智 (2016)「子どもの『貧困』における多様な心身の発達困難と支援の課題」『公衆衛生』80 (7)、475- 479。

押切久遠 (2005)「『保護司の活動実態と意識に関する調査』の結果から」『犯罪と非行』145、75- 104。

髙橋智 (2014)「矯正教育と特別支援教育の連携・協働の課題―全国少年院発達障害調査 (法務省矯正局少年矯正課との共同研究) を通して」『矯正教育研究』59、3- 63。

Ⅶ 特別ニーズ教育と保護者支援・当事者支援

第1節　特別ニーズ教育と保護者支援

1　はじめに

　特別支援学校で寄宿舎指導員をしていた頃、2時間おきの寝返り介助やなかなか寝つけない子どもと一晩過ごした朝、自傷等があるため一時も子どもから目が離せないときは、一緒に生活しないと見えてこない保護者の大変さを痛感した。また、お母さん同士は「○○ちゃん」と子どもの名前で呼び合う。お母さんが体調を崩すと決まって発熱する子ども、親以外からの介助を受けつけず、食事、睡眠、排せつといった生命維持に関わる行為すら困難になる子どもも少なくない。障害児と親はまさに一心同体、つながりの強さに驚かされた。そして、ほとんどの保護者は「親亡き後」の不安を感じ、家族だけで必死に頑張っているのである。しかし、頑張れば頑張るほど「当たり前の生活」からかけ離れてしまう家族の実態がある。

　一方で、頑張りたくても頑張れない保護者もいる。自らの病気や障害、経済的困難、家庭不和等の事情があれば、求められる「ケア役割」が果たせず、そのことがまた、保護者を追いこむことにもなるだろう。江尻（2014：431）によると、日本における障害児家族支援に関する研究は「子どもの障害に対する母親の受容過程や育児負担感情に重点を置く研究」であり、背景には「障害児の母親が基本的には障害児のケアを担う存在として認知され、これらの存在をいかにサポートしていくか、という観点からの障害児の家族支援が考えられてきた」と指摘する。通常の子育てにおいては、子どもの年齢が高く

なるに従い、親役割の比重は軽くなるが、障害児の場合は、「質的にも量的にも特別な内容を伴う育児と介護の役割があり、両者は明確に区別されることなく、それらが混在した中で母親は生活している」（藤原 2002：146）のであり、自らが高齢になっても自宅で介護し続ける場合が少なくない。

厚生労働省は「今後の障害者支援の在り方について（報告書）〜「発達支援」が必要な子どもの支援はどうあるべきか〜」（2014）の中で、保護者支援を基本理念の1つに位置づけ、①保護者の「子どもの育ちを支える力」の向上としてペアレントトレーニングの推進、②精神面でのケア、カウンセリング等の支援、③ケアを一時的に代行する支援の充実、④保護者の就労のための支援、⑤家族の活動の活性化と障害児の「きょうだい支援」を重視している。しかし、全体としては、保護者を第1支援者として位置づけ、そのための支援が中心となっている。障害児が生まれたときから保護者は「支援者」として要求され（藤原 2015）、障害児の母親は、「世話役割」の引き受けを「強要」される構造（土屋 2002）におかれている。

家族依存型福祉の日本においては、障害や病気のある子どもが自立し社会参加していくための支援体制がなければ、家族にその役割・責任を背負わせる家族支援となってしまう。藤原（2002：153）は、「障害児の生活、母親の生き方、家族のあり方、それぞれの『自立』の形を探ることが障害児福祉の新しい課題」だと指摘する。あらためて、障害児の保護者の実態から保護者支援について考えることとする。

2 障害児の保護者・家族の現状

障害児の保護者・家族（以下、障害児家族とする）はどのような実態にあるのだろうか。これまで筆者らが実施してきた①東京都立肢体不自由特別支援学校に在籍し寄宿舎を利用する子どもの保護者対象の生活実態に関する質問紙法調査（2010年実施、285件回答、肢体不自由調査と略記）、②北海道の知的障害特別支援学校に在籍する子どもの保護者対象の生活実態に関する質問紙法調査（2017年実施、502件回答、知的障害調査と略記）を通して明らかにする。

(1) 家庭おける幾重もの多様な生活困難

　肢体不自由調査では「ひとり親家庭」が13.3％を占め、調査時の厚生労働省『平成21年国民生活基礎調査の概況』の「子どものいるひとり親家庭」の割合6.7％と比べると高いことがわかる。また保護者の就労状況は父親の正規雇用76.3％に対し、母親の正規雇用5.0％、無職の母親71.3％であり、子どものいる世帯の母親の正規雇用17.7％、無職27.8％（厚生労働省の同調査）と比べ、障害児を育てる母親の就業率の低さは顕著である。

　肢体不自由児を育てる母親の就業率の低さの背景には「子どもの介助の必要や体調が悪い等で働きたくても働くことができない」という理由があり、「当てはまる」「ほぼ当てはまる」をあわせると64.7％になる。また「子どもの登下校や通院等で仕事が制限されるため、十分な収入が得られない」に関しても5割近くとなる。さらに「1級と2級以下」の障害程度別で母親の就労状況を比較すると（図7-1-1）、重度児（1級）の母親は正規雇用で2級以下の母親の半分、また12％以上の差で無職が多かった。経済実感では半数以上の保護者が「不十分」「やや不十分」と感じており、とくにひとり親家庭でみると全体より17％多く、より経済的に困難な状況にある。

　知的障害調査では、ひとり親家庭は27.5％、両親不在も含めると約3割とさらに高い。保護者の就労状況は、父親の67.8％が正規雇用に対し、母親の正規雇用は13.2％と少なく、非正規雇用・パートではあるが66.0％の母嫌は働いており、肢体不自由児調査の母親就労率26.8％と比べ高い。療

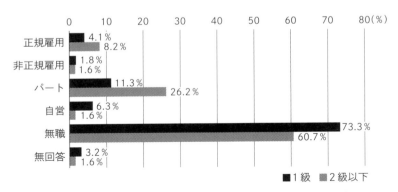

図7-1-1　肢体不自由児の母親の就労状況（障害程度比較）

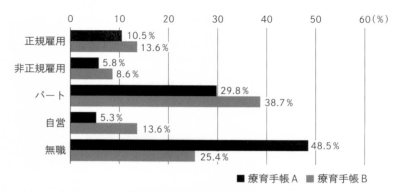

図7-1-2　知的障害児の母親の就労状況 (障害程度比較)

育手帳による障害程度別でみると、肢体不自由同様、障害の重い子どもの母親の無職が23.1%も高い (図7-1-2)。しかし、経済実感は6割の保護者が「やや不十分」「不十分」と回答し、母親の就労率が高い割には経済的には厳しいと感じている保護者が多い。このような保護者の就労困難から肢体不自由調査、知的障害調査共に就労保障に関するニーズが最も高く、多くの保護者は子育てと仕事の両立を求めている。

　保護者の健康状況も深刻である。肢体不自由調査では、5割近くの保護者が身体的疲労を「常に感じている」と回答し、「時々」「常に」をあわせると身体的疲労94.7%、精神的疲労87.4%となり、身体的精神的負担は大きい。「夜間の対応 (寝返り、睡眠障害等) が必要なため、十分な睡眠時間が確保できず、常に睡眠不足である」保護者が49.2%、また「将来のことが心配で絶望的になり、死を考えたこともある」と回答した保護者が32.3%と3人に1人が深刻な精神状態にあることも明らかとなった。

　知的障害調査でも同様であり、9割近い保護者は身体的疲労・精神的疲労を感じており、「自分が病気にかかっても子どもを預ける人や場所がなく十分な通院や入院ができない」46.2%、「精神的に不安定になり『この子がいなくなればいい』などと一度は考えたことがある」23.7%が「当てはまる」「ほぼ当てはまる」と回答している。単なる子育ての負担・困難だけでなく、将来的見通しが持てない不安や支援体制の乏しさが負担感を強めている。

(2) 地域や社会的支援の課題

　日常的に子育ての相談ができる援助機関の有無では、肢体不自由調査70.5％、知的障害調査76.8％の保護者が「ある」と回答し、相談相手として最も多かったのは「学校の先生」である。しかし、肢体不自由調査では「同居以外の家族や親戚からの協力が得られない」と回答した保護者が5割、3人に1人が身近に相談相手がいないという結果から、一部の保護者は身近な家族からも援助が得られず孤立した状況が示された。筆者の経験からも「モンスターペアレント」と思われていた保護者の背景に同居する夫や祖父母の協力が全くない状況があったり、突然の欠席で家庭訪問すると母親から「浴槽で子どもと一緒に沈んだが子どもの笑顔に思い止まった」と聞かされ、家族の支えもなく地域で隠れるように暮らしている姿もあった。

　近年、放課後等デイサービスを中心に放課後支援のニーズは高く、多くの特別支援学校では放課後、事業所の送迎車がずらりと並んでいる光景はめずらしくない。筆者らの調査では、福祉サービス等の利用状況は、肢体不自由調査で「ヘルパー」の利用が45.3％、「ショートステイ」の利用が40.4％と半数近かったが、「学童保育等の放課後支援」は12.6％と少なかった。一方、知的障害調査では、「放課後等児童デイサービスや学童保育」の利用は47.8％と多く、「ヘルパー」の利用13.9％、「ショートステイ」の利用8.4％と少なく、障害種による支援ニーズの違いが推測された。福祉サービスの利用については経済的負担や利用のしづらさ等もあり、経済事情や障害程度によって利用が難しいケースがあると思われる。

(3) 自立を困難にしている「親子関係」の課題

　肢体不自由調査では、親離れ・子離れの状況は中学部・高等部になっても4割の保護者が親離れ・子離れの「両方ができていない」と回答し、高等部では「親の方が子離れできていない」の割合が高くなり、子どもの年齢が高くなるに従い子離れが難しくなると推察される。とくに肢体不自由児の場合、親子関係が介助関係でもあり、お互いに依存関係となりやすく、成人になっても母子分離ができず、そのことが精神的自立に影響を与えていることが少なくない。自由意見でも「ほぼ常時呼吸器が手放せず、体の変形などもある

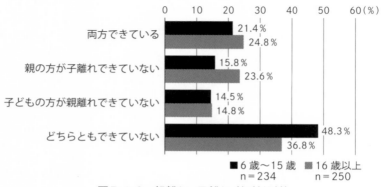

図7-1-3　親離れ・子離れ（年齢比較）

ので、呼吸器の操作ができ体を楽な状態に位置付けることに慣れている母親から離れることを不安がり、お互いに親離れ子離れしにくいため母親が体調を崩したりした時のことが不安である」「ひとりにしておくと寂しがるので、そばを離れない」など、親子が離れられない切実な実態が語られている。

　知的障害調査でも、4割以上の保護者が親離れ・子離れができていないと回答し、とりわけ16歳以上の子どもの親の子離れ困難が示された（図7-1-3）。知的障害児の地域生活や社会的支援の状況をみると家族以外の人との関りが希薄であり、近所に安心して過ごせる場所や友だちがいない等の実態が調査で明らかとなった。さらに年齢が高くなるに従い、そのような機会が減っていく傾向にあり、高等部卒業後の生活や親元からの自立に少なからず影響を及ぼすと考えられる。

　親子関係に関する支援ニーズを見ると、肢体不自由調査では「余裕をもって子どもを育てられるような環境や子育ての社会化」について「強く思う」と回答した保護者が61.2％と圧倒的に高い。知的障害調査では「子どもが親元から離れて生活できる力を身につける」が最も多く、2番目が「余裕をもって子どもを育てられるような環境や子育ての社会化」であった。多くの保護者は「子育ての社会化」を求め、子どもの自立を願っている。学齢期に親以外の人から介助を受ける経験、親子が一定期間離れて生活できる場や機会（ショートステイなどの活用）を意図的に設けるなど、精神的自立に向けた手立てが必要である。保護者も子どもの自立が見通せることで、「親亡き後」

の不安も和らいでいくと思われる。

3　これからの保護者支援を展望して

(1) 多様な困難・支援ニーズには包括的支援こそ重要

　家族依存で成り立っている日本の福祉制度の下では、ケア役割の長期化によって保護者の健康破壊、就労制限がすすみ、経済的貧困状況にあるといえる。したがって、保護者支援は、単なる子育ての仕方や障害理解・障害受容を中心とした支援だけでなく、保護者の就労、家族の健康を含めた総合的・包括的支援こそ重要である。

　障害児を育てる保護者の就労について、江尻（2014：435）は「就労継続をしている障害児の母親が得ているメリットとして精神的安定、育児負担の軽減、社会とのつながりや自分自身の内面の充実」を先行研究から述べている。また、障害児や家族についての周囲の理解促進にとっても母親が就労して社会的関係を広げることには意義がある（丸山 2012）。就労は社会とのつながりであり、周囲の障害理解や子育ての孤立を防ぐことにもつながる。

　しかし、筆者らの調査でも明らかになったように、障害児の保護者の就労はまだまだ難しく、保証する制度的基盤も不十分である。実際、利用ニーズの高い放課後等デイサービスでも保護者の就労支援は役割とされていない（丸山 2015）、就労支援の役割をもっている学童保育においても中高生の受け入れがない（美浦 2018）等、多くの課題を抱えている。保護者の就労、家族の健康等を支える制度的基盤を整えていくことが不可欠である。

(2) 子どもの自立を促し、「ケアの社会化」を

　藤原（2002：150）は、「障害児のケアでは、個々の独自のかかわりが求められるが、このことはまた、ケアする『人』の特定化、『役割』の固定化を招くことにつながる」と指摘する。多くの保護者は「ケアの社会化」を求めているが、障害児のケアに伴う特殊性は、母親を育児と介護に専念せざるを得ない状況を作り出しているともいえる。

　一方で、母親が育児と介護に専念することで、ますます子どもの自立を困難にしている場合がある。筆者らの調査でも親離れ・子離れの困難、とりわ

け子どもの年齢が高くなるに従い親の子離れの困難が明らかとなった。このことは、成人以降の生活にも大きく影響を与えている。2016年5月のきょうされん『障害のある人の地域生活実態調査』では、54.5％が「親と同居」、1人暮らしはわずか9.4％で、「50代前半まで親依存の生活」が明らかとなった。とりわけ知的障害者が76.2％と高いことが東京都の平成30年度福祉保健調査「障害者の実態調査」から明らかとなっている。土屋（2008）は、知的障害者の収入の低さや無年金者の割合の高さが定位家族から離家しづらい要因だと指摘している。保護者支援で重要なことは、「家族への依存」「家族負担」が前提の支援ではなく、「ケアの社会化」を進めながら、子どもと保護者・家族の生活全体をサポートすることである。

(3) 保護者の思いを受け止める

　「ケアの社会化」を進めていくことは重要であるが、それだけでは不十分である。中根（2006：165）は、「『家族によるケア』から『社会によるケア』というリニアな移行は難しく、親に内在する『ケアに向かう力』への配慮なしにケアの社会化を訴えても、それは親にとっては関係の切断」と指摘している。障害児の保護者は子どもが生まれたとき、あるいは生まれる前から、子どもの生命を必死で守り、育ててきた歴史があり、障害児の保護者としてのアイデンティティを確立している。したがって保護者の思いは最大限尊重されなければならない。発達障害の子どもの保護者支援について吉利ら（2009：7）は、「保護者支援の『専門性』の基盤は、保護者の思いを受け止め、真摯に向かい合うことかもしれない」と述べている。筆者らの調査でも身近な相談相手は「学校の教員」が圧倒的に多かったことから、とりわけ保育士や幼稚園教諭、教員においては、保護者の声を丁寧に聞き取り、保護者の思いを受け止めることが大切であり、「子どもを支えるパートナーとしての信頼関係に基づいた保護者支援」（吉利ら2009：7）が求められる。

4　おわりに

　子どもにとって生活は発達の土台とも言われている。その生活の中心は家庭であり、家族の営みによって維持されている。しかし、これまで見てきた

ように障害児やその家族は様々な困難を抱えており、保護者の献身的努力によって支えられている。現代の急激な社会構造の変化、家庭の経済的格差や養育困難の拡大は、障害児やその家族を追い込んでいくだけでなく、すべての子どもやその家族にも重大な影響を及ぼす。今日の子どもの問題（不登校・引きこもり・被虐待・非行等）の背景に、貧困・孤立・保護者の病気や障害等、脆弱な家庭の問題がある。したがって、すべての子どもが安心・安全・安定した生活が送れるよう社会全体で支えていくこと、その上で保護者・家族の支援を考えていくことが必要である。

（小野川文子）

文献

江尻桂子（2014）「障害児の母親における就労の現状と課題―国内外の研究動向と展望」『特殊教育学研究』51（1）、431-440。

藤原里佐（2002）「障害児の母親役割に関する再考の視点―母親のもつ葛藤の構造」『社会福祉学』43（1）、146-154。

藤原里佐（2015）「障害児家族の困難と支援の方向性」『障害者問題研究』42（4）、10-17。

厚生労働省（2010）「平成21年国民生活基礎調査の概況」。

厚生労働省（2014）「今後の障害者支援の在り方について（報告書）―『発達支援』が必要な子どもの支援はどうあるべきか」。

きょうされん（2016）「障害のある人の地域生活実態調査の結果報告」。

丸山啓史（2012）「障害のある子どもの母親の就労をめぐる問題―母親へのインタビュー調査から」『京都教育大学特別支援教育臨床実践センター年報』2、23-35。

丸山啓史（2015）「障害児の放課後ディサービス事業所における保護者の就労支援の位置づけ」『京都教育大学紀要』127、77-91。

美浦幸子（2018）「東京23区における障害児の母親の就労状況と支援策の検討」『昭和女子大学現代ビジネス研究所2018年紀要』、1-23。

中根成寿（2006）『知的障害者家族の臨床社会学』明石出版。

小野川文子・髙橋智（2011）「肢体不自由特別支援学校在籍の児童生徒とその家族の生活実態の検討―都立肢体不自由特別支援学校の保護者調査から」『SNEジャーナル』17（1）、174-189。

小野川文子・髙橋智（2018）「知的障害児の「育ちと発達の困難」の実態と寄宿舎教育の役割―寄宿舎併設知的障害特別支援学校の保護者調査から」『SNEジャーナル』24（1）、154-165。

髙橋智・小野川文子（2017）「障害・疾病のある子どもと家庭―『育ちと発達の貧困』と特別支援教育（上）」『内外教育』6621、10-13。

土屋葉（2002）『障害者家族を生きる』勁草書房。

182

土屋葉 (2008)「障害者の自立支援に向けた生活実態把握の重要性―『障害者生活実態調査』の結果から」『季刊　社会保障研究』44 (2)、196-211。
吉利宗久・林幹士・大谷育実・来見佳典 (2009)「発達障害のある子どもの保護者に対する支援の動向と実践的課題」『岡山大学大学院教育学研究科研究集録』141、1-9。

第2節　発達障害児の睡眠困難と発達支援
―当事者調査から―

1　はじめに

　近年、子どもの生活リズムの乱れや心身の不調が大きな問題となっているが、そうした問題の背景の一つに睡眠不足・睡眠リズムの乱れといった睡眠困難が指摘されている (三池 2014)。日本の子どもの睡眠時間は国際的に比較して顕著に短い傾向にあり、2010 年に報告された世界 17 の地域で 0～36 カ月児を対象として行われた調査によると、日本の子どもの睡眠時間は最も短いことが示されている (Sadeh ほか 2011)。

　日本学校保健会 (2018) は、睡眠不足を感じている子どもの割合は年齢とともに増加することを示しており、小学校 5・6 年生では 30％前後、中学生では男子 45.2％・女子 57.7％、高校生では男子 49.8％・女子 56.2％であったことを報告している。こうした睡眠問題の背景要因としては、生活の夜型化等も指摘される中で、現代の急激な社会構造の変化、家庭の経済的格差や養育困難の拡大、また子どもの迷い・失敗などを待てない社会の非寛容さや学校の厳しい管理統制のもとで子どもが抱えている多様な不安・緊張・ストレスの影響も指摘されている (小野川ほか 2016)。

　発達障害を有する子ども・成人の多くが何らかの睡眠困難を有していることが指摘されている。中川 (2017) は ASD では 53～78％、ADHD では 25～50％に睡眠障害が併存することを報告しており、こうした睡眠困難の内容は入眠困難、中途覚醒、早朝覚醒、日中の心身の不調など多様である。睡眠困難の要因も多様で、発達障害の特性のほか、うつ病などの二次障害に関連した精神疾患、併存する睡眠関連病態、メチルフェニデートや抗うつ薬などの薬物、日中のストレス等による影響が指摘されている (松澤 2014、熊谷

2015)。

　筆者らが実施した成人を中心とする発達障害当事者調査研究においては、当事者は統制群の受講学生に比べて睡眠困難を有する割合が3倍〜4倍高いこと、また障害特性だけではなく日常の「不安・緊張・恐怖・抑うつ・ストレス」等に起因する多様な睡眠困難を有していることが示されている（柴田・髙橋 2020）。

　発達障害を有する子どもの睡眠困難についての検討はとりわけ不十分であり、その実態はほとんど明らかになっていない。それゆえに本節では、学齢期（小中高校生）の発達障害当事者への調査を通して、睡眠困難と支援ニーズの実態および発達支援の課題について検討していく。

2　方法

　調査対象は発達障害（ASD、LD、ADHD、軽度の知的障害）の診断・判定を有するあるいはその疑いのある方で、発達障害についての十分な認識・理解を有する学齢期（小中高校生）の発達障害当事者（以下、学齢当事者）であり、自身の睡眠に関する困難と支援ニーズを調査回答することが可能な方である。

　調査内容は、睡眠の困難に関する内容全100項目（①睡眠全体の困難16項目、②入眠時の困難24項目、③睡眠中の困難19項目、④起床時の困難19項目、⑤睡眠困難に起因する日中の困難22項目）および睡眠困難の理解・支援に関する内容全36項目である。まず予備的検討として、刊行されている発達障害当事者の手記130冊を検討し、どのような睡眠困難があり、いかなる理解・支援を求めているのかを把握した。その作業をもとに質問紙調査票「睡眠の困難と理解・支援に関するチェックリスト」全136項目（当てはまる項目にチェックを記入）を作成し、事前に発達障害の当事者団体に調査内容の妥当性や倫理性についての検討をいただき、また参加者あるいは保護者から書面による同意を得て調査を実施した。

　調査は質問紙調査法と構造化面接調査法により行った。調査結果については、学齢当事者と統制群（A国立教育系大学特別支援教育講義受講学生183名：男子49名、女子127名、未記入7名、平均年齢21.0 ± 5.4歳、以下「受講学生」）の比較を行うためにχ^2検定を行い、各睡眠困難同士の関連を検討するため

に相関分析を行い、ピアソンの積率相関係数を求めた。

　調査期間は2018年11月〜2019年1月であり、発達障害の診断・判定を有する学齢当事者288名から回答を得た。その内訳は小学生12名、中学生5名、高校生270名、未記入1名である。年齢は5〜19歳まで及んでおり、平均年齢及び標準偏差：16.2 ± 2.2歳である。性別では男性212名、女性62名、未記入14名、障害の内訳（重複の場合を含み複数回答あり）は、LD 27名、ADHD 34名、ASD 60名、知的障害60名、その他32名、未記入137名である。

3　結果・考察

(1) 学齢当事者の睡眠困難の実態

　学齢当事者の睡眠困難の実態と支援に関する調査結果を「①睡眠全体の困難、②入眠時の困難、③睡眠中の困難、④起床時の困難、⑤睡眠困難に起因する日中の困難」の項目ごとに受講学生の間で比較した結果（以下、平均チェック率と称する）を図7-2-1に示した。すべての時間帯において、学齢当事者の平均チェック率は受講学生よりも高い結果となった。

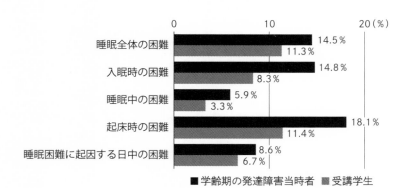

図7-2-1　睡眠困難の時間帯ごとのチェック率（％）

　「睡眠の困難に関する調査内容（①睡眠全体の困難、②入眠時の困難、③睡眠中の困難、④起床時の困難、⑤睡眠困難に起因する日中の困難）」において、チェック数が0のデータを除いた239名について相関分析を行った結果、相

表7-2-1　　睡眠困難に関するクロス集計・相関分析の結果 (一部抜粋)

質問項目1	質問項目2	相関係数	両質問に「はい」と回答した割合 (n=239名)
7. たびたび昼夜逆転を起こすことがある。	64. 起こされなければ昼ごろまで寝てしまう。	0.36	20.9%
7. たびたび昼夜逆転を起こすことがある。	37. 1日の中で1番くつろげるのは夜遅い時間なので遅くまで起きてしまう。	0.31	18.4%
7. たびたび昼夜逆転を起こすことがある。	60. 早起きがとても苦手である。	0.30	26.4%

　関が見られた項目を表7-2-1に示した。なお、本節では相関係数が0.3以上の項目を、相関が見られた項目とした。

　「7.たびたび昼夜逆転を起こすことがある」と「64.起こされなければ昼ごろまで寝てしまう」「37.1日の中で1番くつろげるのは夜遅い時間なので遅くまで起きてしまう」「60.早起きがとても苦手である」との間に相関が見られた。

　睡眠全体の困難では、受講学生との χ^2 検定による比較の結果、「1.作業がなかなか終わらずに寝る時間がなくなることが多々ある」17.8、次いで「7.たびたび昼夜逆転を起こすことがある」13.3、「2.『やらなくてはいけない』という罪悪感があると睡眠不足になることがある」9.6では、1%水準で有意差がみられた。

　入眠時の困難では、受講学生との χ^2 検定による比較の結果、「22.あくびや昼寝をすることはあるが『眠い』という感覚はわからない」27.5、「34.何かに集中していると寝ることさえを忘れてしまう」18.8、「23.あまり眠りたいと思わない」16.9において1%水準で有意差がみられた。

　「入眠時の困難に関する調査内容」において、チェック数が0のデータを除いた204名について相関分析を行った結果、相関が見られた項目を表7-2-2に示した。「37.1日の中で1番くつろげるのは夜遅い時間なので遅くまで起きてしまう」と「38.夜遅い時間を自分の楽しみにあててしまい、遅くまで起きて本を読んだり、テレビを見たり、インターネット・サーフィンをしたりしてしまう」「36.楽しいことがあると、寝なければならないと頭で

表7-2-2　「入眠時の困難」に関するクロス集計・相関分析の結果（一部抜粋）

質問項目1	質問項目2	相関係数	両質問に「はい」と回答した割合（n=204名）
37. 1日の中で1番くつろげるのは夜遅い時間なので遅くまで起きてしまう。	38. 夜遅い時間を自分の楽しみにあててしまい、遅くまで起きて本を読んだり、テレビを見たり、インターネット・サーフィンをしたりしてしまう。	0.56	27.5%
36. 楽しいことがあると、寝なければならないと頭でわかっていても、なかなか寝る気になれない。	37. 1日の中で1番くつろげるのは夜遅い時間なので遅くまで起きてしまう。	0.37	23.5%
36. 楽しいことがあると、寝なければならないと頭でわかっていても、なかなか寝る気になれない。	38. 夜遅い時間を自分の楽しみにあててしまい、遅くまで起きて本を読んだり、テレビを見たり、インターネット・サーフィンをしたりしてしまう。	0.33	25.0%

　わかっていても、なかなか寝る気になれない」との間に相関が見られた。

　睡眠中の困難では、受講学生との χ^2 検定による比較の結果、「47. 一度目を覚ますと朝までまったく寝られない」10.6、「41. 夜中に何度も目が覚める」6.4、「52. 一晩中金縛り状態（半覚醒）になることがある」6.2において1%水準で有意差がみられた。

　起床時の睡眠困難では、受講学生との χ^2 検定による比較の結果、「62. 朝『起きなくては』と焦るほど起きられなくなる」17.0、「66. いったん眠ったらなかなか起きられない」13.3、「71. 起きたときも疲れはとれず、体はとてもしんどいと感じる」11.0において1%水準で有意差がみられた。

　「起床時の困難に関する調査内容」において、チェック数が0のデータを除いた196名について相関分析を行った結果、相関が見られた項目を表7-2-3に示した。「71. 起きたときも疲れはとれず、体はとてもしんどいと感じる」と「72. 朝早く起きるのは眠くてとても苦痛なので、極端にストレスが溜まる」、「63. 寝起きが悪く、いつも遅刻をしてしまう」と「67. 朝起きてから起動するまでにとても時間がかかる」、「60. 早起きがとても苦手である」と「73. 朝、疲れていてとても起きられない」との間に相関が見られた。

表7-2-3　「起床時の困難」に関するクロス集計・相関分析の結果（一部抜粋）

質問項目1	質問項目2	相関係数	両質問に「はい」と回答した割合（n=196名）
64. 起こされなければ昼ごろまで寝てしまう。	65. 朝起きられないために生活のリズムが崩れている。	0.43	16.8％
71. 起きたときも疲れはとれず、体はとてもしんどいと感じる。	72. 朝早く起きるのは眠くてとても苦痛なので、極端にストレスが溜まる。	0.41	16.3％
63. 寝起きが悪く、いつも遅刻をしてしまう。	67. 朝起きてから起動するまでにとても時間がかかる。	0.38	16.8％
60. 早起きがとても苦手である。	73. 朝、疲れていてとても起きられない。	0.31	19.9％

　睡眠困難に起因する日中の困難では、受講学生とのχ^2検定による比較の結果、「93. 夜十分眠れないために、身体がいつもガチガチにこっている」6.9、「94. 眠りのサイクルがくるうと（睡眠の時間帯がずれると）、日中フラッシュバックが起こる回数が増える」4.9、「97. 睡眠不足の時は感覚過敏も身体の動きの不器用さも増加する」4.9において1％水準で有意差がみられた。

　「睡眠困難に起因する日中の困難に関する調査内容」において、チェック数が0のデータを除いた132名について相関分析を行った結果、相関が見られ

表7-2-4　「睡眠困難に起因する日中の困難」に関するクロス集計・相関分析の結果（一部抜粋）

質問項目1	質問項目2	相関係数	両質問に「はい」と回答した割合（n=132名）
79. 寝ても寝た気がせず、一日眠気に襲われ、実際に眠ったり、意識が飛んだりして、すごくしんどい。	86. 日中の眠さややる気のなさがとても気になる。	0.38	15.9％
84. よく眠れていないので昼間はいつもだるく、すぐに昼寝をしたくなる。	86. 日中の眠さややる気のなさがとても気になる。	0.38	16.7％
84. よく眠れていないので昼間はいつもだるく、すぐに昼寝をしたくなる。	87. 日中でもひたすら眠りたいと思う時がよくある。	0.35	21.2％
85. 夜更かしするわけでもないのに、日中居眠りをしてしまう。	86. 日中の眠さややる気のなさがとても気になる。	0.34	15.9％

た項目を表7-2-4に示した。「79. 寝ても寝た気がせず、一日眠気に襲われ、実際に眠ったり、意識が飛んだりして、すごくしんどい」と「86. 日中の眠さややる気のなさがとても気になる」との間、「84. よく眠れていないので昼間はいつもだるく、すぐに昼寝をしたくなる」と「86. 日中の眠さややる気のなさがとても気になる」「87. 日中でもひたすら眠りたいと思う時がよくある」との間に相関が見られ、夜に寝ても寝た気がしないことやよく眠れていないことが日中の強い眠気や心身の不調につながっている様子がうかがえる。また、「85. 夜更かしするわけでもないのに、日中居眠りをしてしまう」と「86. 日中の眠さややる気のなさがとても気になる」との間にも相関が見られた。

(2) 学齢当事者の求める睡眠困難への支援ニーズ

「睡眠困難の支援ニーズ」において、受講学生とのχ^2検定による比較の結果、学齢当事者のχ^2値が上位であった5項目を図7-2-2に示した。朝決まった時間に起きる、無理のない時間にベッドに入るといった生活リズムを整える支援が上位に挙げられた一方で、「108. 寝ない時期が続いても叱らないでそっと見守って欲しい」「133. 昼休みに10〜15分、目を閉じて昼寝をすると午後からの仕事の能率が違う」といった声も複数挙げられた。

学齢当事者への調査を通して睡眠困難と支援ニーズの実態および睡眠困難を引き起こしている要因について検討してきたが、多くの項目において学齢

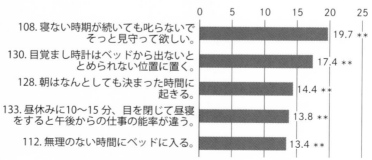

■ 学齢期の発達障害当時者と受講学生のχ^2値 ＊＊……$P < 0.01$

図7-2-2　睡眠困難に対する支援ニーズのχ^2値比較

当事者は受講学生より困難が大きいことが示された。夜は１日の中で唯一くつろげる時間にあるためについ夜更かししてしまう、課題等が終わらずに寝る時間がなくなってしまう、起床困難や昼夜逆転を有する学齢当事者が少なくないことがうかがえる。多様な背景によって夜遅くまで起きてしまうことと昼夜逆転の関連性を推察できる。

　「入眠時の困難」について、「夜寝る前の時間を自分の好きなことができる時間」と捉えて「眠るよりも自分の好きなことをしたい」と考える学齢当事者が少なくないことが示された。日々の生活における「不安・緊張・恐怖・抑うつ・ストレス」等が強いために、平日であっても就寝前にインターネット・ゲーム・動画等によるストレス発散に過集中してしまい、そのことが入眠困難につながっている様子も推測される。

　入眠前に行うこととして、最も多く回答されたのはゲームであった。豊浦・中井（2015）は、不安が強いとIT利用時間が長いこと、自分の居場所が確保されていないとICT依存に陥りやすいことを報告しており、ゲーム使用の背景には日常生活における多様な不安・ストレス等があることも推測される。

　こうした入眠時の困難に対する支援について、夜更かしを叱責するのではなく、本人の日々の生活状況等も踏まえた上での丁寧な支援が必要である。また、生活リズムを整える支援も重要である。荒木・田中（2011）は、起床時の受光、就寝環境の調整やコーヒー・お茶などの嗜好品への注意のほか、動機づけも含めて睡眠表を自分で記録させること、入浴やゲームに関するルールを決めること等を指摘している。

　入眠儀式を行うことも有効である。大川（2010）は子どもの不眠症の対策の１つとして入眠儀式（「入浴・歯みがき・服を着替えるなど就寝前にすることの手順を同じ時刻、同じ順番で行う『寝る前の決まりごと』」）を挙げ、儀式内容は多様であるが、気持ちの切り替えが難しいときに入眠儀式を行うことで入眠しやすくなることが想定される。

　「睡眠中の困難」について、頻回な中途覚醒や中途覚醒後の入眠困難を有する学齢当事者が少なくないことが示された。睡眠時に特徴的な中途覚醒について、田島（2014）は「自閉症スペクトラム障害に伴うもの、その他疾患に

190

伴うもの、睡眠異常を主徴の一つとする症候群に伴うもの、睡眠不足による睡眠覚醒異常に伴うもの、IT 機器の暴露によるもの」等を指摘している。

　また、「52. 一晩中金縛り状態（半覚醒）になることがある」においても、学齢当事者の困難度が高いことが示された。金縛り（睡眠麻痺）状態について、大川（2010）は通常、思春期から青年期に生じることや「睡眠の質が悪化しているときや、日中に過度の仮眠をとった場合、体内時計の変化で生じやすくなること」を示している。一時的なものではあるが、睡眠の質の低下や睡眠リズムの乱れが金縛り状態に繋がっている可能性がある。

　こうした睡眠中の困難に対する支援について、加島（2013）は寝つきのよい子どもの親の「寝かしつける工夫」について、日常的に「添い寝」「読み聞かせ」「マッサージ」「会話」等を実践していることを挙げている。子どもが学校等で様々な不安・ストレス等を抱えて帰宅したとしても、子どもの話に親がしっかりと耳を傾けるなどのコミュニケーションをはかることができれば子どもの不安は低減され、その安心感によって眠りに入ることができることを示している。

　また、形本（2015）は睡眠困難を有する当事者同士で話をすることが長期的な睡眠困難の改善につながること、熊谷（2015）は寝る前に日中の出来事がフラッシュバックして悩んだ際に、日中同じ場に居合わせた人と話をしながら振り返ることで、その後悩み続けることが少なくなることを示している。日常生活における多様な不安・ストレス等について丁寧に話を聞くことは、睡眠困難の改善につながると考えられる。

　「起床時の困難」では、他の時間帯と比較して学齢当事者の困難度が高いことが示された。「朝起きられない」学齢当事者の中には、起床時も疲れている、体がしんどいと感じる、起動するまでに時間がかかるといった心身の不調を有する者が一定数いることも示された。

　起床困難を生じる代表的な疾病である起立性調節障害では、朝なかなか起きられない、立ちくらみ、めまい（浮動感）、倦怠感（臥位には軽減する）、失神または失神前症状などの起立性失調症状のほかに、入眠困難などの睡眠障害、頭痛、手足の冷え、腹痛などの自律神経失調症状、思考力・集中力の低下、学力の低下、イライラ感、午前中の無欲状態といった精神症状がある（田

中 2008）。「71. 起きたときも疲れはとれず、体はとてもしんどいと感じる」ことの背景には、こうした起立性失調症状も推測される。

　こうした起床時の困難に対する支援について、当事者自身の対処方法としては「128. 朝はなんとしても決まった時間に起きる」が多く回答され、これまで検討してきたような生活リズムを整えるような支援も重要である。起立性調節障害の症状については、ストレスの強いときには症状も悪化し、楽しいことがあるときには軽快するといった心因反応があるため、周囲から「なまけ・わがまま」と誤解されることもあり、こうした周囲の無理解によるストレスが症状を悪化させることにも十分に配慮する必要がある（松島・田中 2012、田中 2010）。

　「睡眠困難に起因する日中の困難」について、睡眠不足や睡眠リズムの乱れが身体のこり、日中のフラッシュバック、感覚過敏や身体の不器用さの増悪につながっていることが特徴的な困難として示された。眠気が「なまけ、ぼんやり、いらいら、怒りっぽい、注意力がない、落ち着きがない、忘れっぽい」などの状態像として顕在化することも少なくないので（大川 2010、岡・堀内 2013、福田 2003）、子どもの睡眠困難との関係で対応について検討することも求められる。

　睡眠困難に起因する日中の困難に対して当事者の求める支援ニーズとしては、短時間でも昼寝をすることの有効性が一定数回答された。当事者の日中の困難や心身不調を軽減するために、昼寝の確保についての検討は重要と思われる。

4　おわりに

　本節では、学齢当事者への調査を通して、睡眠困難と支援ニーズの実態および発達支援の課題について検討してきた。睡眠困難と関連性の強い要因として、発達障害の特性とともに、学齢当事者が有する各種の「不安・緊張・恐怖・抑うつ・ストレス」等が大きな比重をしめていることが推測された。

　それゆえに学齢当事者が有する睡眠困難への対応においては、当事者が有する各種の「不安・緊張・恐怖・抑うつ・ストレス」等の軽減を図ることが発達支援において有効であると想定されるが、「不安・緊張・恐怖・抑うつ・

ストレス」等の対応と睡眠困難の軽減についての具体的検討が次の研究課題である。

（髙橋　智・柴田真緒）

文献

荒木章子・田中肇（2011）「睡眠のリズムがずれている」『小児科診療』74（1）、47-51。

福田一彦（2003）「学校教育と睡眠の問題」『現代医療』35（10）、2365-237。

加島ゆう子（2013）「子どもの精神的健康と生活習慣との関連性に関する研究―睡眠を中心とした家庭調査からの分析」兵庫県立教育研修所『研修報告書』、1-9。

形本樹代子（2015）「小児睡眠障害当事者研究への取り組み」『いま、小児科医に必要な実践臨床小児睡眠医学』診断と治療社、103-106。

熊谷晋一郎（2015）「発達障害当事者の困りごととしての睡眠問題」『いま、小児科医に必要な実践臨床小児睡眠医学』診断と治療社、96-102。

松島礼子・田中英高（2012）「起立性調節障害」『小児科臨床』65（4）、909-915。

松澤重行（2014）「発達障害と睡眠障害」『精神科』24（6）、637-643。

三池輝久（2014）『子どもの夜ふかし　脳への脅威』集英社新書。

中川栄二（2017）「睡眠関連疾患と発達障害」『睡眠医療』11、237-244。

日本学校保健会（2018）『平成28～29年度児童生徒の健康状態サーベイランス事業報告書』。

岡靖哲・堀内史枝（2013）「思春期の睡眠習慣と行動・感情との関連」不眠研究会編『不眠研究』三原医学社、7-10。

小野川文子・田部絢子・内藤千尋・髙橋智（2016）「子どもの『貧困』における多様な心身の発達困難と支援の課題」『公衆衛生』80（7）、475-479。

大川匡子（2015）『睡眠障害の子どもたち』合同出版。

Sadeh,A. Mindell,J. Rivera,L（2011）"My child has a sleep problem": A cross-cultural comparison of parental definitions, Sleep Medicine 12（5）, 478-482.

柴田真緒・髙橋智（2020）『発達障害当事者の睡眠困難と発達支援の研究』風間書房。

田島世貴（2014）「子どもの睡眠中の問題行動」『教育と医学』68（9）、796-804。

田中英高（2008）「OD（起立性調節障害）の子どもへの対応」『教育と医学』56（8）、764-773。

田中英高（2010）「起立性調節障害（OD）の子どもと学校教育」『教育と医学』58（12）、1172-1181。

豊浦真記子・中井昭夫（2015）「小児睡眠障害とICT（情報通信技術）依存」『いま、小児科医に必要な実践臨床小児睡眠医学』診断と治療社、69-76。

特別支援教育の政策・法制度改革動向

第1節　特別支援教育の政策動向と生涯学習化

1　子どもの多様化と個に応じた指導の充実

　社会のグローバル化や価値観等の多様化が進む中で、子どもの教育的ニーズも多様化してきている。学校内で困っている子どもだけでなく、いじめに遭い登校できない子や起立性調節障害（OD）等で登校できない子、日本語が理解できなくて学校に登校したくない子など長期間学校を欠席している子どもの中にも、学習上や生活上で困っている子どもは多い。子どもの年齢や発達の段階の違いだけでなく、社会や生活環境、学習環境等の違いが関連していることもあれば、子どもの特性等が関連していることもある。このように不登校や自殺等の生徒指導上の（生活指導上の）課題の中には、発達障害等のある子や知的障害とは分かりにくい子（いわゆる知的障害の状態が比較的軽度）、心身症等の心の病気の子などが関わっていることも少なくない。

　このようなことから、特別支援教育に関わる者は、障害の有無や診断名だけで子どもを観るのではなく、子どもの困っていることに着目し、適切な指導・支援に繋げていく必要がある。

　学校では、このような子どもの実態や環境等が多様化・複雑化する中で従来の一斉指導だけでは難しくなってきている。文部科学省は、「新時代の学びを支える先端技術活用推進方策（最終まとめ）」（文部科学省 2019）の中で「子供たちの多様化」への対応を求めるとともに、「多様な子供たちを『誰一人取り残すことのない、公正に個別最適化された学び』の実現」を求めている。

学校では、多様な子どもに応じた取り組みが行われているが、障害のある子どもがいじめを受けて不登校になるなど課題が複合化していることがあるため、「公正に個別最適化された学び」を実現するためには、課題を包括的に捉えて個別具体的に対応していく必要がある。

　「21世紀を展望した我が国の教育の在り方について（第一次答申）」（中央教育審議会1996）では、「個に応じた指導」を一層進めることが提言されており、その後の小・中学校等の学習指導要領においても、補充的な学習や発展的な学習などを取り入れるなど「個に応じた指導」を充実させることを求めている。このような多様な子どもの実態等に応じた指導は、障害の有無に関わらず必要である。特に障害のある子どもが、手厚い指導を必要とする場合には、通級による指導（小・中学校及び高等学校等）、特別支援学級での指導（小・中学校等）、特別支援学校での指導を受けることができることになっている。

2　障害のある子どもの教育

　障害のある子どもの教育は、必ずしも多様性への対応という観点から進められてきたわけではない。

　現在の義務教育制度や小・中学校や特別支援学級（当時は特殊学級）、特別支援学校（当時は盲・聾・養護学校）などの設置は、1947年の学校教育法により制度化された（東京などの一部で先行して特殊学級が設置）。

　小・中学校の義務教育化により、就学期の子どもがいる保護者には、子どもが学校教育を受けられるようにする義務がある。しかし理由がある場合には就学を猶予または免除できることになっているので、知的障害や肢体不自由、病弱の子どもの多くは、学校教育法が公布・施行された時から1979年の養護学校の義務制実施までの間、就学を猶予・免除されていた。障害や病気による就学猶予・免除者数は、義務制実施に向けて養護学校の整備が進む中で減少し、2013年には全国で42人（うち7歳は16人）となった。その多くは病気や発育不全を理由とするものであるため、翌年度の学校基本調査の結果をまとめる時からは、「病気や発育不全」による就学猶予・免除の項目に名称変更されている。すなわち障害を理由とした就学猶予・免除は現在では全国的にほとんどないといえる。

3　特別支援教育の本格的な実施

　2006 年 4 月に学校教育法施行規則が一部改正され、自閉症、注意欠陥多動性障害、学習障害のある子どもも通級による指導の対象となった。また2007 年 4 月に、幼稚園、小・中学校、高等学校等において、発達障害やその他の障害のある子どもへの教育を充実させるために学校教育法の一部が改正・施行され、本格的に特別支援教育が実施されることになった。この法律改正では、発達障害のある子どもへの教育だけでなく、盲・聾・養護学校が複数の障害種に対応可能な特別支援学校へ移行することや特別支援学校のセンター的機能等についても明記されている。

　改正前には小・中学校等に特殊学級を設置できる規定はあったが、通常の学級にいる障害のある子どもへの教育に関する規定は法律上はなかった。しかし改正により、幼稚園、小・中学校、高等学校等において、発達障害やその他の障害のある子どもに対して、適切な指導と支援を行うことが法律で義務付けられた。

学校教育法
第81条　幼稚園、小学校、中学校、義務教育学校、高等学校及び中等教育学校においては、次項各号のいずれかに該当する幼児、児童及び生徒その他教育上特別の支援を必要とする幼児、児童及び生徒に対し、文部科学大臣の定めるところにより、障害による学習上又は生活上の困難を克服するための教育を行うものとする。　　　　　　　　　　　　　（注：2016 年に義務教育学校を追加）

4　特別支援教育の理念

(1) 特別支援教育の推進について

　文部科学省は大幅な制度改正の趣旨を周知するため、2007 年 4 月に「特別支援教育の推進について（通知）」を発出し、制度改正の基本的な考え方や留意事項等を示している。その通知では、「特別支援教育の理念」が次のようにまとめられている。この理念では、①「自立や社会参加に向けた主体的な取組を支援する」という視点と、②「障害の有無やその他の個々の違いを認

識しつつ……共生社会の形成の基礎となるもの」という方向が示されている。

(2) 主体的な取り組み

①にある障害のある人の自立と社会参加は、障害者施策における基本である。行政に携わる者は一方的な施策を行うのではなく、当事者の主体性を尊重する必要がある。学校では教職員の思いだけで進められやすいが、自立と社会参加を目指すためには、日頃より「自己選択・自己決定」の機会を確保し、子どもが主体的に取り組めるようにする必要がある。

(3) 共生社会の形成

2006年12月に国連総会で採択された「障害者の権利に関する条約」（以下、「権利条約」という）では、障害の有無に関わらず共生できる社会の実現を求めている。このような方向が示されることを考慮して、通知では、特別支援教育は共生社会の形成の基礎となるものと明記されている。この目指す方向については、2012年の中央教育審議会初等中等教育分科会報告「共生社会の形成に向けたインクルーシブ教育システム構築のための特別支援教育の推進」（以下、「分科会報告」という）においても改めて示されていることである。

ここで重要なのは、学校教育では、共生社会の形成を目指しつつも、個々の持てる能力を最大限度まで伸長させることも目指す点にある。多様な子どもが学校に在籍する中で、現在は個に応じた指導の充実が求められており、TT（ティーム・ティーチング）や少人数集団、課題別学習集団での指導など、様々な指導形態がとられている。特に障害のある子どもや日本語指導が必要な子どもには通常の学級等に在籍しながら通級による指導を行うことが可能であり、さらに障害の状態等に応じて手厚い指導や支援が必要な子どもについては、特別支援学級や特別支援学校で学習することも可能になっている。

特別支援教育の理念

特別支援教育は、障害のある幼児児童生徒の自立や社会参加に向けた主体的な取組を支援するという視点に立ち、幼児児童生徒一人一人の教育的ニーズを把握し、その持てる力を高め、生活や学習上の困難を改善又は克服するため、適切な指導及び必要な支援を行うものである。

　また、特別支援教育は、これまでの特殊教育の対象の障害だけでなく、知的な遅れのない発達障害も含めて、特別な支援を必要とする幼児児童生徒が在籍する全ての学校において実施されるものである。

　さらに、特別支援教育は、障害のある幼児児童生徒への教育にとどまらず、障害の有無やその他の個々の違いを認識しつつ様々な人々が生き生きと活躍できる共生社会の形成の基礎となるものであり、我が国の現在及び将来の社会にとって重要な意味を持っている。

5　多様な学びの場

　分科会報告では、インクルーシブ教育システムを構築するために必要とされる事項が多岐にわたって示されており、その一つに「通常の学級」「通級による指導」「特別支援学級」「特別支援学校」という多様な学びの場を整備し、それを連続性のあるものにすることを求めている。

　学びの場としては４つが示されているが、これらは、法令上の学びの場を示したものであり、実態としては図8-1-1のように、個々の子どもや学習環境等に応じて多様な学びの場を構築することが可能である。多くの学校では、様々な加配教員や特別支援教育支援員、介助員等が配置されており、必

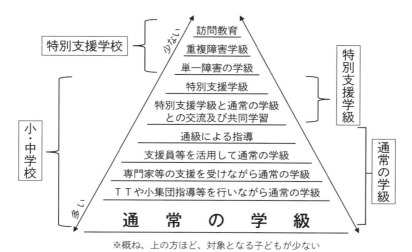

※概ね、上の方ほど、対象となる子どもが少ない

図8-1-1　連続性のある多様な学びの場

要に応じて SC（スクール・カウンセラー）や SSW（スクール・ソーシャル・ワーカー）、特別支援学校の支援担当者等による支援を受けることも可能である。

6　学校教育における障害種

障害により手厚い指導や支援を必要とする子どもに対して、適切な指導・支援を行うために法令等により、図8-1-2のような学びの場が整備されている。

(1) 通常の学級での指導

学校教育法では小・中学校等において、特別支援教育を実施することが明記され、小・中学校等の通常の学級でも特別支援教育を行うことを義務付けている。通常の学級については、図8-1-2では、通級による指導の対象となる障害者以外は示されていない。これは、通常の学級の対象となる障害者は限定されていないからである。なお、幼稚園や高等学校等には特別支援学級が設置されていないため、「通常の学級」という名称は使用されないが、ここでは各校にある特別支援学級以外の学級という意味で用いている。

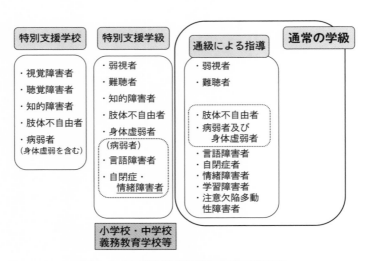

図8-1-2　学校教育法等における障害者
出所）学校教育法等の法令・通知を基に筆者が作成

(2) 通級による指導

　小・中学校等において、学校教育法施行規則第140条に基づいて行われる指導形態で、子どもが在籍する学級で学びながら、一時在籍する学級を離れて、障害に応じた指導を受けることができる制度である。

　在籍する学校内で指導を受ける場合(自校通級)、他校の教員の元に通って指導を受ける場合(他校通級)、専門性のある教員が各校をまわって指導する場合(巡回による指導)がある。

　対象は、言語障害者、自閉症者、情緒障害者、学習障害者、注意欠陥多動性障害者、弱視者、難聴者、肢体不自由者、病弱・身体虚弱者の9つである。

(3) 特別支援学級

　学校教育法第81条第2項に基づき、小・中学校等において設置できる学級である。制度上、特別支援学級に在籍する子どもは、通常の学級には在籍できない。しかし、交流及び共同学習として一緒に学ぶことはできる。

　対象は、知的障害者、肢体不自由者、病弱・身体虚弱者、弱視者、難聴者、言語障害者、自閉症・情緒障害者の7つである。

(4) 特別支援学校

　学校教育法第72条の規定に基づき設置される学校で、都道府県に設置が義務付けられている。小・中学部のほかに、幼稚部や高等部を設置できる。

　対象となるのは、視覚障害者、聴覚障害者、知的障害者、肢体不自由者、病弱者(身体虚弱者を含む)の5つである。

7　疾患名と教育における障害者

　医療関係者や福祉関係者など他の専門家と個別の教育支援計画の作成の際などに会議をすると、疾患名(診断名)と各法令における障害者とが混在して話がされていることがある。例えば「自閉症・情緒障害学級は古い、今は自閉スペクトラム症学級だ」や「言語障害学級にADHDの子どもは入れない」などの勘違いである。ADHDの子どもの中にも言語障害者としての指導・支援が必要な子どもがいるように疾患名と障害種とは異なるものである。障

200

表8-1-1　疾患名と障害種

学校教育法等	疾患名（病名）	障害者総合支援法等
・知的障害者	知的発達症※1 （知的能力障害）	・知的障害者
・知的障害者 ・肢体不自由者 ・病弱者	ダウン症候群 （Complete trisomy 21）	・知的障害者 ・身体障害者 ・難病等
・学習障害者	発達性学習症 （限局性学習症）	・精神障害者
・自閉症者 ・知的障害者 ・病弱者	自閉スペクトラム症 （ASD）	・精神障害者 ・知的障害者
・注意欠陥多動性障害者 ・知的障害者 ・病弱者	注意欠如多動症 （ADHD）	・精神障害者
・肢体不自由者 ・病弱者	筋ジストロフィー症	・身体障害者 ・難病等

※1疾患名には、知的発達症以外にも、原因が明確な場合はその疾患名の場合もある（低酸素脳症や染色体異常など）。たとえば、「ダウン症による知的発達症」「低酸素脳症による知的発達症」などの診断名の場合もある。

害種は必要とする指導・支援やサービス等により法令で定められている。表8-1-1は疾患名と学校教育法等における障害者、障害者総合支援法等における障害者をまとめて例示したものである。このように疾患名と障害種とは必ずしも一対一の関係ではない。例えば、ダウン症の子どもの多くは知的障害者として教育や福祉サービスを受けるが、子どもによっては運動機能障害のため肢体不自由者としての指導・支援が必要な場合がある。また、自閉症の診断を受けている子どもが、自閉症への支援よりもADHDの行動特性への支援が必要という場合もある。

　疾患名（診断名）は、子どもの実態を把握するためには重要な情報の一つである。しかし、疾患名だけに頼るのではなく、教育関係者が学校での子どもの行動等をよく見て実態を適切に把握することが必要である。

8　就学先（学びの場）の決定

　就学先決定に関する手続きや考え方は学校教育法施行令で定められている。同令での考え方をイメージ化したのが図8-1-3である。ここで重要な

就学先決定の考え方

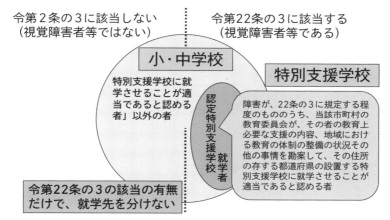

図8-1-3　就学先決定の考え方

のは、同令第22条の3の該当有無で就学先を分けないことである。また決定は市町村が行うが決定にあたって、①本人・保護者に十分情報提供をする、②本人・保護者の意見を最大限尊重する、③本人・保護者と市町村・学校が教育的ニーズと必要な支援について合意形成を行う、ことを求めている。このため市町村の教育員会や学校が、本人・保護者の意向を聞くことなく就学先を決定することはできない。なお詳細な手続き、対象となる障害の状態や実態把握等について文部科学省（2013）は「教育支援資料」としてまとめているので参考にされたい。

9　今後の特別支援教育と生涯学習

　特別支援教育は、障害の状態等に応じた適切な指導と必要な支援を行うものである。しかし、通常の学級には障害のある子どもだけでなく、生徒指導上の課題がある子ども、日本語指導等が必要な子どもなど、様々な指導・支援を必要とする子どもがいる。障害の有無だけで対応するのではなく、子どもの困っていることに着目して、必要な指導・支援を行うことが重要である。
　特別支援教育は、障害の有無に関わらず共生できる社会を形成することを

目指すものでなければならない。その実現には学齢期の取り組みだけでは不十分である。高等学校や特別支援学校高等部を卒業後の大学等への進学や学生生活での支援、就職や職場での配慮などが必要であり、生涯にわたって楽しめる障害者スポーツや芸術等に触れる機会を確保する必要がある。

　文部科学省では、障害のある人が、学校卒業後も生涯を通じて教育や文化、スポーツなどの様々な機会に親しむことができるようにするため、「障害者学習支援推進室」を設置し振興等を行っている。今後、オリンピックやパラリンピック等をとおして、アスリート達の活躍を見る機会が増えると思うが、それだけでなく、障害のある人が自ら、スポーツや音楽・美術等を楽しむことをとおして生活の質（QOL: quality of life）の向上を目指すのも重要なことである。

（丹羽　登）

文献

中央教育審議会（1996）「21世紀を展望した我が国の教育の在り方について（第一次答申）」http://www.mext.go.jp/b_menu/shingi/old_chukyo/old_chukyo_index/toushin/1309579.htm（2019年11月22日最終確認）

文部省（1992）「学制百二十年史」ぎょうせい、http://www.mext.go.jp/b_menu/hakusho/html/others/detail/1318248.htm（2019年11月22日最終確認）

文部科学省（2013）「教育支援資料」文部科学省

文部科学省（2019）「新時代の学びを支える先端技術活用推進方策（最終まとめ）」http://www.mext.go.jp/a_menu/other/1411332.htm（2019年11月22日最終確認）

第2節　特別支援教育と関連法制

　ここでは、近年の障害（児）者を対象とした法整備の現状、改正の動向を概観することにより、特別支援教育との関連についてまとめた。

1　障害者権利条約（障害者の権利に関する条約）

　2006年に国連総会で採択、2008年に発効、わが国は2007年にこの条約に署名し、2014年に批准した。同条約の審議過程では、「私たち抜きで私たちのことを決めないで」（Nothing about us without us）というスローガンが画期

的であり、障害児（者）の当事者参加が強調されている。この条約は、国連の世界人権宣言を起点とする人権保障についての取り組みを前提として、障害者問題に対する四半世紀余りにわたる取り組みの到達点をもたらすものであった。前文と本文50条より構成されている。

　幼児期から学齢期にかけての規定では、(1)第25条の「健康」において、障害のために必要とする保健サービス（早期発見及び早期関与）、(2)第24条の「教育」において、人格、才能及び創造力並びに精神的及び身体的な能力をその可能な最大限度まで発達させること、障害に基づいて一般的な教育制度から排除されないこと及び障害のある児童が障害に基づいて無償のかつ義務的な初等教育から又は中等教育から排除されないこと。合理的配慮が提供されること。(3)第30条の「文化的な生活、レクリエーション、余暇及びスポーツへの参加」において、障害者が他の者との平等を基礎として文化的な生活に参加する権利を認める、他の児童と均等な機会を有することを確保することになっている（小川2018）。

　特別支援教育とのかかわりでは、同条約は、「障害に基づくあらゆる区別、排除又は制限」を差別と定義し、「無差別」を一般原則としている。次に、合理的配慮を確保する適切な行動をとることが規定されている。障害児（者）が権利を行使できない環境に置かれている場合、個々の状況に応じて、その環境を改善したり調整したりする必要がある。この改善や調整を怠った場合は差別として位置づけられる点は重要である。このことから、障害児（者）の事実上の平等を促進し、達成するためにインクルーシブな施策の充実、合理的配慮の提供、必要な特定の措置が教育においても確保される必要がある。学校教育では、こうした配慮による取り組みを実現することで質の高い教育実践が進められることが必須条件である。

　同条約は、後述するように、わが国での障害者基本法の改正（2011年）、障害者総合支援法の成立（2012年）、障害者差別解消法の成立及び障害者雇用促進法の改正（2013年）などの法整備をふまえたとき、障害児（者）の教育はもちろんのこと、保健や福祉や労働といったすべての分野を視野に入れたものになっている点に大きな特徴を見出すことができる。

2 障害者基本法

　先述した 2006 年、国連で採択された障害者権利条約の批准に向け、国内法整備の一環として、2011 年に改正された。障害児（者）への対応の憲法ともいえる法律である。大きな特徴としては、障害者の定義の拡大と合理的配慮の導入を指摘できる。改定の要点は以下のようである。

　同法律の第 1 条の目的は、「全ての国民が、障害の有無にかかわらず、等しく基本的人権を享有するかけがえのない個人として尊重される」とし、「障害の有無によって分け隔てられることなく、相互に人格と個性を尊重し合いながら共生する社会を実現する」と定められた。

　第 2 条の障害者の定義は、これまでの 3 つの障害区分であった身体障害、知的障害、精神障害を基本としつつ、精神障害に発達障害を含め、その他の心身の機能の障害、社会的障壁を加えた。

　第 4 条の差別の禁止は新設である。「障害者に対して、障害を理由として、差別することその他の権利利益を侵害する行為をしてはならない」と定めている。社会的障壁の除去と合理的配慮を求め、国は差別防止のために情報の収集、整理及び提供を行うとされた。

　第 16 条が教育についての規定である。第 1 項には、国及び地方公共団体の責務が述べられている。それは「障害者が、その年齢及び能力に応じ、かつ、その特性を踏まえた十分な教育が受けられる」ことを目的としている。「可能な限り障害者である児童及び生徒が障害者でない児童及び生徒と共に教育が受けられるよう配慮しつつ、教育の内容及び方法の改善及び充実を図る等必要な施策を講じなければならない」とある。

　第 2 項には、前項の目的を達するために「障害者である児童及び生徒並びにその保護者に対し十分な情報の提供を行うとともに、可能な限りその意向を尊重しなければならない」とある。

　第 3 項には、「交流及び共同学習を積極的に進めることによって、相互理解を促進」することが定められている。

　第 4 項には、国及び地方公共団体が、「調査及び研究並びに人材の確保及び資質の向上、適切な教材等の提供、学校施設の整備その他の環境の整備を

促進しなければならない」ことが規定されている。

その他、特別支援教育に関係するものとして、第17条の療育、第3条の地域社会における共生がある。

同法律によってインクルーシブ教育のシステムが推進されることになった。

3　障害者総合支援法

2012年6月には、障害者自立支援法に代わる新法として、「障害者の日常生活及び社会生活を総合的に支援するための法律（障害者総合支援法）」が成立し、2013年4月から施行された。

第1条の法の目的は、「障害者及び障害児が基本的人権を享有する個人としての尊厳」に基づき、「地域生活支援事業その他の支援を総合的に行い、もって障害者及び障害児の福祉の増進を図る」としている。

第1条の2の基本理念は、「障害の有無によって分け隔てられることなく、相互に人格と個性を尊重し合いながら共生する社会を実現」、「社会参加の機会が確保されること及びどこで誰と生活するかについての選択の機会が確保され」「日常生活又は社会生活を営む上で障壁となるような社会における事物、制度、慣行、観念その他一切のものの除去」を総合的かつ計画的に行うこととしている。

代わった新法としての特徴は、障害者の定義での難病等の追加、障害程度区分から障害支援区分を導入したこと、自立生活援助や就労定着支援の新規事業が定められたほか、重度訪問介護や医療的ケアを要する障害児支援の充実が図られた。

特別支援教育とのかかわりでは、進路指導においてキャリア教育を充実させて就労に必要な力を身につけると同時に、就労支援機関と連携して卒業後の進路先と連絡を取り合い、本人の生活の質を大切にしている。すなわち、自立過程を重視した支援システム、障害者の就労生活の広がりと安定が図られた。

今後に向けて医療的ケア児にあたっては、その対象児数の増加や多様化といった取り巻く環境の変化を背景として、学校における医療的ケアの実施にあたっては、教育委員会・学校関係者・主治医・医療的ケア児の保護者等が

それぞれに協働して、責任を果たすことが必要であるとされている。

対象となる障害の種類は、身体障害、知的障害、精神障害、発達障害、高次脳機能障害、難病の6つとなった（清水 2016）。

4 障害者差別解消法

「障害を理由とする差別の解消の推進に関する法律（障害者差別解消法）」が2013年に公布、2016年に施行された。

障害者権利条約や障害者基本法に実効性をもたせるための国内法整備となっている。それゆえに、同法律では、障害者基本法の第4条に規定されている差別の禁止に基づき、差別を解消するための次の支援措置について記載している。

第7条では、「行政機関等は、その事務又は事業を行うに当たり、障害を理由として障害者でない者と不当な差別的取扱いをすることにより、障害者の権利利益を侵害してはならない」。同上第2項では、「障害者から現に社会的障壁の除去を必要としている旨の意思の表明があった場合において、その実施に伴う負担が過重でないときは、障害者の権利利益を侵害することとならないよう、当該障害者の性別、年齢及び障害の状態に応じて、社会的障壁の除去の実施について必要かつ合理的な配慮をしなければならない」と記している。

特別支援教育とのかかわりでは、差別的な取扱いの禁止や、合理的配慮の不提供の禁止が示され、支援措置として、障害者差別解消支援地域協議会の設置にみられるように国や地方公共団体に対して法的義務が位置づけられている。たとえば、学校では障害を理由に集団活動や行事に参加できなかったりすることがないようにすることが必要である。さらに、障害児とその保護者が社会的障壁の除去を望んでいる場合は、合理的配慮を提供しなければならないということである。

5 障害者雇用促進法

この法律は、「障害者の雇用の促進等に関する法律（障害者雇用促進法）」と称する。2018年に改正された。障害者の雇用と在宅就労の促進について定

めたわが国の障害者雇用法制の中心である。特別支援教育とのかかわりでは、後期中等教育以降の進路（就労）指導に関連する領域である。

　第1条では、「職業生活において自立することを促進するための措置を総合的に講じ、もって障害者の職業の安定を図ること」と目的を規定している。

　第2条では、同法での障害者とは、「身体障害、知的障害、精神障害（発達障害を含む）その他の心身の機能の障害があるため、長期にわたり、職業生活に相当の制限を受け、又は職業生活を営むことが著しく困難な者」をさす。

　この法の概要は、(1)障害者に対する差別の禁止、(2)合理的配慮の提供義務、(3)苦情処理・紛争解決援助、(4)法定雇用率の算定基礎の見直しにある。特に、4番目については、2018年度より算定基礎に精神障害者が加わることとなり、また、原則として5年ごとに法定雇用率も見直しがなされることとなった。

　法定雇用率は以下が現行の割合である。(1)一般事業主：2.2％、(2)国・地方公共団体・一定の独立行政法人：2.5％、(3)都道府県教育委員会等：2.4％となっている。この法定雇用率によって、それぞれの事業主は法定雇用率分の障害者を雇用することが義務とされている。もしも雇用率を達成できない場合は、不足1名につき障害者雇用納付金が徴収される。義務雇用と呼ばれるものである。一方、雇用率を超える障害者を雇用した場合は、超過1名につき障害者雇用調整金が支給される。また、障害者を雇い入れるための施設の設置、介助者の配置等にも助成金が支給される。

　実質的には、障害者を雇用するか、雇用せずに納付金を支払うかを選択する制度にもなっていて、いくつかの課題が指摘されている。今後においては国連の障害者権利条約の第27条の労働及び雇用の規定に基づき、障害の多様性に応じた、多様な形態の雇用が、権利として保障されることが求められよう。その際に、国際労働機関（ILO）が掲げているディーセント・ワーク（人間としての尊厳が確保された条件の下での労働）の理念が大切にされなければならない（伊藤2015）。

6　発達障害者支援法

　この法は、心身・精神障害者に関する制度が整備されていく中で、発達障

　害者の支援には根拠法はなく、制度の谷間にあったことから2005年に施行され、約10年が経過したことから2016年に改正された。その改正内容の概要は以下のようである。

　第1条、第2条の2の目的・基本理念は、「個人としての尊厳にふさわしい日常生活・社会生活を営むことができるように、発達障害を早期に発見し発達支援を行う」ことで、支援が切れ目なく実施される国及び地方公共団体の責務を明らかにする。発達障害者の自立及び社会参加のための生活全般にわたる支援を図り、「障害の有無によって分け隔てられることなく、相互に人格と個性を尊重し合いながら共生する社会の実現に資すること」にある。ここからは、社会的障壁の除去、乳幼児期から高齢期までの切れ目のない支援、基本的人権を享有する個人としての尊厳を読み取ることができよう。

　第2条の発達障害の定義は、「自閉症、アスペルガー症候群その他の広汎性発達障害、学習障害、注意欠陥多動性障害などの脳機能の障害で」、「通常低年齢において発現するもの」で18歳未満をさす。発達障害及び社会的障壁により日常生活または社会生活に制限を受けるものとされる。ここでは、わが国で初めて発達障害の定義を規定している。

　特別支援教育とのかかわりでは、就学前において乳幼児健診による早期発見と早期の発達支援、就学中において就学時健康診断での発見、適切な教育的支援・支援体制の整備、放課後児童健全育成事業の利用、専門的な医療機関の確保がある。また、発達障害者支援センターを都道府県に設置することで、相談・情報提供・研修を行うこととなっている。

　特に、教育に関する第8条では、「発達障害児が発達障害児でない児童と共に教育を受けられるように配慮しつつ」、「個別の教育支援計画の作成及び個別の指導に関する計画の作成の推進、いじめの防止等の対策の推進」が掲げられている。さらに、「大学及び高等専門学校は、適切な教育上の配慮をするもの」としている。第10条の2では、学校における「就労のための準備を適切に行えるようにする」ための支援をすることが定められている。

　同法は、特殊教育から特別支援教育への転換、発達障害の理解啓発、発達障害児への支援の本格的開始といったことから、教育のみならず、福祉、医療、労働などの幅広い分野に影響を与えている。

7　障害者虐待防止法

「障害者虐待の防止、障害者の養護者に対する支援等に関する法律（障害者虐待防止法）」が 2012 年に施行された。児童虐待防止法（2000 年施行）、高齢者虐待防止法（2006 年）に続く法整備である。

障害者虐待事件が後を絶たないという状況が法の成立した背景である。

第 3 条で「何人も、障害者に対し、虐待をしてはならない」と規定している。家庭、福祉施設、職場等での障害者への虐待の禁止、防止と早期発見、養護者らへの支援を定めた。虐待の事実を訴えられない障害者に対する虐待は社会全体で共有、解決すべき問題であるとの見地から、虐待と疑われる行為を発見したすべての国民に地方自治体への通報を義務づけた。また、通報を受けた市町村には家庭内への立ち入り調査や、被害者を家庭や福祉施設から切り離す一時的保護を認めた。

同法の保護の対象と規定されるのは障害者基本法に定める身体障害、知的障害、精神障害を負う人々で、虐待者としては、家族といった養育者だけでなく、福祉施設の職員、職場の上司や同僚とされる。虐待として禁止するのは、「身体的虐待」「心理的虐待」「性的虐待」のほか、「ネグレクト」や年金や賃金を搾取する「経済的虐待」の 5 類型である。

なお、就学する障害児、保育所等に通う障害児及び医療機関を利用する障害者に対する虐待への対応について、その防止等のための措置の実施を学校の長、保育所等の長及び医療機関の管理者に義務づけている。

8　改正児童福祉法

2018 年には大幅な改正がなされている。改正の概要は、(1)児童福祉法の理念の明確化等、(2)児童虐待の発生予防、(3)児童虐待発生時の迅速・的確な対応、(4)被虐待児童への自立支援の 4 点である。重要なのは、制定後初めて児童福祉法の総則が改正されたことである。

改正第 1 条は、「全て児童は、児童の権利に関する条約の精神にのっとり、適切に養育されること、その生活を保障されること、愛され、保護されること、その心身の健やかな成長及び発達並びにその自立が図られることその他

210

の福祉を等しく保障される権利を有する」、第2条第1項は、「全て国民は、児童が良好な環境において生まれ、かつ、社会のあらゆる分野において、児童の年齢及び発達の程度に応じて、その意見が尊重され、その最善の利益が優先して考慮され、心身ともに健やかに育成されるよう努めなければならない」となった。ここでは、子どもの権利条約の精神を生かした子どもの権利が理念に強調されている。

さらに、児童虐待への対応にあたっては、妊娠期から子育て期までの切れ目のない支援を通じて、初期対応を行うために市町村や児童相談所の体制や権限の強化を行い、被虐待児童について、親子関係再構築支援や里親委託の推進を行うこととしている。

9 まとめ

近年の障害児（者）についての法整備を通して、今後は、共生社会の形成に向けたインクルーシブ教育システムの構築に力を注ぐ必要があると思われる。第一に、特別な教育的ニーズに最も的確に応える指導、合理的配慮の提供である。第二に、自立と社会参加を見据え、障害児と健常児が共に学ぶ仕組みづくりである。第三に、人間の多様性を尊重し、障害児の能力と人格の発達を最大限に保障することにある。第四に、国際的な法の中で、わが国における関連法制をより一層充実させ、質の高い教育を推し進めていく課題がある。

（小川英彦）

文献

伊藤修毅（2015）「障害者の雇用法制」『キーワードブック特別支援教育―インクルーシブ教育時代の障害児教育』クリエイツかもがわ、234-235。

小川英彦（2018）「心身障害児の相談と教育・福祉」『医療福祉相談ガイド』中央法規、1451-1455。

清水浩（2016）「我が国における障害者関連の法整備及び国の施策の変遷」『山形県立米沢女子短期大学紀要』52、31-39。

IX コミュニティ問題と特別ニーズ教育

第1節　階層格差と支援ニーズの潜在化

1　はじめに

　本節は特別ニーズ教育の基盤ともいえるニーズ・アセスメント（の議論）に「『階層格差と教育』の問題を正しく位置づけること」の必要性に関する試論である（苅谷2001：225）。今少し解説的に述べれば、まず、ニーズ・アセスメントを行う"われわれ"の価値基準を整理し、それに先立ってだされるクライアントの素朴な希望（wants）や要求（demand）自体の「格差」の存在を社会階層との関係で確認する。そして低階層の児童生徒に対する教育的営為のなかで、支援ニーズがどのように潜在化するのかを先行研究に依って推論しつつ、課題集中校の児童生徒に潜在化している注目すべきニーズの一類型を取り上げたい。

2　ニーズ・アセスメントの基本構造と価値基準

　まず、ニーズとは何かについて考えてみよう[1]。この問いに対して社会福祉の文脈では「ある種の状態が、一定の目標なり、基準からみて乖離の状態にあるもの（依存的状態）」という広義のニーズと、この依存的状態の「回復、改善等を行う必要があると社会的に認められたもの（要援護性）」という狭義のニーズを峻別する（仲村ら2007：0361）。そしてソーシャルワーカーはクライアントの希望（wants）や要求（demand）という形で出てくることの多い「主訴」を受け止め、関連する情報収集にもとづいてソーシャルワークの価

値（社会的判断）、他者のニーズとの関係、ソーシャルワーカーの権限や能力という３つの側面から狭義のニーズ（要援護性＝専門的援助の必要性）を確定し、専門的援助を展開する（福山2015）。

また、貞広（2018）によると財政分野やマーケティングの領域では「それが欠けると人間が社会の中に包摂されて存在することが困難になる不可欠な必要」をニーズ（基本的必要）として措定し、そこに公共性（公財政支出）と格差是正を求める。一方ウォンツは「必要不可欠なニーズが埋められても発生する個別の欲求」に相当し、市場原理（個人の選択に応じた個人負担）に委ねられる。ただし、例えば「特別なニーズ」を持つ子どものように個別性を前提としなければ基本的必要を充足できない場合や、「私の撤退によって公的に負担する必要が」生じる貧困家庭の学習支援などはウォンツがニーズへ変容する、と指摘する。いずれにせよここで注意しておきたいのは、財政分野の定義においても「何をもって公共性と判断するか」という「価値基準」がそこに介在するという点である。

以上の定義と構造を援用して、精神疾患があり家事等を行えない母親と不登校の弟のケアをしなくてはならず、中卒で働く覚悟をしている「不登校」の中学生〈仁くん〉が「学校に行っていないんやない。学校に行ってる場合じゃないんや」と心の中で叫んでいる（主訴としては無言、ないし“うぜぇ”という反発）場合を考えてみよう[2]。即ち「無理して学校に行く必要はない」、「（生活保護の受給をうけているのだから）学校へ行くべきだ」あるいは「〈仁くん〉に適した方法で学力保障をする必要がある」等の判断を左右する価値基準はどのようなもので、それに対応してニーズはどのように分類することができるのであろうか、という問いである。筆者自身はこれまで、次の７類型を念頭においてきた。

第一に権利としてのニーズである。この価値観は憲法・教育基本法における基本的人権や教育権／学習権に対する立ち位置であり、子どもの権利条約や障害者権利条約、あるいはICFが提起する保障されるべき人としての活動・参加のインデックスをわがものとしているかによる。従って〈仁くん〉の場合、彼に適した方法で学力を保障する必要があるという判断が導かれる。

第二に発達としてのニーズである。〈仁くん〉の場合でいえば、トワイラ

イトステイの中での緩やかな食事、「不登校？　ありあり」と気軽に語る定時制の高校生や教員を目指す大学生による学習支援を通して「将来に対する希望」を手にし、定時制高校に進学するのだが、それは彼の学力形成と人格形成を確かに促すに違いない。なお、この基盤にはある社会が何に価値を認めるかによってその評価（価値基準）が左右される「能力」観が定位する（勝田1964）。

　第三に健康・安全としてのニーズである。これは上述した活動・参加や発達とかかわってその基盤となるものといえよう。そしてまた、健康・安全それ自体が護られるべきものであり、生じうる様々なリスクは回避されなくてはならない。「みんなで鍋をつつきながら、たわいもない話をする夕食って、いつ以来やろうか」と〈仁くん〉はトワイライトステイの食事中に胸のうちでつぶやくのであった。

　第四に主体としてのニーズである。〈仁くん〉の場合、一方通行的な支援によって権利と発達が保障されたのではなく、生活が充足していく中でエンパワメントされ（トワイライトステイ等）、自らの生の中から湧き上がる意欲を自覚し、主体としてニーズを醸成し、自らニーズそのものを切り拓いていく姿を見て取ることができる（定時制高校への進学）。なお、医療的ケア児を含む重度障害児者の場合でも、就学前から学齢期にかけて豊かな体験、人間関係を重ねていくことによって「こんな風に生きたい」という欲求が形成されていくことが確かめられつつある（杉原・加瀬2017）。ただし、重い障害児の場合、本人のニーズとは言い難い過度な介護や結果的な放置が「受け身の生活」を際立たせ、その結果「〜したい」という要求を抑制することになる点にも注目しておく必要があろう（小野川・髙橋2007）。

　第五に社会変革としてのニーズである。〈仁くん〉の物語に象徴されている実践とその発信は相対的剥奪や社会的孤立から生じるニーズの改善・克服が社会変革、共生社会の実現という道程に位置づくことになる、というメッセージになっている。

　第六に生活支援としてのニーズである。ヤングケアラー〈仁くん〉の場合、生活困窮者自立支援法による学習支援のみでは「生活支援としてのニーズ」は改善・軽減できない。彼自身は「障害」という範疇に入らないが、障害と

貧困の重層的な困難のなかに置かれている家族であって、精神障害者福祉の回路から母親への支援がしっかり入ることによる生活全体の立て直しが教育の基盤として求められるのである。

　第七に文化としてのニーズである。ここで「文化」とは何かという問いを深く掘り下げる用意がないが、culture としての文化、例えば祭りや伝統行事への参加が強く価値づけられている地域では、それが地域共同体への強い参画ニーズとして立ち現れてくるだろう。あるいはまた、〈仁くん〉が暮らす低所得階層集住地域の地域特性が「勉強なんかしなくても何とかなる、それよりおかんを見てやれ」という声となり、それが「実は学びたい」という希望（wants）を抑制してしまうことも考えられる。

　さて、こうした「われわれの」価値基準や「われわれとは異なる」価値基準をだれが、どのように、どの程度の強さで保持するかは「格差のなかの獲得プロセス」や帰属する「コミュニティ」[3]に左右される。「仁の物語」はいわばメッセージを届けようという意図から作成されたものであり、サクセス・ストーリーの体をなしているが、実際の生活困難層の集住地域と課題集中校において、それはどのように立ち現れてくるのであろうか。

3　階層格差とニーズの顕在化・潜在化

(1) 階層の格差と「意欲の格差」

　かつて苅谷（2001）は「今日では、相対的に低い階層出身者たちにとって、将来のことを考えることをやめ、あくせく勉強してもしかたがないと思うことで高められた〈自信〉は、勉強からの離脱という実際の行動にも結びつく」（同：204-205）ようになっており、「インセンティブ（個人の外側にあって、やる気を引き起こす誘因）への反応の階層差は、学習の有意味性の遮断、（学校を通じた成功物語から）〈降りる〉ことによる自己肯定感を伴いながら進行」（同：220）する、と指摘した。そして同時に、このことの手ごわさは「〈降りる〉ことによって自己を肯定できる低い階層の子どもたちを、〈降りずに〉いさせることは、かえって彼らから自己の有能感を奪うことになりかねない」という、いわば「ニーズ」を規定する"われわれ"の価値基準に対する一種の警鐘ともいえる指摘を行ったのであった。

　苅谷の指摘は 1979 年と 1997 年の高校生調査に基づいているが、1997 年に高校生であったものは 2020 年で 38〜41 歳、20 歳で第一子を持った場合、その子どもは 18〜21 歳、30 歳の場合 8〜11 歳。つまり第一子の「子ども」が早ければ第一子を産んで「親」となっている可能性があり（おそらく低所得階層ほど高い）、30 歳で第一子をもった場合は学齢期の子育て真っ最中である。では高校生のときの意識は 20 年あまりたってどのように、どの程度維持されてくるものなのであろうか。換言すれば彼らの「意欲の格差」や〈降りる〉ことの世代間連鎖、文化的再生産の問題といってもよい（大前ら 2015）。この点については乾ら（2017）が長期にわたる調査研究を積み重ねてきているが、ここでは中でも杉田（2015）による 4 人の「高卒」女性に対する 12 年間の追跡調査に基づく提言に目を向けてみよう。

　対象となった女性は、①ホステスの仕事で生計をたてて来た母親との 2 人暮らしをする中で、高校生のときからアルバイト収入を家計・学費にあてていた庄山さん（その後、母親と死別、単身）、②両親、妹、祖母と暮らす中で、学費の問題から進学をあきらめ、不安定な就労からうつになり退職。性的サービス労働を経て声優を目指す西澤さん（下町の人間関係が周囲にある）、③病弱で働けない母親（生活保護受給）と 1 歳年下の弟と 3 人暮らしの中で、家計と介護を支え続け、自らがヘルニアとなり一時期車いす生活を送りながらも、家族支援から離脱できない浜野さん、④中卒の両親のもと、保育士を目指しながらも卒業後パートで働き、高校時代からの恋人と結婚。不安定就労が続きながらも周囲の支援を得る中で妊娠、子育てをする中で夫婦ともに子どもが支えとなって共働きをし、夫が PTA 会長となる岸田さん、の 4 人である。

　杉田（2015）の問題意識の一つは上述した苅谷の警鐘に対応する。すなわち「彼女たち（ノンエリートの女性―引用者補注）が直面している現実を見極めると同時に、それをどのように彼女たちが認識しているのか、そのような認識は、観察者である私たちの認識とどのように異なっているのか（傍点は引用者による）を、緊張感をもって吟味する」（同：13）というものである。その吟味の結果の中でも、価値基準にかかわる論点をいくつか取り上げておこう。
○労働を免除された生徒時代を過ごすための資源を与えられておらず、学校生活と就労が地続きで（アルバイト収入による家計支援）、学校教師の「社

216

会に出たら通用しない」から今のうちにしっかり学習せよ、という社会通
念が通用しない。
○彼女たちが従事する／できる正規労働も決して魅力的なものではなく、そ
こには現代の職業現場がはらんでいる抑圧性を見て取る必要がある。
○非正規労働も働きやすい現状にはなく、一方で一定のスキルが求められる
が研修体制はない。その結果、性的サービス労働に就く誘因が強く働く。
○非正規労働者としてのキャリアを蓄積していくなかで、非正規労働者とし
て生活していくための知恵と技を蓄積していっている (傍点は引用者による)。
○こうした状況のなかで、できる限り無理をしないで自分自身を維持するの
を優先させる 。
　さらに、次の指摘にも留意しておきたい。
○「『性的サービス労働』あるいは『非正規労働』など、しばしばネガティブ
に意味付与されるカテゴリーの単純な把握にとどまるのではなく、その内
側に分け入った詳細な分析が必要」である (同：221)。
○「彼女たちが生きている言語世界」が、そうした議論 (本節で議論している
ような―引用者補注) がなされている世界と隔絶して」おり、「『不安定な世
界』を所与のものとして生きているのも彼女たちの親が不安定な世界を生
きてきたからでもある」(同：223)。
○「相対的に安定した大人たちのコミュニティとは異なる位相で、彼女たち
が自分たちの生活世界を立ち上げようとしている」(同：225)
　端的に言えば「われわれ」の価値基準とは異なる世界で、一種の矜持を持
ちながら生き抜こうとしているのである。では我々がそうした彼らの世界や
価値観を「回復、改善等を行う必要があると社会的に認められたもの (要援
護性)」としての「ニーズ」と認識するのか、そうだとして我々の「ニーズ・
アセスメント」は彼らに受け入れられるのか、あるいはとにかく生きていて
ほしいというぎりぎりのところで、まずは受け入れるべき価値基準と捉えな
おす必要があるのだろうか。「死ぬ勇気もないし、犬もいるし、死んでもね、
迷惑がかかるだけじゃないですか」(同57：庄山さん) という語りを前にした
時の"われわれ"の立ち位置の問題といってよい。

(2)「(ニーズの) 透明化」と「(リベラルあるいはロマンチックな) 他者化」

　次に教師の側に立って考えてみよう。周知のように、学習の遅れや獲得性無力感、行動の偏りや対人関係のゆがみ、反社会的行動などの「ニーズ」は、学校において「回復、改善等を行う必要があると社会的に認められたもの (要援護性)」として見えやすい事象である。しかし、教師の目から見ると「困ったものだ」と思われにくい「目立たない」子どもに様々なニーズが隠されている。ここでは課題集中校における丁寧な指導の結果、いっそうニーズが潜在化する可能性に目を向けてみたい。

　西ら (2018) は学力中上位層が多い地域の伝統校 A 小学校 (就学援助率 9％) と、低学力で厳しい家庭の子どもが多い B 小学校 (就学援助率 50％) の比較研究を行っている。A 小学校では「中上位層に焦点をあてた授業が展開されるが故に、低学力児童が落ちこぼれていく形で顕在化」するのに対して、低学力児童に「学びの共同体」として取り組む B 小学校では教員の積極的な取り組みにもかかわらず (むしろだからこそ) 次のように「自らの困難を透明化させ、低学力は改善されることはなく、学校生活は継続されて」いくという「『課題のない子』としての透明化」が生じていることを活写している。

　B 小学校の教員は「日常的に『子ども達が持つ困難さを認識していこう』というコンセンサスが図られて」おり、「宿題を学校で終わらせることができる『放課後教室』を毎日開催」する、支援員や地域ボランティアを積極的に受け入れる、といった低学力児童への取り組みを進めている。授業は学校全体で「学びの共同体」に取り組むなかで、「となりの児童との『ペア活動』、班で考える『グループ活動』をベースとして行われている」。たくさんの「手がかかる児童」に担任がかかわらなくてはならない中、例えば 5 年生の通常学級で 2 年生レベルの算数や国語に取り組む特別支援学級籍 A 児に対して①隣の B 児は手慣れた様子で A 児の教科書の漢字にルビを振る、② A 児も当然のことのように、それを見ている、という情景が日常的にみられる。これに対して「低学力児童が周囲の児童の助けを借りて、授業中の課題を解決していくことは、教員・児童の双方にとって合理的な選択肢とも言える」ものであるが、なおその上で「『課題のない子』としての透明化」というキーワードから「顕在化された困難に教員たちは引き付けられてしまうため、低

学力児童が自ら教員の支援を断ち切ることになってしまう」というようにである。要するにB児は希望（wants）を出す必要もなくなり、その結果、B児のニーズ・アセスメント自体が後方に追いやられ、そのニーズが潜在化する。ここに社会階層の格差が教育実践という回路を経て、影響する構造を見て取ることができる。

　一方、山崎（2014）は低所得階層の多い、しかし「荒れ」は少ない小中学校の教師が子どもたちの学校体験をどのように見ているのか（本節との接点で言えば現場における価値基準であり、広義のニーズ・アセスメントといえる）をヤングの「リベラルな他者化」──「かれら」と「われわれ」を切り分けながら、「かれら」を「われわれ」に包摂する作用──という概念を援用して分析している。

　例えば、管理者層にみられる「（本校があるこのあたりは）特別な地域ではない」という語りについて、「荒れ」のない学校では「学校本位な見方からすれば」教育困難校ではないのであって、その結果「生活困難を抱える家庭の困難の『不可視化』」が立ち現れる、という（同：350）。また、教師が日常的に体験する子どもたちの様々な「不足」──経済、家庭環境、保護者とのコミュニケーション、学力差等々──は「われわれ」と「かれら」を切断し、不足していない「われわれ」との対比において「厳しい」子どもたちが日常の積み重ねの中で「他者化」されていく。さらに、「不足」はあっても、あるいは無意識のうちに「不足」が存在することを前提に、子どもたちは「素朴」であり、「素直」である、という「ロマンチックな他者化」を生じさせる。山崎は、「『ロマンチックな他者化』は『美徳』を生み出すことで、『低学力』や『低い学習意欲』、学校への適応の『不足』を克服しようとする課題を追求する矛先を鈍らせる」（同：354〜355）、と指摘している。

　以上の知見は低所得階層集住地域において、まさに「われわれ」自身がニーズ・アセスメントに対するバイアスをかける／かけられる状況におかれることを示唆しているといえよう。

4　異なる価値観の橋梁──「志向性」という潜在的なニーズ

　本節では自らの価値基準を提示したうえで、それを揺さぶるいくつかの知

見と対峙しつつ、我々が見落としかねない、ないし、時に認めがたい価値基準とニーズをめぐる諸相を見てきた。稿をおえるにあたり、今後、注目すべき「潜在的なニーズ」のひとつに触れておきたい。それは伊藤（2013）のいう「志向性」という価値基準でありニーズの類型である。教育アスピレーションが低い課題集中校の生徒のなかに見出した、「意欲の低下」階層の投げやりな言動の向こう側に深く沈潜している志向性――しかも様々な要因が重なって強固な殻に覆われている場合が少なくない――を本人が主体的に作動させる、というニーズである。

(1) 先輩をロールモデル化する「年長役割志向」：向学校的にふるまう先輩をロールモデルとしたこと（先輩に比べると自分はガキっぽいという気づき）を契機としてその姿に近づくように自らの考えや振る舞いを変化させる。

(2) 地位達成・学業達成に集約されない幅広い「成長志向」：部活動で自分の努力不足が「しゃべれない」「筋力不足」という「ツケ」として回ってきた経験を通して教師の指導を受けいれる。

(3) 教師への「被承認志向」：教師から価値ある存在として認められ尊重されている、つまり「承認」されていると認識することで教師の指導を受容していく。

こうした志向性の沈潜を浮上させる働きかけの有効性が見られたとするならば、志向性というニーズが結局のところ押し込められたり、結果として裏切られたという経験を積み重ねてきた生徒たちは、低い要求水準や疑い、諦めにたどり着いてしまうに違いない。支援ニーズの潜在化はアセスメント・ツールや支援会議の持ち方といった技術的な問題のみならず、階層格差の中において、自らの価値観を相対化・可視化する作業なくしては回避できない問題なのである。

（加瀬　進）

注
1）ニーズを議論する際、そこには様々な分類があることに留意する必要がある。本節ではとりわけ援助者視点から見た潜在的・顕在的ニーズを中心に論ずることにする。
2）NPO法人山科醍醐こどもの広場が作成したビジュアルノベル「仁の物語（前編）」からの引用である（2020年1月31日現在、youtube.comで視聴可）。精神疾患の母親

と不登校の弟の3人暮らしの中で、ヤングケアラーという立ち位置から不登校となっている仁くんが、トワイライトステイ（夕方の学習支援、夕飯、銭湯など）を通して学習支援やイベントに携わる大学生、定時制高校に通う先輩といったロールモデルを得て、進学という道を切り開いていくというストーリーである。

3）ここでいう「コミュニティ」は低所得階層の集住地域といった一定の地理的範囲も含みながら、その人の価値基準を左右する準拠集団という意味で用いている。

文献

乾彰夫・本田由紀・中村高康編（2017）『危機の中の若者たち―教育とキャリアに関する5年間の追跡調査』東京大学出版会。

伊藤秀樹（2013）「指導の受容と生徒の『志向性』―『課題集中校』の生徒像・学校像を描き出す」『教育社会学研究』第93集、69-90。

苅谷剛彦（2001）『階層化日本と教育危機―不平等再生産から意欲格差社会へ』有斐閣。

勝田守一（1964）『能力と発達と学習―教育学入門I』国土社。

仲村優一・一番ケ瀬康子・右田紀久恵監修（2007）『エンサイクロペディア社会福祉学』中央法規。

西徳宏・伊藤駿（2019）「低学力児童の困難は学校階層背景によっていかに異なるか―二つの小学校の事例研究から」『SNEジャーナル』（25）1、84-102。

小野川文子・髙橋智（2007）「障害児とその家族の生活問題と養護学校寄宿舎教育の役割：ある重度重複障害児への生活教育実践から」『東京学芸大学紀要　総合教育科学系』58、235-244。

大前敦巳・石黒万里子・知念渉（2015）「文化的再生産をめぐる経験的研究の展開」『教育社会学研究』第97集、125-164。

福山和女（2015）「問題把握からニーズ確定まで」社会福祉士養成講座編集委員会編『新・社会福祉士養成講座7：相談援助の理論と方法I（第3版）』中央法規、112-115。

貞広斎子（2018）「教育主体の多様化に対する公財政支出の公共性確保―制度設計の観点から」『教育学研究』85（2）、162-173。

杉原彩乃・加瀬進（2017）「重度障害者のニーズ把握に関する方法論的検討―本人・関係者に対する日中活動に関する調査から」『SNEジャーナル』23（1）、56-72。

杉田真衣（2015）『高卒女性の12年―不安定な労働、ゆるやかなつながり』大月書店。

山崎鎮親（2014）「教師からみる子どもたちの学校体験―『他者化』の視線を中心に」長谷川裕編著『格差社会における家族の生活・子育て・教育と新たな困難―低所得者集住地域の実態調査から』旬報社、324-365。

第2節　コミュニティ・スクール／地域学校協働と　"インクルージョン"

1　地域学校協働と教育福祉の歴史的関係性

　今日、多様化する教育・福祉的ニーズに対応する仕組みづくりとして、「チームとしての学校」構想やコミュニティ・スクールなどの地域学校協働政策が進められているが、学校と地域の協働は決して新しい概念ではない。

　地域の教育基盤を形成してきた社会教育の歴史的な発達形態には、4つの系譜があるとされ、第一は、近代学校教育導入の過程で学校教育を補翼し就学を促進するための「通俗教育」として、第二は、学校教育を変革し、教育改革をリードする「学校の社会化」機能として、第三は、障害児や貧困児童などかつて学校教育から排除されがちであった子どもの教育保障を積極的に担う「教育的救済」として、第四は、地域振興を牽引する機能としての社会教育である（松田 2004）。今日の「開かれた学校づくり」や地域学校協働に係る政策は第二の系譜に、教育と福祉の連携に係る政策は第三の系譜に位置しており、社会教育は、学校教育との関係性のもとに多義的な営為として展開されてきた（松田 2004）。

　とりわけ第三の系譜に関し、戦前期の文部省初代社会教育課長（普通学務局第四課長）が「『教育的救済』事業としての社会教育論」を執筆し（乗杉1923[1]）、社会教育について「教育的救済（いいかえるなら、貧困児童もふくむ「特殊児童」をはじめとする社会的弱者に対する精神的救済事業）として積極的に捉えるべきである」と論じたことは、以後の社会教育行政の体制整備に大きな影響を与えたとされる。また、戦後においても、社会教育学の立場から社会事業と社会教育の関連構造に着目した小川利夫によって教育福祉論が展開され、「社会福祉とりわけ児童福祉サービスの中に、実態的にきわめて曖昧なままに放置され、結果的に軽視され剥奪されている子ども・青年さらに成人の学習・教育権保障の体系化」が問われたのは公知のことである（小川2001）。

　こうした社会事業と社会教育の関連構造は、戦後新たに設置された公民館

の実践にも見られる。1946 年に発せられた文部次官通牒[2]では、公民館の事業として、教育文化事業のほか「託児所、共同炊事場、共同作業所等の経営の指導」「簡易な医学、衛生事業及其の指導」「社会事業、慈善事業団体の委託を受け又は之等と緊密な連絡の下に之に協力する様な事業」などが明記されるとともに、同年の生活保護法施行に伴う文部省と厚生省の連名通知[3]では、公民館における生活保護や援助の実施、保護施設としての活用などが明記され、社会教育法 (1949 年制定) の公民館の目的にも「健康の増進」「社会福祉の増進」が掲げられた。この初期公民館の特徴として、"総合性"と量的規模による"身近さ"があり、最多期には 35,352 館[4]が設置されて多様な教育福祉的実践が繰り広げられた。現在も公民館は公立中学校数を上回る 13,993 館 (2015 年時) 存在するが、福祉機関の整備とも相まって公民館の福祉的機能は次第に薄れ (松田 2015)、1990 年の社会福祉関連 8 法の改正や 2000 年の社会福祉事業法から社会福祉法への改正によって社会福祉行政が施設型から地域福祉へと転換し、地域の福祉機関や専門職の整備が進む中で、公民館と社会福祉協議会、地域福祉センターなどの関わりが問われてくることとなった (大橋 2004)。

　他方で、2000 年代以降は、子どもを巡る多様化・複雑化する課題、発達障害などへの法整備や意識の高まり、子どもの貧困問題などを背景に、専門的人材の学校への配置や「開かれた学校づくり」などが制度化され、学校を中心に地域社会教育・地域福祉の機能が再編されつつある状況に今日的位相を捉えることができる。

　このように、学校教育と社会教育、地域福祉の関連構造は社会変化に伴って入れ子構造や分離・再編を経つつ発展してきたのであり、こうした歴史的基盤を捉え返しつつ今日的状況に即して再編成していくことが求められる。

2 特別ニーズ教育とコミュニティ・スクール

(1) コミュニティ・スクールとは

　コミュニティ・スクールの源流は 1930 年代の米国にあり、ジョン・デューイの教え子で、米国のコミュニティ・スクール構想に貢献したエルシー・クラップによれば、その基盤は「共有の原理」であり、「社会的に機能する学校」

は「コミュニティの人々との協同的な働きと、子どもと大人の生活を効果的にするコミュニティの問題と必要性に関するすべての教育的エージェンシーを、企ての本質的部分として想定する学校」である（Clapp, E. R. 1971[5]）。

　戦後日本でもこうした考え方を受け、各地の「地域教育計画」や、学校を地域社会のセンターとする「地域社会学校」の実践などが創出されたが、工業化と経済発展という時代的要請による経験主義から系統主義への転換の中で衰退し、今日のコミュニティ・スクールは、1980年代後半の「学校の荒れ・閉塞性の打破」を唄った臨時教育審議会以降の「開かれた学校づくり」の議論を経て、2004年に法制化されたものである[6]。

　今日の日本におけるコミュニティ・スクールは、文部科学省によれば「学校と保護者や地域の皆さんがともに知恵を出し合い、学校運営に意見を反映させることで、一緒に協働しながら子供たちの豊かな成長を支え『地域とともにある学校づくり』を進める」仕組みであり[7]、学校運営協議会を設置する学校を指す。学校運営協議会は、教育委員会が任命した地域住民、保護者、その他必要と認める者で組織され、①校長が作成する学校運営の基本方針の承認権、②学校運営に関する意見具申権、③教職員の任用に関する意見具申権の3つの機能を有する。2017年4月の法改正により、「学校運営に必要な支援」も協議対象であることが明確化され、学校運営協議会の設置が「任意」から「努力義務化」された。これにより、学校や子どもたちを支える活動の企画・立案機能が強化され、企画を地域学校協働活動につなげることで、学校の「支援」から「連携・協働」へ、「個別の活動」から「総合化・ネットワーク化」が図られることが期待されている。2018年4月現在、全国5,432校、特別支援学校では約10％に当たる106校[8]で導入されており、全校導入に向けて教育協働、コミュニティ創造の在り方が問われている。

(2) コミュニティ・スクールの教育福祉的機能
① 欧米のフルサービス型コミュニティ・スクール

　米国や英国では、1990年代辺りから貧困軽減や社会的包摂を目指す「フルサービス型」のコミュニティ・スクールの実践が活発化した。例えば、米国で学校と協働した事業展開を牽引してきた The Children's Aid Society（以

下 CAS）は、「支援の網」と称する事業モデルとして、①核となる教育プログラム（教科指導や個別指導・家庭学習支援）、②教育的・文化的なエンリッチメント・プログラム（放課後や休暇中に行われる生活を豊かにする活動全般）、③学習や発達の阻害要因を除去するサービス（一般・精神・歯科医療、ソーシャル・サービス）の３分野を、子どもを包摂する三角形に見立てたモデルとして提唱している（ハヤシザキ 2015）。また、イングランドの拡大学校では、始業前の無料朝食や、放課後の多様な文化・スポーツ活動、学習支援、心身の健康支援、保護者に対する家庭教育支援、地域住民向け学習・体験活動などが展開され、協働を担う人材として、「教師」「Pastrals（生徒の個人的な課題に対応する人材）」「コーディネーター（拡大学校の運営活動の準備手配をする人材）」を学校内に配置している（田嶌 2016）。ハヤシザキ（2015）によれば、日本の学校は養護教諭の配置や教員による生活指導、部活動の実施などの機能が内包され、ある意味で欧米よりも拡張的であったが、米英のフルサービス型コミュニティ・スクールは、子ども・家庭への行政サービスと教育を統合し、分業による弊害を除去するところに特徴があるという。

② 日本のコミュニティ・スクール

　日本のコミュニティ・スクールは、法制化時に英国の学校理事会や米国チャータースクールの学校評議会をモデルとしたことから、当初は学校のガバナンス強化が政策的に強調される傾向があったことは否めない。他方で改訂学習指導要領の理念である「社会に開かれた教育課程」、学校の組織運営改革である「チームとしての学校」構想と連動してコミュニティ・スクールの関係規定が改正されたことにより、次の３点に関して改善が期待されている。第一に、学校経営と教育実践をつなぐ基盤として「カリキュラム・マネジメント」に重点が置かれたことにより、これを柱に学校と専門的人材や地域との組織的協働の機能性が高まること、第二に、法的位置づけのなかった「地域学校協働活動」やコーディネート機能を担う「地域学校協働活動推進員」が社会教育法に位置付き、学校運営協議会委員に加わったことで、必要な支援に関する協議と実践の有機的連結が深まること、第三に、心理・福祉的専門的人材を含む校内支援体制と学校運営協議会、地域学校協働活動が連動することにより、より個別のニーズに応じた地域資源の可視化や創造・組

織化が図られることである。

　また、地域学校協働活動に対する国の予算補助としては、筆者が立案に携わった「学校を核とした地域力強化プラン」があり、2015 年度より家庭の経済的困難や諸事情により学習習慣形成が困難な児童生徒への学習支援を行う「地域未来塾」が対象事業に新設されたほか、地域の子育てサポーターなどから成る「家庭教育支援チーム」を組織し民生委員や専門的人材と連携して保護者の相談や訪問支援を行う実践も補助対象となっている。このほか、「新・放課後子ども総合プラン」として実施される放課後児童クラブや放課後子ども教室では、障害のある児童や虐待、いじめを受けた児童、日本語の習得が十分でない児童などの特別な配慮を有する児童の受け入れ、安心して過ごすための環境の配慮、児童の状況等に対する学校との情報共有、必要に応じた専門機関や障害者福祉関係機関と連携を求めている[9]。

　このように、日本のコミュニティ・スクールにおいても、子どもたちの特別なニーズに対応した福祉的機能の強化が政策的に図られつつある。次項に、今年度「地域学校協働活動」推進に係る文部科学大臣表彰に推薦された3 校の実践事例を示しながら、その今日的意義を検討していく。

(3) コミュニティ・スクールの実践事例[10]

① 特別支援学校におけるコミュニティ・スクール

　「コロニー」と称された知的障害者入所施設の児童生徒が通う学校として1970 年に創立された A 支援学校は、市街地から離れた土砂災害警戒区域の山間地区に存する52 学級規模の学校である。現在でも約 3 割の児童生徒が様々な福祉施設から通っている。2008 年より学校支援地域本部事業を開始し、学校支援コーディネーター（現地域学校協働活動推進員）や PTA、校長、地域住民から成る「教育コミュニティづくり推進委員会」が母体となり、知的障害のある児童生徒の支援や休日活動支援、地域防災活動を展開してきた。2018 年度より教員と PTA 会長、校区内市立小学校長、障害者福祉機関、障害者就業・生活支援機関関係者、大学教授から成る学校運営協議会を設置し、「地域支援と地域連携、及び教育と福祉の連携」を目標に掲げた学校経営計画や子ども像を学校・地域・家庭が共有し、計画、実行、報告を組織的

に行う体制を整備した。また、週1回の図書室開放を生かし、地域学校協働活動推進員の活動拠点を図書室とし、地域住民・保護者と教職員が打ち合わせや作業を行う環境を整えることでコーディネート機能を高めている。

　具体的な実践として、①学校支援活動では、読書ボランティアによる大型絵本の読み聞かせや紙人形劇、ヘルマンハープ演奏会、マラソン練習時の交通整理や児童の見守りなどの授業補助、②休日活動では、卒業生保護者有志実行委員会主催のミニ運動会（卒業生、在校生、保護者、ボランティア約250名が参加）や夏休み親子プールなどを実施している。③地域防災活動では、A校が都道府県立でありながら市の指定避難所であること、通学バス運行中の災害を想定する必要があることから、校区内6市町村と連携し、運行経路に沿った数カ所の一時避難所の利用などの防災活動を行っている。子どもの抱える困難は多様であり学校課題も尽きないが、校区の自治体や地域の方が学校に関わることで、障害や子ども理解、学校理解の深まり、保護者相互の相談や支援、地域住民の生きがいづくり、子どもの社会性育成に繋がっている。

② 多くの児童が児童養護施設から通う学区のコミュニティ・スクール

　B小学校は、明治6年創立の伝統校であるが、現在は隣接中学校の閉校、児童の減少に伴い、複式学級と特別支援学級編成の小規模校である。2016年には全児童が、それ以降もほとんどの児童が校区内の児童養護施設から通っている。様々な生育環境から故郷を離れて住む児童の豊かな心の育成を図るため、隣接中学校の閉校以前から、地区の全世帯がPTAの準会員となり、学校に対する協力や地区住民との合同運動会などを実施してきた。

　「βの子育成協議会」として、児童養護施設、むつごろう会、婦人会、老人会、消防団、自治会、グラウンドゴルフ協会から成る地域学校協働活動の推

写真　「βの子スクール」における児童と地域住民の合同学習

進母体に、各団体の長から成る学校運営協議会を今年度より設置した。学校
目標は「ふるさとＢに立ち、夢に向かって挑戦する心豊かな児童の育成」、
学校経営方針は「①人権尊重の精神を基盤とし、特別支援教育の視点に立っ
た教育の実践、②一人一人の実態に合わせた学習指導による基礎的・基本的
な学力の定着、③地域とともにある学校づくりの推進」である。具体的な地
域学校協働活動として、児童の新たな発見と地域住民の学び直しを目標に、
地域や季節の素材を活用し児童と地域住民が一緒に学ぶ「βの子スクール
(教育課程内)」、米作り、伝統踊りや太鼓をはじめ多岐にわたる。登録ボラン
ティア数は延べ400人を超え、地域住民が教職員でも保護者でもない「ほめ
て下さる方、話を聞いて下さる方」となり、卒業後も地域住民から声をかけ
てもらえることで校区を故郷と感じることに繋がっている。
③ 「しんどさ」を地域に開くコミュニティ・スクール
　Ｃ中学校は、従前から地域の方々の協力により人権教育に関わる諸活動を
展開してきた学校である。要・準要保護家庭や父子母子家庭など生活困難を
抱える生徒数の増加、それに伴う学力、自尊感情、自己肯定感に関わる諸課
題など、教育の根底に横たわる課題の共有と「学び力」の育成に焦点を当て
た学校支援活動に2014年より取り組み、今年度より学校運営協議会を設置
した。委員は、市教委、中学生友の会を支える会代表、学識経験者、前・現
ＰＴＡ会長、保護司、校長、教頭、地域担当教員であり、「学力向上部会」「地
域教育部会」「生活安全部会」を組織している。特徴的な実践としては、「学
力向上部会」の①みんなの授業研、②Ｃ土曜塾、「地域教育部会」の③中学
生友の会などがあり、①では、校内授業づくり委員会と部会が連携し、保護
者や地域住民を交え、若手教員の授業づくりや子ども目線、素人目線を大切
にした「しんどい子」がわかる授業づくりを目指す研修、②では、毎週土曜
日に学校図書館を活用した地域ボランティアによる学習支援、③では、中央
公民館等を活用した地域ボランティアによる学習支援や子ども食堂を実施し
ている。また、従来からの人権教育の蓄積を生かした「生き方科(道徳)・世
の中科(総合)」の授業実践や生徒の自主活動としての「部落解放研究会」や
「『障害』者問題研究会」などにも積極的に取り組み、地域の方との関わりの
中で人権意識を深めることに繋がっている。このように、学校課題の「しん

どい部分」も開くことで、地域住民が自分事として課題を捉えることができ、熟議の深まりや地域の主体的実践の広がりにも繋がっている。

3 コミュニティ・スクールの今日的意義と"インクルージョン"
──「社会関係資本」の複層的構造への着目から

　これらのコミュニティ・スクールの仕組みを活用した地域学校協働の今日的意義とは何であろうか。本項では、実践の持つ教育福祉的機能を支える「社会関係資本の構造」という側面から検討する。

　再び歴史を回顧し、明治期に日本の社会教育に影響を与えたドイツの社会的教育学（ゾツィアルペタゴギーク）にヒントを求めれば、これには二つの系譜があるとされる。一つは「教育の社会的方面を強調する教育学」、即ち「『個人的教育学』に対置される教育学として教育・人間形成に対する社会の規定力を強調する立場」、もう一つは「『社会問題の解決』を志向する教育学」、即ち「社会問題に対してその教育学的解決をめざす一つの運動というべきもの」「教育を軸にしながらもその他の精神的物質的援助を含むもの」である（吉岡2007）。松田（2015）は、後者の日本への伝搬の中で、社会的教育学が、将来を担う児童保護という教育福祉的の意義を有するとともに、大人の教育の意義を捉えていることに着目している。そして、近年の社会教育と地域福祉の再編・融合の様相を「社会教育福祉」という概念で捉え、「教育権保障に留まらないコミュニティのソーシャル・キャピタル（社会関係資本）を醸成するシステム」の理論的探求の必要性を説いている。

　事例に見られるコミュニティ・スクールの実践においても、特別なニーズを有する児童生徒と多様な地域の人々との関わりによる「子どもの社会関係の広がり」、学校運営協議会を通した学校課題・学校経営方針・目標の共有による「ニーズに応じた教育福祉実践の充実」という機能に加え、参画する大人が障害や地域の資源を学び、主体的な実践を広げる「社会関係資本の醸成」機能を有すると解することができる。

　ところで、社会関係資本とは、社会的ネットワークに埋め込まれた資源であり（ナン2014）、その構成要素は「相互信頼」「互酬性の規範」「社会的ネットワーク活動」であるとされる（パットナム，R. D. 2006）。また、紐帯の形態

に着目した概念としては、①結束型（bonding）、②橋渡し型（bridging）、③連結型（linking）の社会関係資本がある（Woolcock, M. 1998）。かつて公民館が地域の教育福祉実践を展開したように、日本の地域社会は地縁による結束的な共同体を基盤とし、その土台形成とともに教育実践を展開してきた。今日、社会の変容とともに、人々の繋がりが地縁的「ローカルコミュニティ」から目的的「テーマコミュニティ」へと変容し、様々な社会問題が「共通の課題」から「個別の課題」へと周辺化し不可視化する中で、結束的な共同体に依拠した教育福祉的営為の基盤形成が困難になってきており、これを乗り越えるためには、この紐帯の複層性に着目することが重要となろう。

　①の結束型の社会関係資本は、地縁・血縁など同質的な集団で形成される繋がりを言い、強固であるが排他的な側面も持ち、②の橋渡し型の社会関係資本は、外部資源との繋がりを言い、より広範なアイデンティティの形成や異なるアイデンティティの理解を促進する（Woolcock, M. 1998）。また、①②が水平方向の繋がりであるのに対し、③の連結型は垂直方向の繋がりであり、「権力や権威勾配を越えて交流する人々の間の信頼関係」「互いに合意した互恵的な目標を達成するために努力する民主的で権限付託的な交流」であるとされ、周辺化された人々に手を差し伸べる機能を持つ（Woolcock, M. 1998）。社会関係資本と災害復興の関係性を検討した D. P. アルドリッチ（2013）は、結束型と橋渡し型の両者を持つコミュニティの復興が早く、孤立しがちな集団には連結型が重要な役割を果たすことを示し、結束型だけでなく橋渡し型と連結型の機能が重要であるとしている。

　コミュニティ・スクールの仕組みと実践に置換すれば、「①結束型」の各地域団体が、コーディネーターや学校運営協議会の「②橋渡し型」の機能により学校とつながること、校区の広範な特別支援学校では校区内の市町村立学校ともつながることで、学校目標の共通理解者や実践者として広範なアイデンティティを育んだり、障害や様々な子どもたちのニーズを理解するという共生的な関係形成を育くんだりしている。また同時に、学校運営協議会は、学校や専門的人材や関係機関と地域住民、保護者の権力の非対称性を越えて協議・意思決定する場であり、「③連結型」の機能も有す。C 中学校の "子ども目線、素人目線を大切にする「しんどい子」がわかる授業づくり" の合

同研修は、立場を越え、より個別の課題に寄り添い、当事者性を生かした目標や活動の設計の合意と実践を可能にするものと言えよう。

このように、コミュニティ・スクールの仕組みの持つ社会関係資本の紐帯の複層性に着目すれば、歴史的な教育福祉的営為の基盤の変容を乗り越え、今日的に学校教育と社会教育、地域福祉を有機的に結びつけ、再編成する基盤として、コミュニティ・スクールの有効性を示すことができよう。そして、これが"インクルージョン"とは何かという問いに対する一つの研究視角を投じることにも繋がるのではないだろうか。

「既存の秩序」を前提とした包摂概念を乗り越え、すべての者が「包摂主体」であるとの立場に立つ教育哲学者のガート・ビースターは次のように述べる。

「要求する人々は、現存する秩序に単に包括されたいわけでない。つまり彼らは、新しいアイディア、すなわち、新しい行動の仕方や存在の仕方が可能になり、そして『勘定に入れ』られるような方法で、秩序を再定義したいのだ」(ガート 2016)。

これに従えば、コミュニティ・スクールの仕組みと地域学校協働の実践は、人々が暗黙裡に了解しがちである既存の教育環境や生活環境の限界を組み替え、特別なニーズを有する当事者、家族、携わる地域関係者らと公的・専門的人材の複層的で権力勾配を超えたつながりによって、「秩序の再定義」をし続ける動的な包摂機能を果たし得るものでもあると考えられる。

(入江優子)

注
1) 乗杉 (1923) によるこの言及については小川利夫・高橋正教編 (2001)『教育福祉論入門』、光生館より引用した。
2)「公民館の設置運営について」文部次官通牒、昭和 21 年 7 月 5 日。
3)「公民館経営と生活保護法施行の保護施設との関連について」文部省社会教育局長、厚生省社会局長、昭和 21 年 12 月 18 日。
4) 昭和 30 年時の本館・分館計 (公立小中学校数は本・分校計 39,681 校)。
5) Clapp, E. R. (1971) によるこの言及については上野正道 (2008)「1930 年代のデューイにおけるコミュニティ・スクール構想」『人文科学』13、121 - 140 より引用した。
6) 地方教育行政の組織及び運営に関する法律第 47 条の 5 (2016 年改正により第 47 条の 6)。
7)「コミュニティ・スクール (学校運営協議会制度)」文部科学省 HP より https://www.

mext.go.jp/a_menu/shotou/community/index.htm（最終アクセス 2020 年 1 月 29 日）。

8）「コミュニティ・スクールの導入・推進状況」文部科学省 HP より https://www.mext.
　go.jp/a_menu/shotou/community/shitei/detail/1405722.htm（最終アクセス 2020 年
　1 月 29 日）。

9）「新・放課後子ども総合プランについて（通知）」文部科学省生涯学習政策局長・初
　等中等教育局長・官房文教施設企画部長・厚生労働省子ども家庭局長、平成 30 年 9
　月 14 日。

10）「地域学校協働活動」文部科学大臣表彰事例集及び学校 HP をもとに学校の了解を
　得て執筆。

文献

アルドリッチ，D. P 著、石田祐・藤澤由和訳（2015）『災害復興のソーシャル・キャピタ
　ル役割とは何か―地域再建とレジリエンスの構築』ミネルヴァ書房。

Clapp, Elsie Ripley（1971）'Community Schools in Action' Arno Press.

ガート・ビースタ著、藤井啓之・玉木博章訳（2016）『よい教育とはなにか―倫理・政治・
　民主主義』白澤社。

ハヤシザキカズヒコ（2015）「英米のコミュニティ・スクールと社会的包摂の可能性」『教
　育社会学研究』96、153-173。

松田武雄（2004）『近代日本社会教育の成立』九州大学出版会。

松田武雄（2015）『社会教育福祉の諸相と課題―欧米とアジアの比較研究』大学教育出版。

ナン・リン著、筒井淳也・石田光規・桜井政成・三輪哲・土岐智賀子訳（2008）『ソーシャ
　ル・キャピタル―社会構造と行為の理論』ミネルヴァ書房。

乗杉嘉壽（1923）「『教育的救済』事業としての社会教育論」『社会教育の研究』

小川利夫・高橋正教編（2001）『教育福祉論入門』光生館。

大橋兼策（2004）「地域福祉と社会教育の相乗効果と課題」日本社会教育学会編『現代的
　人権と社会教育の価値』東洋館出版社、198-219。

パットナム，R. D. 著、柴内康文訳（2006）『孤独なボウリング―米国コミュニティの崩
　壊と再生』柏書房。

田嶌大樹（2016）「イギリスにおける『拡大学校』の事例」松田恵示・大澤克美・加瀬進
　編『教育支援とチームアプローチ』書肆クラルテ、160-169。

上野正道（2008）「1930 年代のデューイにおけるコミュニティ・スクール構想―活動的
　な学習実践の創造」大東文化大学『人文科学』13、121-140。

Woolcock, M（1998）Social Capital and economic development', Theory and Society,
　27（2）、13-14.

吉岡真佐樹（2007）「教育福祉専門職の養成と教育学教育―ドイツにおける教育福祉専門
　職養成制度の発展と現状」『教育学研究』74（2）、226-239。

第3節　子どもの放課後・休日と地域社会

1　放課後・休日についての社会的支援

(1) 放課後保障という課題

　日本においては、人間の育ちに関して、「教育」の役割がとりわけ強調される傾向があるのではないだろうか。しかも、「教育＝学校教育」として考えられがちである。しかし、子どもの成長・発達は、学校教育だけに支えられているわけではない。特別なニーズのある子どもの成長・発達を考えていくためには、放課後・休日にも目を向け、子どもの生活の全体を視野に入れていくことが求められる。

　障害のある子どもの放課後・休日を豊かにしていくことは、「放課後保障」の課題として取り組まれてきた。1990年代に障害のある子どもの放課後・休日に関する実態調査が全国各地で取り組まれたが、そのなかで共通して示されたのは、極めて制限された生活実態であった。放課後・休日を母親と過ごす子どもや一人で過ごす子どもが多いこと、テレビ・ビデオを観るなどして放課後・休日を過ごす子どもが多いこと、子どもが家の外に出かける機会が少ないことなどが明らかにされた。そのような生活実態を変えていくことをめざして、放課後・休日のための社会的支援の拡充が追求されてきたのである。

(2) 学童保育

　障害のある小学生の放課後保障にとって重要なものとしては、学童保育が挙げられる。「放課後児童クラブ」「学童クラブ」など、自治体・地域によって多様な呼称が用いられているが、児童福祉法に放課後児童健全育成事業として規定されているものである。放課後や学校休業日に子どもが通う場であり、子どもに遊びや生活の場を保障して発達を支援するとともに、保護者の就労を支えることを目的としている。かつては「おおむね10歳未満の児童」が学童保育の対象とされていたが、2015年度からは「小学校に就学している児童」が対象となっており、特別支援学校に在籍している子どもが学童保

育に通うこともある。小学校の余裕教室や学校敷地内の専用施設で実施されているところが多いが、児童館など学校外の場で実施されているところも少なくない。

　厚生労働省の資料によると、学童保育における障害のある子どもの受け入れ人数は、2009年に18,070人（8,330カ所）であったのに対し、2019年には42,770人（14,605カ所）となっている。10年間で人数が2.4倍に増加しているのであり、登録児全体に占める障害のある子どもの割合も2.2%から3.3%へと増加している。指導員体制が概して不十分であることなど、障害のある子どもの受け入れには少なくない課題があるものの、多くの障害のある子どもが学童保育に通っているのである。

　ただし、特別支援学校に在籍する子どもの学童保育への参加はあまり進んでいない疑いがある。従来であれば「障害児」とみなされなかったような子どもが「障害児」と認定されるようになったことで、障害のある子どもの受け入れ人数が引き上げられている可能性が高い（丸山2013）。

(3) 放課後等デイサービス

　学童保育が障害のない子どもも対象とするものであるのに対して、放課後等デイサービスは障害のある子どものためのものである。小学校・中学校・高等学校や特別支援学校などに就学している障害のある子どもが対象となる。児童福祉法においては、「授業の終了後又は休業日に（中略）生活能力の向上のために必要な訓練、社会との交流の促進その他の便宜を供与すること」が事業の内容とされている。一日あたりの定員を10名としている事業所が多い。年齢や障害の異なる多様な子どもが通う事業所もあれば、小学生を中心とする事業所や中高生を中心とする事業所もあり、発達障害の子どもを主な対象とする事業所や重症心身障害児のための事業所などもある。通所については、自動車による送迎がなされている場合が多い。

　放課後等デイサービスの活動の内容は多様であり、屋外での遊びを大切にしている事業所もあれば、主に室内で活動している事業所もある。また、おやつ作り等の調理活動を行っているところや、音楽活動を取り入れているところなどもある。厚生労働省が2015年に示した「放課後等デイサービスガ

イドライン」においては、「基本活動」として「自立支援と日常生活の充実のための活動」「創作活動」「地域交流の機会の提供」「余暇の提供」の4つが挙げられ、「基本活動を複数組み合わせて支援を行うことが求められる」とされている。

　放課後等デイサービスに期待される役割の一つは、遊びや文化的活動、充実した生活を子どもに保障し、そのことを通して子どもの成長・発達を促すことである。また、もう一つの役割は、保護者のレスパイト（一時的休息）に寄与したり、保護者の就労を保障したりすることによって、家族の生活を支えることである（障害のある子どもの放課後保障全国連絡会 2017）。

　2012年に放課後等デイサービスの制度が発足して以降、事業所は全国的に急増した。厚生労働省の資料によると、2012年4月に2540カ所であった事業所数は、2014年4月に4,595カ所、2016年4月に8,352カ所、2018年4月に12,278カ所となっている。そして、2019年4月には、約13,500カ所の事業所に約221,200人の子どもが通っているとされている。

2　子どもの放課後・休日はどうあるべきか

(1)　「訓練」や「学習」の位置づけ

　障害のある子どもの放課後活動の場が広がってきているなかで、改めて考えなければならないのは、放課後・休日における「訓練」や「学習」の位置づけであろう。

　放課後等デイサービスに関しては、児童福祉法の規定においても、「生活能力の向上のために必要な訓練」が前面に出ている。丸山（2014）が示しているように、放課後等デイサービスの制度が発足した後の全国調査では、「特に重視していること（3つまで選択）」について、「身辺自立など、日常生活に必要な力を子どもにつけること」や「子どもが言葉やコミュニケーションの力などをつけられるようにすること」を選択する事業所の割合が、過去の全国調査と比べて増加しており、どちらも約50％に及んでいた。また、「活動内容としてよく行っているもの（複数回答）」について、「学習」を選択する事業所の割合も大幅に増加していた。

　そして、子どもの放課後・休日をめぐる政策動向に目を向けても、「学習」

の強調が目立っている。たとえば、2014 年には中央教育審議会のもとで「放課後・土曜日の教育環境づくり」についての報告書が出されており、そこでは、「社会人基礎力」や「学習意欲・学習習慣形成・学力向上」などが強調されたうえで、放課後や土曜日に「社会総掛かりでの教育」を進めていくことが提言されている。また、同じ年に政府が発表した「放課後子ども総合プラン」では、小学生の放課後に関して、「学習支援（宿題の指導、予習・復習、補充学習等）」が重要なものとして位置づけられており、「多様な体験プログラム」の例として「実験・工作教室」「英会話」などが挙げられていた。

　放課後や休日を「訓練」や「学習」の時間にしていくような流れがあるといえるが、子どもたちの豊かな生活と発達という観点からすると、そうした流れは無批判に受け入れられるべきものではない。

(2) 余暇・遊び・文化的活動の権利

　子どもの権利条約では、第 31 条において、「休息・余暇、遊び、文化的・芸術的生活への参加」の権利が確認されており、「締約国は、子どもが文化的および芸術的生活に十分に参加する権利を尊重しかつ促進し、ならびに、文化的、芸術的、レクリエーション的および余暇的活動のための適当かつ平等な機会の提供を奨励する」とされている。また、障害者の権利条約では、第 30 条において、「文化的な生活、レクリエーション、余暇及びスポーツへの参加」の権利が記されており、「障害のある児童が遊び、レクリエーション、余暇及びスポーツの活動（学校制度におけるこれらの活動を含む）への参加について他の児童と均等な機会を有することを確保すること」のための「適当な措置」が締約国に求められている。

　しかし、障害のある子どもの放課後・休日に関して「訓練」や「学習」が過度に強調されると、余暇・遊び・文化的活動の権利が子どもたちから奪われかねない。山下（2019）は、子どもにとっての遊びの大切さを語るなかで、「労働基準法のような『学習制限法』が必要ではないかとさえ思えます」（同：80）と述べている。そうした視点は重要であろう。

　放課後等デイサービスに関しては、制度が創設されるまでの過程において、「遊び・文化活動・スポーツ・生活などへの支援をつうじて、子どもの

236

成長・発達を促す」ことを制度の目的に位置づけることが要望されていた（障
害のある子どもの放課後保障全国連絡会 2011）。学童保育（放課後児童健全育成
事業）が「適切な遊び及び生活の場を与えて、その健全な育成を図る事業」
として児童福祉法に規定されていることを考えても、放課後等デイサービス
における「訓練」の強調は問題性をはらんでいる。余暇・遊び・文化的活動
の権利が、障害のある子どもたちに保障されなければならない。

(3) 友だち・仲間の存在

　放課後活動における「訓練」や「学習」の強調は、子どもたちの活動の個
別化にもつながるかもしれない。丸山 (2014) は、放課後等デイサービスに
ついて、「学習」を「よく行っている」とする事業所の割合が増加したことを
指摘すると同時に、「課題に応じた個別指導」を「よく行っている」とする事
業所が 60.1％ に及んでいることを示している。

　もちろん、放課後等デイサービスにおける個別指導は、一概に否定される
べきものではない。子どもの実態・要求に合った個別指導は、重要なもので
あり得る。しかし、障害のある子どもの放課後保障の取り組みのなかでは、
友だち・仲間の存在が大切に考えられてきたのである。

　放課後等デイサービスの制度が創設される以前に障害のある子どもの保護
者を対象に実施された質問紙調査をみると、放課後・休日支援の「利用目的
（3つまで選択）」に関する設問において、「子どもが友だちや同年代の仲間と
過ごすこと」は、45.9％の保護者に選択されており、「家に居るばかりにな
らないよう、子どもの外出の機会をつくること」(51.5%) に次いで 2 番目に
多い回答になっていた (丸山 2009)。また、放課後等デイサービスの制度が
創設される以前から都道府県の制度を活用するなどして障害のある子どもの
放課後活動を行ってきた事業所・施設においては、「子どもが友だちや同年
代の仲間と過ごすこと」が、「身辺自立など、日常生活に必要な力を子ども
につけること」や「子どもが言葉やコミュニケーションの力などをつけられ
るようにすること」よりも重視される傾向にあった (丸山 2014)。

　村岡 (2018) は、障害のある子どもの放課後活動に長年にわたって携わっ
てきた立場から、「放課後活動のよさ」の一つとして、「異年齢集団を多様に

つくりだせる」ことを挙げている（同：88）。放課後活動における友だち関係・仲間関係の意義は、軽視されてはならないものである。

3　豊かな放課後・休日が保障される地域

(1) 地域における拠点の確立

　障害のある子どもに豊かな放課後・休日が保障されるような地域社会を形成していくうえで、考えておかなければならないのは、放課後等デイサービスのような、基本的には障害のある子どもだけを対象とする取り組みの位置づけである。

　障害のある子どもが障害のない子どもと活動・生活を共にすることを特に重視する立場からすれば、放課後等デイサービスの存在は疑問視されるかもしれない。また、厚生労働省が2015年に示した「放課後等デイサービスガイドライン」は、「子どもの地域社会への参加・包容（インクルージョン）」を推進する文脈において「放課後児童クラブや児童館等の一般的な子育て支援施策」に言及し、放課後等デイサービスに「共生社会の実現に向けた後方支援」の役割を求めている。

　しかし、学童保育が充実すれば放課後等デイサービスが不要になるというような単純な議論は危険である。学童保育が高い水準で整備されたとしても、放課後等デイサービスのような場を必要とする子どもがいることは考えられる。また、現在の学童保育が基本的には対象にしていない中高生の放課後保障も大切な課題である。障害のある子どもの権利保障にとっての放課後等デイサービスの役割は、正当に評価される必要がある。

　放課後等デイサービスは、本来、障害のある子どもを事業所のなかに囲い込むためのものではない。むしろ、放課後等デイサービスがあることによって、子どもが家の外に出て地域社会と交わる機会を広げることができる。放課後活動のなかで障害のある子どもが公園等に遊びにいくことで、地域の子どもや大人との接点が広がり、障害のある子どもたちの存在を地域の人々が認知していくことになる。

　障害のある子どもが地域社会のなかで豊かに活動を展開していくためにも、放課後等デイサービス事業所のような拠点は重要なのである。

(2) 地域の社会資源の充実

　もちろん、障害のある子どもの放課後・休日の拠点として期待されるのは、放課後等デイサービス事業所だけではない。学童保育が子どもの大切な居場所になることもあるし、学校の部活動や特別支援学校の寄宿舎も重要な役割をもっている。地域におけるスポーツの場や、太鼓・ダンス・書道といった文化的活動のサークルなども、放課後・休日の豊かさにつながるだろう。地域のなかに多種多様な社会資源があることが望まれる。

　そして、それぞれの社会資源をより充実したものにしていくことが求められよう。現状を固定的なものとして考える必要はない。たとえば、学童保育や放課後等デイサービスについては、学校休業日における給食の実施が検討されてよい。数少ないとはいえ、学校の夏休みに学童保育で給食が実施されている例はある（鴈 2018）。学童保育や放課後等デイサービスにおいて調理設備が整えられることは、おやつの質の向上にも結びつく。

　現状を批判的に再考する必要性は、保護者等の費用負担についても指摘できる。金澤（2019）は、学校に通う子どもたちの放課後について、「子どもたちを利用対象者別にわけた有料の場所はたくさんあるが、どの子どもたちも混ざりながら集える場がほとんどない」と指摘し、「遊び、学び、文化的体験、スポーツの機会を得られる場を、子どもの成長段階のあちこちに無料か格安で保障していく必要がある」と述べている（同：239-241）。「子どもの貧困」が社会問題になっている近年の日本の状況を考えても、子どもたちの放課後・休日のための社会資源が無償であることは重要である。

　子どもや家族の権利保障という観点から構想し、社会資源の充実を図りながら、地域社会を全体として豊かなものにしていくことが求められる。たとえば、無理なく通える範囲に公共の体育施設（プール・体育館・運動場など）があれば、障害のある子どもの活動の幅が広がるかもしれない。身近な地域に十分な広さの公園があれば、学童保育や放課後等デイサービスに通う子どもたちがそこで遊ぶことができる。近所に畑や林や小川があると、そのことを活かした活動が展開できる可能性がある。また、自動車が激しく行き交うことなく、障害のある子どもたちが安心して歩けるような交通環境が確保されていれば、子どもたちが屋外に出ていきやすくなる。地域において各種の

「おまつり」や文化的行事が開催されていれば、障害のある子どもたちもそこに参加できるかもしれない。

　現状にとらわれない、幅広い視野で、あるべき社会資源やめざすべき地域社会の像を描いていくことが求められるのではないだろうか。

（丸山啓史）

文献

鳫咲子（2018）「埼玉県越谷市における夏休みの学童保育室への給食提供」阿部彩・村山伸子・可知悠子・鳫咲子編著『子どもの貧困と食格差』大月書店、125-126。

金澤ますみ（2019）「『学校以前』を直視する─学校現場で見える子どもの貧困とソーシャルワーク」佐々木宏・鳥山まどか編著『教える・学ぶ─教育に何ができるか』明石書店、219-243。

丸山啓史（2009）「障害のある子どもの放課後・休日支援の現状と課題─保護者対象全国調査より」『障害者問題研究』36（4）、72-79。

丸山啓史（2013）「学童保育における障害児の受け入れの実態─大阪府および京都府の市町村対象調査から」『SNE ジャーナル』19（1）、93-108。

丸山啓史（2014）「障害児の放課後活動の現況と変容─放課後等デイサービス事業所を対象とする質問紙調査から」『SNE ジャーナル』20（1）、165-177。

村岡真治（2018）『まるごと入門　障害児の人格を育てる放課後実践』全障研出版部。

障害のある子どもの放課後保障全国連絡会（2011）『障害のある子どもの放課後活動ハンドブック』かもがわ出版。

障害のある子どもの放課後保障全国連絡会（2017）『放課後等デイサービスハンドブック』かもがわ出版。

山下雅彦（2019）『平和と子どもの幸せを求めつづけて─困難時代に子育て・教育の希望をさぐる』かもがわ出版。

特別ニーズ教育の担い手と専門性・研修

第1節　教員養成と教育支援者養成

1　特別ニーズ教育を担う教員養成

(1) 特別支援教育の教員養成の現状と課題

　特別支援教育に携わる教員の養成は、大きく二つの側面から検討される必要がある。一つ目の側面は、教員養成のシステムの中で特別支援教育を担う教員をどのように養成するかを問うものである。例えば大学において特別支援学校の教員を養成する特別支援教育教員養成課程などの場合に、こちらの側面が強調される。しかし、特別支援教育自体が特別支援学校や特別支援学級のみにおいて実践・展開されているわけではないことは既に幾たびも強調されてきた。そのことが二つ目の側面に直結する。言い換えれば特別支援教育は、教育の行われる場（例えば特別支援学校）によって規定されるものではなく、いわゆる通常学級（以下、通常学級と呼ぶこととする）によっても行われているものである以上、通常学級での教育を担う教員に対しても特別支援教育の視点や見識が求められている。平成28年11月の教育職員免許法の改正や、平成29年11月の同法施行規則の改正により、小中学校の教員免許の取得には、特別支援教育に関する科目の履修が必修となったが、それは通常学級での特別支援教育充実の方針の一つのあらわれといえる。

(2) 特別支援教育教員養成をめぐる制度的な課題

　教育職員免許法が一部改正された（2007年4月1日施行）ことにより、従来

の特殊教育の教員免許状、すなわち盲学校・聾学校・養護学校ごとの教員免許状が、特別支援学校教員免許状に一本化された。ただし、一本化されたからといってただちにいずれかの免許でどの障害種別にも対応しているわけではなく、特別支援学校での教育対象である5つの特別支援教育領域（視覚障害、聴覚障害、知的障害、肢体不自由、病弱・身体虚弱）について、それぞれ授与される形となっている。法改正から10年経って、実質的に何が変わったのか、特別支援学校教員免許状取得者の量的・質的向上につながっているか等の検証が必要であることはもちろんであるが、例えば特別支援学級や通級指導教室、また通常学級において特別支援を進める教員配置になっているかを検証することも重要である。

　この法改正は、特別支援学校の教員免許状の特徴を考える上で重要な転機といえるが、特別支援学校の教員免許状が、基礎免許状に加えて必要単位を取得することによって取得される付加免許状であるという点は変わらない。特別支援学校の教員免許状が、基礎資格、つまり通常学校の教員免許を前提とする構造は、日本の教員養成史上長く維持されてきている。これは、障害のある子どもを定型発達児とは分離して特殊教育が行われる形が取られてきたことが背景にはあり、例えば障害種別の心理・生理・病理的な理解や指導法など、より専門的な科目や単位の拡充を求める指摘もある。

(3) 教員免許状の取得・保持に関する課題

　本節では、特別支援学校の教員免許状の取得・保持について検討する。日本の場合、教員免許状を保持して初めて教職に就く形が堅持されている。特別支援学校についても、教育職員免許法第3条第3項では、「特別支援学校の教員は、幼稚園、小学校、中学校又は高等学校の教諭免許状のほか、特別支援学校教諭免許状を有していなければならない」と定められている。しかし同時に、以下のような附則もある。「法第3条の規定にかかわらず、幼・小・中・高の教諭免許状を有する者は、当分の間特別支援学校の相当する部の教諭等となることができる」とする附則も定められている。図10-1-1は、特別支援学校に勤務する教員の特別支援学校教員免許状保持率である。

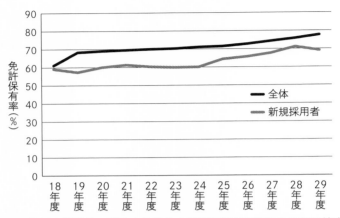

図 10-1-1　特別支援学校に勤務する教員の特別支援学校教員免許状保持率の推移
注）文部科学省初等中等教育局特別支援教育課「平成 29 年度特別支援学校教員の特別支援学校教
諭等免許状保有状況等調査結果の概要」をもとに作成。

　このように、特別支援学校に勤務する教員のうち、特別支援学校の教員免
許状保持率は年々上昇を続けている。ただ、以前より特別支援学校に勤務す
る教員のすべてが特別支援学校の教員免許状を保有していないことについて
は、教育行政サイドのみならず、教育関連メディアでも指摘されてきた課題
でもある。なお、小・中学校の特別支援学級担任や、通級による指導を担当
する教員については、特別支援学校教諭免許状を有すること等の法令上の規
定はなく、特別支援学級担任教員の特別支援学校教員免許状保持率は小学校
と中学校の違いはあるが、概ね 30％前後とされている（日本教育大学協会評
議員会での文部科学省特別支援教育課による説明資料 2018 年）。

(4) インクルーシヴ教育時代の教員養成

　特別支援教育の教員養成を、教員免許に限定して考える場合、それは特別
支援学校での実践を念頭においたものとなる。しかし、インクルーシヴ教育
時代などと言われて久しく、通常学級にも障害のある子ども、支援を要する
子どもが在籍することが珍しくない昨今、通常学級での教育を担う教員の養
成においても、何らかの特別支援教育に関する見識を持ってもらう必要が生
じている。文部科学省では、通常学級に在籍する要支援児を 6％強と見積

もっているが、諸外国の教育制度のもとでは、障害児童生徒の割合はさらに多く算出される場合が少なくない。

　インクルーシヴ教育の実践を教師はどのように見立てているのかを探るうえで、OECD 国際教員指導環境調査（Teaching and Learning International Survey、以下 TALIS と表記する）は、特別支援教育そのものに特化した調査ではないものの、教師の指導に関する認識をたずねる質問が用意されており、参考になる。なお、2018 年の TALIS について、前期中等教育段階（ISCED 2）及び初等教育段階（ISCED 1）に参加した日本の場合、調査の対象となる母集団は、前期中等教育段階（中学校、義務教育学校後期課程及び中等教育学校前期課程）と初等教育段階（小学校及び義務教育学校前期課程）において、学校での通常の職務として指導を実施している教員及びその学校の校長である（国立教育政策研究所 2019）。

　学校環境や教師の勤務環境などに注目したこの調査の中で、特別支援に関連する内容を見てみると、例えば次のような項目がある。日本の中学校の教員からみて、担当クラスに特別な支援を要する生徒（精神的、身体的または情緒的に困難な条件にあることによって、特別な学習を行う必要性が公式に認定されている生徒を指す）が 10％以上いると回答した教員の割合は 21％（TALIS 参加国平均 27％）であった（OECD, 2019a）。

　次に学校長の回答傾向をみてみたい。日本のデータについて、「特別な支援を要する生徒への指導能力を持つ教員の不足」が、質の高い指導を行う上で「かなり妨げになっている」か「非常に妨げになっている」と回答した中学校長の割合は、43.6％にのぼる。TALIS 2018 参加の 47 カ国の平均は 31.2％である。また、同じく、「支援職員の不足」が指導の妨げになっていると回答した中学校長の割合は 46.3％（参加国平均 30.8％）であった（OECD, 2019b）。なお、小学校については、この二つの項目はさらに数値が高くなる（それぞれ 40.3％、55.8％）。

　障害以外のニーズについては、「多文化的な学級での難題に対処すること」を「非常によくできている」か「かなりよくできている」と回答した日本の中学校教師（異なる文化背景を持つ生徒を含むクラスを担当したことのある教師）は 16.6％（参加国平均 67.9％）であった。また「多言語又は多文化の環境で、

生徒を指導する能力を持つ教員の不足」が指導の妨げとなっていると回答した中学校長は15.8%（参加国平均21.2%）、同じく「社会経済的に困難な家庭環境にある生徒を指導する能力を持つ教員の不足」については、18.2%（同17.9%）であった（同）。各国のデータを比較する際に、社会背景、経済事情、福祉制度等、社会システムの多様な条件を考慮に入れる必要があるものの、まず、特別なニーズのある子どもへの指導が（それぞれの教員の努力にもかかわらず）十分とは認識されていないか、より質の高い指導を実践する上で、特別な支援を要する児童生徒への対応を、より広範かつ強力に進めることが重視されているといえる。

　一方で、教員養成についてみてみると、日本では、教員の64%が教員養成課程で、様々な能力レベルの生徒がいる環境で指導を行う研修を受けており、学業終了時に平均して26%がそうした環境で指導する準備ができていると感じているという（OECD, 2019a）。また、本調査の前の12カ月間に、特別支援を要する生徒への指導を含む職能開発活動に参加した教員の割合は平均56%で、この領域の職能開発は、指導研修の必要性が高いと感じている教員の割合が最も高かった（日本46%、OECD 22%）とされる（同）。特別なニーズのある子どもを指導、支援しようとするときに、日本の教師は教員養成段階である程度学習してきたと認識しているものの、実際の対応が十分とは考えておらず、より一層それらの教育課題に対応した職能形成を進めているといえる。

2 教育支援者養成のアプローチ

(1) 教育支援人材とは

　本節では、国内4つの国立教員養成系大学による「教育支援人材養成プロジェクト」から手がかりを得ながら、教育支援者養成の取り組みの特徴や可能性について検討する。このプロジェクトは、北海道教育大学、愛知教育大学、東京学芸大学、大阪教育大学の4大学による「大学間連携による教員養成の高度化支援システムの構築」（4大学の頭文字からHATOプロジェクトと通称される。以下、本節でもその通称を用いる）の一つである。

　関連の強い学校関連政策として、「チームとしての学校」（中央教育審議会

2015) がある。改めて概要を確認すると、以下の3点が概要といえる (中央教育審議会 2015。ただし、記号を改編の上、本文も圧縮した)。

a) 専門性に基づくチーム体制の構築

　教職員、専門能力スタッフ等の配置や、教員や専門能力スタッフ等が自らの専門性を発揮できるような連携等。

b) 学校のマネジメント機能の強化

　教職員や専門能力スタッフ等の多職種で組織される学校がチームとして機能すること等。

c) 教職員一人一人が力を発揮できる環境の整備

　教職員や専門能力スタッフ等の多職種で組織される学校に資する人材育成や業務改善等の取組等。

　このように、学校教職員が多様な人材と組んで多職種連携の枠組みのもと、学習指導や多様な学びの支援を行うことが求められている。そして同じ答申の中では、教員以外の学校の専門スタッフとして、スクールカウンセラー、スクールソーシャルワーカー、学校司書、部活動指導員 (仮称)、看護師等が示されている (同)。

(2) 教育支援の職能

　HATO プロジェクトでは、教育支援を、子どもを支援する場合と、教育者を支援する場合の2つを含むものとしてとらえているという (松田ほか 2016)。子ども支援と教員支援という他者の行為へ、補助・連携・協働といった機能を通して働きかけ、教育の営みの質を維持・改善する一連の活動を指しているとされる (同)。このプロジェクトの中で具体的に名前の挙がっている教育支援人材として、スクールカウンセラーやスクールソーシャルワーカー、社会教育、社会福祉、(心身両面の) 健康に関する専門職員などが挙げられている (同)。

　それらの専門職員養成において、HATO プロジェクトでは教育支援を3つのタイプに整理した。子どもの安全管理など、教員の補助を行う「補助的支援 (assist)」、社会教育機関などの学校外部や地域での子どもの学びを促進するための「連携的支援 (coordinate)」、それぞれの専門的支援者が学校教育

をスタッフの一員として教育活動を行う「協働的支援（collaborate）」である（同）。それらの機能を持ち、教職員のエンパワメントを図ることができる人材を「専門職としての教育支援人材」と呼び、その養成を「教員養成大学・学部が担う必要がある」とともに、それらの教育支援人材が「社会的に根付くための条件整備を、社会が一体となって進めること」を提唱している（同）。

(3) 教育支援者養成のモデル

　HATO プロジェクトでは、教育支援人材養成を実際に進めながら、そのモデルの構築、実践の蓄積が進められている。例えば、小学校の校内外での教育支援人材の機能、特別なニーズのある子どもに対する学級内外での個別支援、専門職員と協同した家族支援など、すでに教育支援人材がその役割を発揮し始めている現状などを、学習者に理解してもらうことが重視されている（松田ほか 2016）。また、フィールドワークやケースへの参画を通した、チームアプローチやケースマネジメント、さらにはシステムマネジメントの力量形成も射程に入っている。

　子どもの置かれている状況は多様化し、教育実践も多様性を強めているといえる。それらに応じた教育支援人材の養成は、子どもや教師のニーズに応えるために、今後ますますの課題となる。養成機関には、力量のある教育支援人材を送り出すという役割に加え、教育支援人材と協働する教員や教員を目指す学習者にも、そのような専門職員の職能を理解してもらう役割が求められているといえる。

3　今後の展望と課題

　本節の最後に、特別ニーズ教育を担う専門家の養成について、今後の展望と課題を短くまとめる。

　本節では、特別支援教育を担う教員と、多様な教育課題に対応する教育支援人材について、その養成の課題等について検討してきた。子どもの学習環境、生活環境はますます多様化し、子どものニーズはさらに複雑化、重層化している。教師のニーズも多様である。2019 年にはじまった「新しい時代の特別支援教育の在り方に関する有識者会議」では、「当面想定される主な

検討事項（例）」として、「特別支援教育を担う教員の専門性の整理と養成の在り方」や「多様化する児童生徒の特性に応じた指導形態・指導体制の在り方」、「医療、福祉、家庭との連携」等が挙げられている（文部科学省2019）。これらはいずれも重要な論点であるが、同時に、従来から課題として指摘、検討が続けられてきた内容でもある。今日の教員や教育支援者の養成は、ニーズの多様化した「新しい時代」（同）への対応であると同時に、それ自体が「新しい時代」の創造でもある。そのようなチャレンジングな営みがそこにあることを改めて確認したい。

（村山　拓）

文献

中央教育審議会（2015）「チームとしての学校の在り方と今後の改善方策について（答申）」（中教審第185号）。

中央教育審議会初等中等教育分科会特別支援教育の在り方に関する特別委員会（2011）第13回配布資料。

国立教育政策研究所編（2019）『教員環境の国際比較：OECD国際教員指導環境調査（TALIS）2018報告書——学び続ける教員と校長』ぎょうせい。

松田恵示・大澤克美・加瀬進（2016）『教育支援とチームアプローチ——社会と協働する学校と子ども支援』書肆クラルテ。

文部科学省（2019）「新しい時代の特別支援教育の在り方に関する有識者会議」第1回配布資料4。

文部科学省初等中等教育局特別支援教育課（2018）「平成29年度特別支援学校教員の特別支援学校教諭等免許状保有状況等調査結果の概要」

村山拓（2017）「日本の特別支援教育教員養成の現状と課題——専門性向上のための枠組みと論点」『日英教育誌』3、38-50。

OECD（2019a）Results from TALIS 2018 Country Note：国際教員指導環境調査（ALIS）2018の結果、http://www.oecd.org/education/talis/TALIS2018_CN_JPN_ja.pdf

OECD（2019b）TALIS 2018 Results（Volume I）Teachers and School Leaders as Life-long Learners, https://doi.org/10.1787/1d0bc92a-en

第2節　現職教員の研修と多職種協働

1　はじめに

　特別ニーズ教育の推進のキーパーソンとして特別支援教育コーディネーターが指名されるようになり12年が経過した。同時に、特別支援学校は地域の特別支援教育を推進するためのセンター的機能を担うことになり、小学校等の要請に応じて必要な助言または援助を行っている（学校教育法第74条）。センター的機能の項目は、「特別支援教育を推進するための制度の在り方について（答申）」（中央教育審議会2005）において次のような「6つの機能」が例示された。

　①　小・中学校等の教員への支援機能
　②　特別支援教育等に関する相談・情報提供機能
　③　障害のある幼児児童生徒への指導・支援機能
　④　福祉、医療、労働などの関係機関等との連絡・調整機能
　⑤　小・中学校等の教員に対する研修協力機能
　⑥　障害のある幼児児童生徒への施設設備等の提供機能

　特別支援学校のセンター的機能（小・中学校等への教員への支援機能、小・中学校等の教員に対する研修協力機能）を活用したいと、小学校等から校内研修会講師やケース相談、ときにはケース会議のファシリテーター（実政・竹林地2018）の依頼がくるようになった。今でこそ、「学校現場の現状や学校文化を理解し、同じ教師同士という対等な関係で助言をしてくれる専門家」（田中2019：167）と言われる特別支援学校の特別支援教育コーディネーターだが、「特別支援教育」が始まった当初は、高度な知識を持った専門家として必ずしも認められていたわけではない（田中2019）。

　筆者は特別支援学校の特別支援教育コーディネーターを10年以上、務めてきた。指名されたときは「発達障害の子どもたちに対する支援方法を的確に判断するのは困難」（玉井2009：88）な状況で、「小学校等のニーズに応えられるのだろうか」と不安を抱えながらケース相談をしていた（田中2009）。ある小学校で助言をした際に「それは特別支援学校ならできるかもしれない

が、小学校ではできない。できないことを助言されても困る」と教員から言われたことがあった。そのような苦い経験があったからこそ、「小学校等に合った助言ができるようになりたい」「助言の引き出しをたくさん持ちたい」と特別ニーズ教育関連の研修会に片っ端から参加し、書籍を多数読み漁り、中原 (2018) が言うところの「大人の学び」を深めてきた。これは、「教職生活の全体を通じた教員の資質能力の総合的な向上方策について (答申)」(中央教育審議会 2012) の「学び続ける教員像」と重なりはしないか。

「これからの学校教育を担う教員の資質能力の向上について (答申)」(中央教育審議会 2015) では、「発達障害を含む特別な支援を必要とする児童生徒等への対応などの新たな課題に対応できる力量を高めること」が必要であり、「多様な専門性を持つ人材と効果的に連携・分担し、組織的・協働的に諸課題の解決に取り組む力の醸成が必要」とある。特別支援教育コーディネーターだけではなく、特別ニーズ教育の担い手であるすべての教員に求められる資質能力である。これらを身に付ける場の一つとして、校内研修がある。特別支援学校のセンター的機能の「研修機能」として筆者が実践してきた校内研修会からまずは考えてみよう。

2 特別支援学校のセンター的機能と校内研修

(1) 小学校等の校内研修会
① ニーズに合った研修会にするための準備

校内研修会の講師の依頼では、「発達障害のある子の理解と支援」「保護者対応」のように小学校等から研修テーマを指定される場合が多い。その学校のニーズに合った研修プログラムを組み立てるためには、事前の準備が肝要である。研修担当者 (特別支援教育コーディネーターの場合が多い) から「教員は、どんなことで困っているのか」「研修会の目的は何か」を特別支援教育に対する潜在的なニーズを掘り起こすようなつもりで丁寧に聴き取る。「チェックリスト」(表 10-2-1) 等を活用し、学校の特別支援教育における校内支援体制の現状や子どもたちの実態、校内外の使える資源等の情報を小学校等の特別支援教育コーディネーターから得る。小学校等の教員が校内研修で学んだことを授業で実践できるようにするために、これらの準備を怠らない。

表10-2-1　学校の課題を知るためのチェックリスト

- ☐ 学校全体として、支援が必要な子どもの実態把握ができているか
- ☐ 子どもの問題を話す機会があるか
- ☐ ケース会議・校内委員会の回数は十分か、話し合いの単位（メンバー）は決まっているか、報告だけに終わってないか
- ☐ 子どもの問題が校内で共有できているか
- ☐ 情報がどこかでとまっていないか、情報がとまらないようなシステムがあるか
- ☐ 教員同士がつながっているか、教員の「困り感」を、私的な関係以外で相談できる場所が校内にあるか
- ☐ 教員が協力して支援するという風土があるか、「組織の力を使う」ことの利点を教員が実感しているか
- ☐ 保護者の不安に学校として対応できているか
- ☐ 特別支援に対する管理職の認識・熱意・リーダーシップはあるか
- ☐ 校内の支援リソース（資源）は把握されているか
    - ①人（専門知識や技術のある教員／特定のサービスを提供できる教員／リーダーシップをとれる教員等）
    - ②場所（支援のために使えるスペース）
    - ③時間（それぞれの教員が支援のために使える時間）
- ☐ リソースを活用するためのシステムがあるか
- ☐ 専門機関との連携ルートはあるか、全職員がそれを知っているか
- ☐ 学校や教員の主体性はあるか、医療機関や専門家・巡回相談員に問題を丸投げしていないか
- ☐ 校内研修は効果的に行われているか

出所）佐藤曉（2004）『発達障害のある子の困り感に寄り添う支援』学研、一部改変。

② 校内研修会の主な構成と留意点

※研修会会場は、いわゆる「ロの字型」ではなく、「アイランド型」（中野 2017：60）にレイアウトする。

1．導入
(1) チェックイン

　　教員一人ひとりに「今の気持ちは？」等を話してもらい、話しやすい雰囲気をつくる。

(2) 今日のゴール

　　研修会に参加している教員自身が「研修会終了後に自分がどうなっていたいか」（＝ゴール）を考え、資料に記入する。

(3)「ちがい」に気づく・「ちがい」を知る

　　五味太郎さんの『質問絵本』20〜21頁に掲載されているいろいろな先生のイラストを使用する。「ここにならんでいるひとたちはぜんぶ先生で

す。宿題をたくさん出すくせのある先生はどのひと？　どの人か1人選んでください。選んだ理由も考えてください」「選んだら、隣の人と、どの人にしたか、話をします」とペアワークをする。「選んだ人も、理由も、ちがう」ペアが続出するが、同じ条件で見ていても人によって考え方が多様であることを実感してもらう。小学校等の子どもたち、保護者もいろいろな考え方をしていることに気づいてもらう。この視点は、後述する「多職種協働」の場においても大切である。

2．展開

　筆者が一方的に「教える」「伝える」講義スタイルの研修ではなく、小学校等の教員に質問を投げかける、教員の考えを付箋に書いてもらう、ペアワークで意見を交換する等、「考える」「気づく」場面を取り入れる。ロールプレイやグループワークなど演習の時間を必ず取り入れ、教員同士が合意形成を図る「学び合う」場になる研修プログラムにする。

　研修会資料は、パワーポイントのスライドをそのまま配付するのではなく、ワークシート形式で配付する（図10-2-1）。大切な点は、あえて空白にしておき、研修中に教員に書き込んでもらう。字体・フォントは見やすい、読みやすいフォント（例えば、UDフォント）にし、文字ポイントは12ポイントにする。

3．まとめ

　ふりかえりシートに記入した後、ペアワークで研修をふりかえる。

③　アクティブ・ラーニング型研修

　前述の「これからの学校教育を担う教員の資質能力の向上について」(2015) は、「研修そのものの在り方や手法も見直し、主体的・協働的な学びの要素を含んだ研修（アクティブ・ラーニング型研修）への転換を図っていくことが重要」と提言している。教員がアクティブ・ラーニングを経験しないままで、子どもたちにアクティブ・ラーニング型授業を展開できるわけがなく、上記の留意点は、まずは教員がアクティブ・ラーニングを経験するために必要な工夫でもある。

(2)　インシデント・プロセス法を使った事例検討会

　子どもへの具体的な支援をテーマにした校内研修会もある。実際にその学校にいる子どもを事例とした事例検討会を行い、支援について主体的に考え

○○小学校校内研修会　　　　○○年○月○日

発達障害のある子の理解と支援

東京都立中野特別支援学校　特別支援教育コーディネーター
（公認心理師・臨床発達心理士・特別支援教育士・学校心理士・認定ワークショップデザイナー）
田中　雅子

1. はじめに

- チェックイン
- 今日のゴール

- ルール

2. 自校紹介ー東京都立中野特別支援学校

- 知的障害のお子さんのための学校
- 小学部、中学部、高等部の設置校
- 学区域は中野区、新宿区、渋谷区、（高等部は杉並区も学区域）
- センター的機能を発揮する学校として
  副籍のとりくみ／センター的機能の一環としての地域支援

3. 「ちがい」に気づく・「ちがい」を知る

4. ASD（自閉症スペクトラム障害）の特性（ほんの一部）

- 感覚（音、光、臭い、味など）の過敏。［　　　　］などの変化に弱い。
- シングルフォーカス（注意の配分や切り替えの困難）
  2つ以上のことに同時に注意を向けることが難しい。

5. ちょこっと支援、対応のコツ

- 「～しないで」より **「～しよう」**

×廊下は走りません

図10-2-1　研修会資料①

○○小学校校内研修会　　　　　　　　　　　　　　　　○○年○月○日

● 「しっかり」「きっちり」「ちゃんと」は、わかりにくい

> ×ちゃんと聞きなさい

● 「はっぱをかけてる」つもりでも・・・

> ×お外で遊べなくなるよ！

6．グループワーク

> Case　　掃除のときに　友達とのトラブルが多い○○さん

> なぜ？

> 支援のポイント

7．さいごに
- 「熱心な無理解者」にならないで
- 担任一人で抱え込まない。管理職や特別支援教育コーディネーターに相談
- それでもうまくいかないときは・・・中野特別支援学校を頼ってください

8．研修のふりかえり
- 今日のゴール
- 今日の研修は、どうでしたか？
- 今日の研修で印象に残っていることは？
- 明日からできそうなことは？

〈参考図書〉
- あたし研究―自閉症スペクトラム～小道モコの場合　小道モコ　著、クリエイツかもがわ
- 発達障がいを持つ子の「いいところ」応援計画　阿部利彦　著
- ケース別　発達障害のある子へのサポート実例集　小学校編　ナツメ社
- ケース別　発達障害のある子へのサポート実例集　幼稚園・保育園編　ナツメ社
- 質問絵本　五味太郎　著、ブロンズ新社

図10-2-1　研修会資料②

てもらう体験ができるとよい。しかし、一般的な事例検討会では、事例を提供する教員が資料や子どもの記録映像を事前に準備しなければならず、負担が大きい。そこで筆者が勧めているのはインシデント・プロセス法を使った事例検討会である。

① インシデント・プロセス法とは

　インシデント・プロセス法とは、マサチューセッツ工科大学のピコーズ教授が考案した事例研究法である。インシデントとは、ある「小さな出来事」のことであり、参加者には、始めに小さな出来事（インシデント）しか提示されない。参加者は、事例提供者に質問し、その出来事の背景となる情報を得る。参加者は、その情報をもとに問題を分析し、対策を考える。インシデント・プロセス法は、参加者が情報を収集しながら問題を解明していくプロセスに重点がおかれた事例研究法である。

② 事例検討会の進め方

　校内研修会では、あらかじめ事例提供者（学級担任等）を決めておく。事前に準備するものはワークシートのみで、その他の資料は必要ない。特別支援学校の特別支援教育コーディネーターが司会者になり、ワークシートの項目にそって研修会を進行する。ワークシートはA3判1枚として、左側に「1.現在の様子（変わってほしいところ、支援が必要なところ）」「2.目標（関係者の願い、どんな点を改善してほしいか）」「3.情報収集（事例提供者の質問・具体的な支援を考えるのに必要な情報）」、右側に「4.私が担任ならこんなことができるかな（実際に支援可能な内容〈本人に対して、保護者に対し、他〉）」「5.グループで検討した支援策」の記入欄を設ける。

1.　全体説明（10分）
　（1）司会者がインシデント・プロセス法について説明する。
　（2）事例提供者が子どもに変わってほしい点、支援が必要な点を話す。参加者は、その内容をワークシートの「1.現在の様子」に記入する。
　（3）司会者が事例提供者の願い等をまとめる。参加者は、その内容をワークシートの「2.目標」に記入する。
　（4）参加者は事例提供者に質問し、具体的な支援を考えるために必要な情報等を得る。参加者は得られた情報をワークシートの「3.情報収集」に記入する。

2. グループ討議（30分）
　（1）全体を5、6人のグループに分ける。参加者は自分でできる支援方法を考え、
　　　ワークシートの「4.私が担任ならこんなことができるかな」に記入する。
　（2）グループの進行役を決める。グループで実際に支援できそうな内容につい
　　　て話し合う。
　（3）事例提供者はグループに入らず、各グループを回り、参加者からの質問に
　　　答える。
　（4）グループで意見をまとめる。
　　　グループ討議の留意点は、各自が思いついたアイデアを気軽に出し合うよ
　　　うにすること、お互いに出された意見を批判せず、どんな意見も受け入れ
　　　ることである。
3. 全体討議（10分）
　（1）グループ討議でまとめた支援内容を発表し、全体で確認する。
　（2）グループの発表を聞いて事例提供者が実践してみたいと思った支援内容等
　　　を発表する。
　（3）グループ討議や事例提供者の発表を受けて特別支援学校の特別支援教育
　　　コーディネーターがコメントをする。
　（4）ふりかえりシートを記入する。

3　特別ニーズ教育の現場と多職種協働

(1) 特別支援教育コーディネーターと多職種協働

　前述したように「これからの学校教育を担う教員の資質能力の向上につい
て（答申）」には「多様な専門性を持つ人材と効果的に連携・分担し、組織的・
協働的に諸課題の解決に取り組む力の醸成が必要」とある。他方、「発達障
害を含む障害のある幼児児童生徒に対する教育支援体制整備ガイドライン」
（文部科学省 2017）には、センター的機能の内容として「教育、医療、保健、
福祉、労働等の関係機関等との連絡・調整機能」が、特別支援教育コーディ
ネーターの役割として「学校内の関係者や教育、医療、保健、福祉、労働等
の関係機関との連絡調整、保護者との関係づくりの推進」が明記されている。
特別ニーズ教育の担い手である教員のすべてに「多職種と協働する力」は必
要であるが、とりわけ特別支援教育コーディネーター（小学校等、特別支援学

校ともに）には、多職種協働における手腕が求められている。

(2) 「チーム学校」と多職種協働

　「チームとしての学校の在り方と今後の改善方策について（答申）」（いわゆる「チーム学校」）（中央教育審議会 2015）では、特別支援教育の充実のための「チームとしての学校」の必要性が提示されている。校内外の関係者、関係機関が一堂に会して方針について話し合う、といったケース会議を行えば、多職種協働が成立するわけではない。では、特別ニーズ教育の現場である学校において多職種と連携し、協働するために大切なことは何だろうか。

　田中（2011）は「複数の者（機関）が、対等な立場での対応を求めて、同じ目的をもち、連絡をとりながら、協力し合い、それぞれの者（機関の専門性）の役割を遂行すること」が「連携」であると定義している。玉井（2009）は、立場が違えば同じ状況に対する方針の立て方が異なることもあるが、それを不一致ではなく、「視点の多様化」としてとらえることを示唆している。朝倉（2019：29）によれば、「相手の中に自分がいて、自分の中に相手がいるような実践者同士の協働性が形成された状態」が「教員、保護者、他の専門職種の間で成立するようになれば、信頼して連携・協働して子供のために働くことが可能」であり、そのような「他者とつながりをつくる力」は、「人びとの関心をつなぎ、現状を乗り越える明るさをもって」いる（鈴木 2017：4）。

(3) 保護者、小学校等、特別支援学校の連携・協働

　実際のケース会議では、保護者が参画する場合もある。子ども真ん中においた連携・協働の場では、保護者は「わが子の専門家」という位置付けであり、子どもにとっての一番の支援者・サポーターであろう。

　筆者がセンター的機能の一環で参画したケース会議のエピソードを紹介する。ある小学校で保護者も構成員に含めたケース会議の場であった。「家庭では、こういう言葉かけをすると落ち着くことがあります」「うちの子が好きな『植物』を支援に使えないでしょうか」等、学校での支援や学習に対するアイデアを保護者が出してくれた。そのアイデアを受けて管理職が「本校で校庭の植物について一番詳しいのは用務主事さんだ。何かいい知恵をもっ

ているかもしれないね」と教職員全体で当該の子どもを支援する姿勢を見せた。「お互いの鎧（立場や経験）を尊重して、横の関係で話し合う」（石隈・田村 2003）であり、まさにそれぞれのもっている専門性を活かした連携・協働の場であった（田中 2016）。

4　おわりに

研修であっても、多職種協働であっても、何のためにやっているかと言えば「子どもたちの現在・未来」のためである。特別ニーズ教育の担い手である教員には、子どもたちの人生をあずかっているという矜持（プライド）をもって、自らの「想像力」を駆使してほしい。教員がその力を発揮するために、現職教員の研修や多職種協働における「しくみ」や「システム」を作ることが今後の課題だろう。

（田中雅子）

文献

朝倉隆司（2019）「学校における異なる専門職の協働実践」朝倉隆司・竹鼻ゆかり・馬場幸子ほか『教師のためのスクールソーシャルワーカー入門―連携・協働のために』大修館書店、27-30。

石隈利紀・田村節子（2003）『石隈・田村シートによるチーム援助入門―学校心理学・実践編』図書文化。

五味太郎（2010）『質問絵本』ブロンズ新社。

中原淳（2018）『働く大人のための「学び」の教科書』かんき出版。

中野民夫（2017）『学び合う場のつくり方―本当の学びへのファシリテーション』岩波書店。

実政修・竹林地毅（2018）「ファシリテーションを活かした特別支援教育コーディネーターの実践―校内の特別支援教育に関する委員会（ケース会議）、相談・研修活動の実践から」『特別支援教育実践センター研究紀要』16、25-35。

佐藤暁（2004）『発達障害のある子の困り感に寄り添う支援』学習研究社。

鈴木庸裕（2017）『学校福祉のデザイン―すべての子どものために多職種協働の世界をつくる』かもがわ出版。

田中雅子（2009）「特別支援学校の特別支援教育コーディネーターの役割」『民主教育研究所年報』9、47-53。

田中雅子（2012）「特別支援学校のセンター的機能と地域支援」香川邦生・大内進編『特別支援教育コーディネーターの役割と連携の実際―教育のユニバーサルデザインを求めて』教育出版、121-135。

田中雅子（2016）「特別支援学校のセンター的機能を活用した「つながり」とは？―みんながコーディネーター」『実践障害児教育』10月号、30-33。

田中雅子（2019）「特別支援教育の現場が基礎研究に求めること」北洋輔・平田正吾編著か『発達障害の心理学―特別支援教育を支えるエビデンス』福村出版、166-171。

田中康雄（2011）『発達支援のむこうとこちら』日本評論社。

玉井邦夫（2009）『特別支援教育のプロとして子ども虐待を学ぶ』学習研究社。

第3節　特別支援教育コーディネーターの専門性と研修

1　特別支援教育コーディネーターの導入と役割

　文部科学省は、特別支援教育を支える仕組みの一つとして、特別支援教育コーディネーターの導入を推進してきた。振り返れば、2003（平成15）年の「今後の特別支援教育の在り方について（最終報告）」により、特別支援教育コーディネーターの指名が提起された。それ以来、特別支援教育コーディネーターの校務分掌への明確な位置づけが図られるようになり、学校内外の連携体制における連絡調整役として不可欠な存在ともなっている。実際に、文部科学省（2018）によれば、特別支援教育コーディネーターの指名率は公立校を中心に高い水準にあり、学校体制の一部として定着しつつある[1]。すなわち、特別支援教育コーディネーターの指名を急務とする段階から、いっそうの専門性の向上を図る新たな段階への移行期を迎えているといえよう。

　特別支援教育コーディネーターは、各学校における特別支援教育の推進のための、①校内委員会・校内研修の企画・運営、②関係機関・学校との連絡・調整、③保護者の相談窓口等の役割を果たすことが想定されている。加えて、特別支援学校では、地域内の特別支援教育の核として通常の学校への支援や関係機関との密接な連絡調整といった地域支援の機能が加わることになる（文部科学省2017）。しかし、特別支援教育コーディネーターが学級担任などを兼務することが多く、時間的な制約に直面している状況がある[2]。また、指名にあたって、特別な資格などは求められないため、専門性に不安を抱えたまま担当となるケースも少なくない（宮木2015、小山2019）。こうした実態は、学校の種別や規模、地域性に基づいてやや異なることも想定されるが、様々な課題に柔軟に対応するための通底する専門性の担保が求められてい

る。そこで、本節では、特別支援教育コーディネーター研修の実際を通して、専門性の位置づけとその養成の仕組みに関する動向を捉えたい。

2　特別支援教育コーディネーター研修の構造

　岡山県総合教育センター（以下、「センター」）では、特殊教育から特別支援教育に転換した2007年度より、新任の特別支援教育コーディネーターを対象にした悉皆研修を継続してきた。開講以来10年以上が経過し、学校現場において、徐々に特別支援教育の理念が浸透していく中で、研修日数を当初の4日間から徐々に縮減し、2015年度からは1日のみとしている。2018年度の研修日程を表10-3-1に示す。2019年度は、研修の一部（表10-3-1の②③）をeラーニング化することによって半日研修とし、よりコンパクト化を図った。しかし、限られた研修時間の中においても、研修の質は担保していく必要があるため、研修内容を構想するに当たり、①他の研修講座との連動、②研修内容が実践化されやすい講座展開、③eラーニングの効果的な活用といった点を考慮している。

表10-3-1　新任特別支援教育コーディネーター研修講座（2018年度研修日程）

		研修形態	研修内容	時間	講師等
午前		説明	①「研修のねらい」	10分間	センター指導主事
		講義	②「特別支援教育コーディネーターの役割と個別の教育支援計画の作成・活用」	75分間	大学教員
		演習	③「個別の教育支援計画の作成」	65分間	センター指導主事
午後		演習	④「校内支援体制の検証」	20分間	センター指導主事
		実践発表	⑤「特別支援教育コーディネーターの活動の実際（校種ごとの分科会）」	60分間	センター指導主事
		演習	⑥「特別支援教育コーディネーターとしての年間活動計画の立案」	50分間	センター指導主事
		指導助言	⑦「今後の活動に向けて」	15分間	大学教員
		説明	⑧「研修の振り返り」	15分間	センター指導主事

注）対象は、小学校・中学校・高等学校・中等教育学校の教諭等（岡山市立の小学校・中学校、倉敷市立の全校種を除く）、私立学校については任意参加（約120名程度）

(1) 他の研修講座との連動

　センターの特別支援教育部では、表10-3-2のような希望研修を実施している。この中で星印（★）を付している研修講座を推奨研修講座としてピックアップし、積極的な受講を勧めることで、新任特別支援教育コーディネーター研修講座の内容を補完し、専門性の担保を図っている。また、センターの生徒指導部や情報教育部が実施する研修等も推奨研修講座として紹介し、幅広い専門性を身に付けることができるよう配慮している（図10-3-1）。

表10-3-2　岡山県総合教育センター特別支援教育部が実施した希望研修

(令和元年度)

研修講座名	主な対象
★発達障害研修講座 ★合理的配慮・インクルーシブ教育システム等研修講座	全校種 （基礎）
・特別支援教育地域推進リーダー研修講座1（アセスメント・ケース会議等） ・特別支援教育地域推進リーダー研修講座2（保護者支援・関係機関連携等）	全校種 （応用）
・就学前特別支援教育研修講座	就学前
★通常の学級における特別支援教育の観点を取り入れた授業づくり研修講座 ★小学校国語科における特別支援教育の観点を取り入れた授業を考える研修講座（サテライト） ★中学校国語科における特別支援教育の観点を取り入れた授業を考える研修講座（サテライト）	小・中学校通常の学級
・通級指導教室研修講座	通級指導教室
・小・中学校特別支援学級（知的障害／自閉症・情緒障害）授業力アップ研修講座	特別支援学級
・特別支援学校授業力アップ研修講座（教科別の指導） ・特別支援学校授業力アップ研修講座（各教科等を合わせた指導） ・特別支援学校授業力アップ研修講座（自立活動） ・特別支援学校授業力アップ研修講座（肢体不自由） ・特別支援学校授業力アップ研修講座（訪問教育） ・障害のある生徒の就労支援に関する研修講座（サテライト） ・寄宿舎指導員研修講座	特別支援学校

(2) 研修内容が実践化されやすい講座展開

　受講者が研修内容を実践化するためには、講師の講義から得た知見を実践発表や演習等を通して具体化し、自校での実践イメージに結び付けていくための時間や場を研修の中に設定しておくことが有効である。ここでは、その一例として演習についてふれておきたい。演習は、自身や他者との作業を通

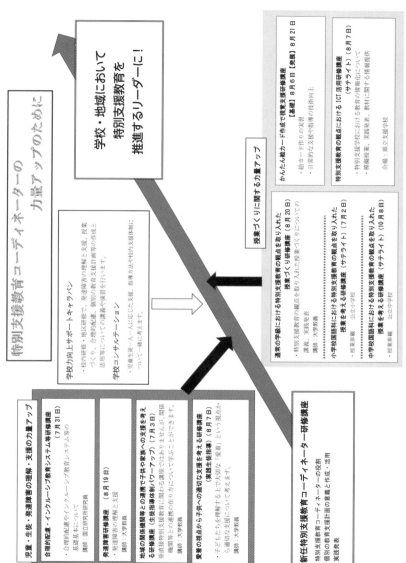

図10-3-1　令和元年度特別支援教育コーディネーター力量アップのための推進研修講座等

して学んでいくことで、実践化されやすい研修形態であるといえる。詳細については後述するが、本研修講座においては、「個別の教育支援計画の作成」（表10-3-1の③）、「校内支援体制の検証」（表10-3-1の④）、「特別支援教育コーディネーターとしての年間活動計画の立案」（表10-3-1の⑥）の３つの演習を企画した。

(3) eラーニングの効果的な活用

　先に述べたように、今年度（令和元年度）から、研修内容の一部（表10-3-1の午前中）をeラーニング化し、事前に所属校で視聴することによって、来所による研修を半日縮減した。このeラーニングコンテンツは、当研修講座における視聴以外にも、各学校において、特別支援教育の理念や個別の教育支援計画の作成に関する研修内容として視聴し、活用することができる。つまり、eラーニング化したことにより、センターにおける研修内容にとどまらず、校内研修、地区研修等、様々な研修の場で活用の可能性を広げることを意図している。

3　特別支援教育コーディネーター研修の内容

　こうした研修の構造に基づき、2(2)の「研修内容が実践化されやすい講座展開」に関する演習を中心に具体的な研修の内容について述べる。

(1) 個別の教育支援計画等の作成と活用（演習）

　県の様式（岡山県教育委員会2015）に沿って、作成の手順や留意点等を伝え、持参した自校の個別の教育支援計画等の写しに加筆・修正を行う演習を実施してきた。特別支援教育コーディネーターが目の前の児童生徒を思い浮かべながら、具体的に作成の演習を行うことは、自校で個別の教育支援計画等の作成を促すうえで、重要であると考えられる。

(2) 校内支援体制の検証

　自校の支援体制をチェックするために、福島県養護教育センター（2009）の校内支援体制チェックシートを活用した。6つの項目（①子どもの実態把握、

②校内委員会の設置、③担任支援・ケース会議、④保護者との連携、⑤関係機関との連携、⑥校内研修）という視点で自校の校内支援体制について振り返りを行ってきた。現状を知ることで、自校の強みと弱み、また、課題解決に向けた自身の役割も明らかとなる。

(3) 特別支援教育コーディネーターとしての年間活動計画の立案

校内支援体制をチェックし、自校の課題を明確にしたうえで実践発表を聞くことによって、具体的な取り組みを構想しやすくなる。その取り組みを年間のスケジュールの中に位置付けることで、見通しをもちながら、実践に結び付けていくことができる。また、この計画表を管理職と共有することによって、組織としての取り組みに繋がっていくことが期待できる。

(4) 成果検証のアンケート

本研修では、半年後のアンケートによって、研修成果をどのように活かしたのかを検証している。調査結果に基づき、研修内容等の見直しを行うとともに、特別支援教育コーディネーター自身が取り組みを振り返り、今後の課

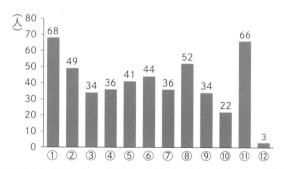

質問2　どのように活用したか（質問1で「1」と回答した人のみ）（複数回答可）
　①個別の教育支援計画等の促し　②校内委員会連絡調整　③担任の相談・助言　④校内研修の企画・運営　⑤保護者の相談　⑥担任とともに保護者支援　⑦関係機関との連絡調整　⑧対象児童生徒の情報収集　⑨学校間連携の連絡調整　⑩専門家チーム、巡回相談の連絡調整　⑪力量アップ　⑫その他
図10-3-2　研修後の活用状況
注）平成30年度のアンケート結果より。回答数は92／100人。

題を確認したうえで、さらに充実した取り組みに発展させていくことをねらっている。

　たとえば、2018（平成30）年度のアンケート（92／100人）において、「研修した内容を活用しているか」（質問1）という質問を行った。「すでに活用している」（85人）が大多数を占め、「活用の仕方を考えているところである」（7人）、「活用できていない」（0人）という結果であり、一定の成果が得られている。また、「すでに活用している」との回答者において、「どのように活用したか」（複数回答可、質問2）を質問した結果が図10-3-2である。幅広い活用の状況がみられる中でも、「個別の教育支援計画等の促し」、および「力量アップ」という高い専門性につながる取り組みが促進されていた点に注目できる。

(5) 他事業との連携

　このような研修内容のほかに、センターにおける関連事業を連動させ、特別支援教育コーディネーターの活動をサポートしている。

○学校コンサルテーション：障害のある児童生徒一人一人に応じた支援等について、より有効な校内支援体制が整備されるよう、各学校の教職員への支援を行う。

○学校力向上サポートキャラバン：各学校で行われる校内研修において、特別支援教育の充実に関する研修（発達障害の理解と支援、合理的配慮、授業づくり等）で講義・演習を行う。

○カリキュラムサポート：授業づくり、学級づくり、特別な支援を必要とする子どもへの支援等についての疑問や相談に応じる。電話やメール、来所といった多様な方法で相談を受ける。

4　まとめ

　本節では、特別支援教育コーディネーターに対する研修の実際を通して、専門性を高める研修の仕組みと内容の一端について整理した。特別支援教育コーディネーターの専門性として、個別の教育支援計画の作成、校内支援体制の検証、年間活動計画の立案を重視しながら、それらを理論的に理解した

うえで（e ラーニング）、実践化されやすい研修形態として自らの実践に基づく演習の機会を設定している。また、関連する研修や事業を活用することにより、高い研修の効果が得られている。研修の機会が必ずしも十分に確保できない状況の中、専門性の向上とそれを支える効果的な研修のあり方を継続的に検討していくことが求められている。

（片岡一公・木下聡子・吉利宗久）

注

1）国公私立を含む幼保連携型認定こども園・幼稚園・小学校・中学校・高等学校の指名率は平成 19 年度（75.2％）から平成 29 年度（86.7％）と高まっている。ただし、公立校（平成 29 年度 99.4％）よりも私立校（同年 47.4％）がやや低い傾向にある。

2）通常の学校における特別支援教育コーディネーターの役職は、多岐にわたる。小・中学校については、特別支援学級担任が約半数（小 49.5％、中 47.1％）を占め、通常の学級の担任（小 16.4％、中 12.3％）、養護教諭（小 7.6％、中 8.4％）が多い。高校では、通常の学級副担任（29.8％）、通常の学級担任（21.1％）、養護教諭（16.0％）の順となっている（文部科学省 2018）。

文献

福島県養護教育センター（2009）「特別支援教育コーディネーターハンドブック」https://special-center.fcs.ed.jp/co-handbook.pdf（2019 年 10 月 5 日最終アクセス）。

小山聖佳・鈴木恵太・東信之・佐々木全（2019）「小中高等学校の特別支援教育コーディネーターにおける役割認知のプロセス」『岩手大学大学院教育学研究科研究年報』3、237-247。

宮木秀雄（2015）「通常の学校の特別支援教育コーディネーターの悩みに関する調査研究：調査時期による変化と校種による差異の検討」『LD 研究』24（2）、275-291。

文部科学省（2018）「平成 29 年度特別支援教育体制整備状況調査結果について」http://www.mext.go.jp/a_menu/shotou/tokubetu/1402845.htm（2019 年 9 月 5 日最終アクセス）。

文部科学省（2017）「発達障害を含む障害のある幼児児童生徒に対する教育支援体制整備ガイドライン〜発達障害等の可能性の段階から、教育的ニーズに気付き、支え、つなぐために〜」http://www.mext.go.jp/component/a_menu/education/micro_detail/__icsFiles/afieldfile/2017/10/13/1383809_1.pdf（2019 年 9 月 5 日最終アクセス）。

岡山県教育委員会（2015）個別の教育支援計画の様式を提示しました。http://www.pref.okayama.jp/site/16/423514.html（2019 年 10 月 5 日最終アクセス）

第4節　特別支援教育支援員の研修

1　特別支援教育支援員の位置付け及び役割

(1)　特別支援教育支援員とは

　2007年4月より、障害のある幼児児童生徒一人ひとりの教育的ニーズに応じて適切な教育的支援を展開するという視点に基づく「特別支援教育」へと移行した。特別支援教育では、特別な支援の対象となる障害種が拡大され、LD、ADHD、高機能自閉症などの発達障害の児童生徒に対しても適切に対応していくこととされた。さらに、小・中学校における特別支援学級設置数の急激な増加、就学先決定システムの変更、交流及び共同学習の重視など、より多様な場において子どもの様々なニーズに応じた支援を行うことが求められている。

　そのためには、校内の教職員が特別支援教育の重要性を十分に理解し組織的な対応を行うこと、教師の知識やスキルを高めること、必要に応じて関係機関との連携を行うことなどを着実に積み上げていくことが大切である。しかし、教師の職務は多忙を極めており、教師のマンパワーのみではきめ細かで適切な支援まで行き届かないこともある。また、厳しい財政事情から教員数を増やすことは難しく、特別支援教育支援員（以下、「支援員」とする）の活用が一層重要となってきている。

　2007年に文部科学省初等中等教育局特別支援教育課より発行されたパンフレット「『特別支援教育支援員』を活用するために」において、「小・中学校において障害のある児童生徒に対し、食事、排泄、教室の移動補助等学校における日常生活動作の介助を行ったり、発達障害の児童生徒に対し学習活動上のサポートを行ったりする『特別支援教育支援員』」と記述されており、これが支援員の定義を示していると言ってよいだろう。

　支援員として雇用された人数の推移をみると、制度が開始された2007年度は26,277人であった活用人数が2017年度には59,714人にのぼり、全国の配置数は、公立幼稚園7,139人、公立小・中学校52,065人、公立高等学校510人、合計59,714人となっている（文部科学省2018）。

表10-4-1　「特別支援教育支援員」の具体的な役割

①基本的生活習慣確立のための日常生活上の介助
・自分で食べることが難しい児童生徒の食事の介助をする。また、必要に応じて身支度の手伝い、食べこぼしの始末をする。
・衣服の着脱の介助を行う。一人でできる部分は見守り、完全にできないところもできるだけ自分の力で行うよう励ます。
・授業場所を離れられない教員の代わりに排泄の介助を行う。排泄を失敗した場合、児童生徒の気持ちを考慮しながら後始末をする。

②発達障害の児童生徒に対する学習支援
・教室を飛び出して行く児童生徒に対して、安全確保や居場所の確認を行う。
・読み取りに困難を示す児童生徒に対して黒板の読み上げを行う。
・書くことに困難を示す児童生徒に対してテストの代筆などを行う。
・聞くことに困難を示す児童生徒に対して教員の話を繰り返して聞かせる。
・学用品など自分の持ち物の把握が困難な児童生徒に対して整理場所を教える等の介助を行う。

③学習活動、教室間移動等における介助
・車いすの児童生徒が、学習の場所を移動する際に、必要に応じて車いすを押す。
・車いすの乗り降りを介助する。
・教員の指導補助として、制作、調理、自由遊びなどの補助を行う。

④児童生徒の健康・安全確保関係
・視覚障害のある児童生徒の場合、体育の授業や図工、家庭科の実技を伴う場面（特にカッターナイフや包丁、火などを使う場面）で介助に入り、安全面の確保を行う。
・教師と他の子どもが活動している間、てんかんの発作が頻繁に起こるような児童生徒を把握する。
・他者への攻撃や自傷などの危険な行動の防止等の安全に配慮する。

⑤運動会（体育大会）、学習発表会、修学旅行等の学校行事における介助
・視覚障害のある児童生徒に対し、運動会で長距離走のとき、一本のひもをお互いに持って同じペースで走って進行方向を示したり、学習発表会では舞台の袖に待機し、舞台から落ちないように見守る。
・修学旅行や宿泊訓練の時、慣れていない場所での移動や乗り物への乗降を介助する。

⑥周囲の児童生徒の障害理解促進
・支援を必要とする児童生徒に対する、友達としてできる支援や適切な接し方を、担任と協力しながら周囲の児童生徒に伝える。
・支援を必要とする児童生徒に適切な接し方をしている児童生徒の様子を見かけたら、その場の状況に応じて賞賛する。
・支援を必要とする児童生徒の得意なことや苦手なこと、理解しにくい行動を取ってしまう理由などを、周囲の児童生徒が理解しやすいように伝える。

出所）文部科学省初等中等教育局特別支援教育課（2007）「『特別支援教育支援員』を活用するために」2-3。

(2) 特別支援教育支援員の役割

　パンフレット「『特別支援教育支援員』を活用するために」には、支援員に期待される役割が示されている（表10-4-1）。食事等の日常生活上の介助からテストの代筆等の学習支援、周囲の子どもの障害理解促進まで多岐にわたり、これらの業務を校内の教師との連携のうえで実施することが記されている。また、支援の対象となる子どもは発達障害の子ども、車いすを使用する子ども、視覚障害のある子ども、周囲の子どもが挙げられている。つまり、支援員は、校内の教職員との連携のもとで、子どもの生活上及び学習上の様々なことがらについて柔軟に支援する役割を担う者と言えよう。

(3) 支援員の実態—地域による活用実態の違い—

　ただ、ひとくちに特別支援教育支援員と言っても、地域により採用や活用の実態は様々である。

　都道府県による支援員の活用状況を見ると、2008年のデータによれば公立小中学校1校当たりの支援員（介助員及び学習支援員）の活用人数は、全国平均で0.74人であった。上位3位は神奈川県（1.44人）、東京都（1.35人）、三重県（1.34人）であり、下位3位は鳥取県（0.31人）、高知県（0.29人）、鹿児島県（0.23人）であった（柴垣2017）。活用人数の多い都道府県では各校に1.5名近く配置されているが、少ない都道府県では4校に1名程度であり、配置人数に大きな開きがある。

　また、名称についても多様であり、支援員やそれに類似する職名は「特別支援教育支援員」「学校支援員」「介助員」「学校生活支援員」など、すべてを合わせると50を越えるとの報告もある（村中ら2013）。さらに、採用において教員免許状の所有を求める自治体は39.3%であり（道城ら2013）、自治体により求める条件が異なることが分かる。

　学校における役割については、通常学級における支援から特別支援学級における支援まで幅広く求められている実態が伺われる（村中ら2013、道城ら2013、細谷ら2014）。研修の実施状況を見ると、「研修を実施している」と回答した自治体はおよそ半数であるとの調査（道城ら2013、菊池ら2015）があり、専門性を積むための機会が十分に確保されているとは言い難く、研修の

必要性が叫ばれている（庭野ら 2008 など）。

　つまり、村中ら（2013）が指摘するように、支援員の養成や採用、研修システムは各自治体に任されており、支援員の専門性を支える資質や知識・技能とは何かが曖昧なことが課題として挙げられよう。

　このような中、自治体においてマニュアルやリーフレットが発行されるなどして支援員の活動の充実が図られてきた。一例を挙げると、岩手県立総合教育センター（2013）は、支援員の業務を推進していく要件として、①校内特別支援教育体制における支援員の位置付けを明確にする、②支援員の具体的な役割や業務を共通理解する、③担任と連携し、場面や対象児童生徒の特性に応じた支援を行う、④支援員の力量アップのための研修を行うという 4 項目を示したうえで、これら 4 つの要件に対応した内容から構成される「特別支援教育支援員の業務推進の手引」（2014）を作成し、配置校が支援員をより有効に活用するための在り方を示した。

2　支援員の研修のあり方について

(1)　支援員が抱える課題

　しかし、そもそも支援員は必ずしも専門職ではなく、雇用形態も不安定である。研修の充実は言うまでもないが、校内研修には勤務時間の都合上参加は難しく、また地域ごとの支援員に対する研修も、学期に 1 回がせいぜいであろう。

　チームの一員として支援したくても、教員とコミュニケーションをとる時間は限られており、日々の出来事についての情報、授業や活動の流れなどの情報が不足したまま支援に当たらなければならない現実がある。このような状況を考えると、支援において優先度の高い情報を共有しながら、OJT を進めることが現実的ではないだろうか。

　では、限られた時間の中で、また日頃のコミュニケーションの中でよりよい効果を生み出すためには、何を、どのように、誰と情報を共有すればよいのだろうか――このヒントを得るために行った以下の調査を見ていただきたい。

表10-4-2　支援員及びコーディネーターの情報共有についての認識

		4. 当てはまる	3. やや当てはまる	2. やや当てはまらない	1. 当てはまらない
問1．子どもの特性やニーズを知っている／知らせている	支援員	26.8%	53.7%	14.6%	4.9%
	コーディネーター	86.7%	13.3%	0.0%	0.0%
問2．子どもの支援目標を知っている／知らせている	支援員	36.6%	34.1%	22.0%	7.3%
	コーディネーター	53.3%	46.7%	0.0%	0.0%
問3．支援員は担任と十分にコミュニケーションが取れている	支援員	26.8%	53.7%	17.1%	2.4%
	コーディネーター	43.3%	50.0%	6.7%	0.0%
問4．支援員と担任が子どもの情報を共有する時間や場が設定されている	支援員	22.0%	26.8%	34.1%	17.1%
	コーディネーター	30.0%	53.3%	13.3%	3.3%
問5．支援員と担任のスムーズな連携には子どもの情報を共有するツール（メモや日記等の支援記録）が必要だと思う	支援員	61.0%	31.7%	4.9%	2.4%
	コーディネーター	43.3%	36.7%	10.0%	10.0%

注）支援員 n = 41、コーディネーターn = 34

(2) 支援員と教員の連携の必要性

　小池（2018）は、支援員と教員の情報共有と連携の実態について明らかにするために、2市において支援員及びコーディネーターに対してアンケートを実施した。なお、紙幅の都合上、主要な結果のみを示す。「子どもの特性やニーズ」「子どもの支援目標」等の質問項目について「知っている（支援員に対する項目）」「知らせている（コーディネーターに対する項目）」かどうかについて4件法（4 =「当てはまる」～1 =「当てはまらない」）で尋ねた結果を表10-4-2に示す。

　「問1．子どもの特性やニーズを知っている／知らせている」について「知っている」（4及び3）と回答した支援員は80.5%、「知らせている」（4及び3）と回答したコーディネーターは100.0%であった。同様に、「問2．子どもの支援目標を知っている／知らせている」について「知っている」（4及び3）と回答した支援員は70.7%、「知らせている」（4及び3）と回答したコーディネーターは100.0%であった。支援員と担任のコミュニケーション（問3）や情報を共有する時間や場の設定に関する項目（問4）においても、コーディ

表10-4-3　支援目標について「知っている」「知らない」別の回答

		4. 当てはまる	3. やや当てはまる	2. やや当てはまらない	1. 当てはまらない
問6. 対象の子どものニーズを捉え適切な支援ができている	知っている	3.4%	86.2%	3.4%	3.4%
	知らない	8.3%	50.0%	41.7%	0.0%
問7. 授業中に何を支援したらいいのか分からない	知っている	0.0%	6.9%	31.0%	58.6%
	知らない	0.0%	41.7%	25.0%	33.3%
問8. 支援員としてどこまで関わっていいのか悩んでいる	知っている	24.1%	37.9%	34.5%	3.4%
	知らない	33.3%	50.0%	8.3%	8.3%

注）質問項目により無回答があり、合計は必ずしも100%にならない。(n = 41)

ネーターの方が肯定的に回答していた。つまり、子どもの特性やニーズ、支援目標といった基本的な情報ですら共有が十分ではなく、伝えたつもりであっても伝わっていないことが有り得るということである。また、情報を共有するための時間や場の設定についても、支援員の方が不十分と感じている。

　さらに、「問2. 子どもの支援目標を知っている／知らせている」について、「知っている」（4及び3）と回答した支援員と「知らない」（2及び1）と回答した支援員とに分け、クロス集計を行った（表10-4-3）。その結果、「問6. 対象の子どものニーズを捉え適切な支援ができている」「問7. 授業中に何を支援したらいいのか分からない」等の項目において大きな開きが見られ、支援目標を知っているか否かが、子どもへの支援に大きく影響していることがうかがわれる結果となった。

　つまり、研修や情報共有の際には、支援者間で子どもの支援目標を共有することが大切であり、このことが子どもに対してより良い支援を提供することへと繋がると考えられた。

(3) 支援員と教員が目標を共有するためのツール

　支援員と教員が目標を共有して子どもの支援にあたるためのツールとして、「めあてカード」を提案したい（小池 2018）。

　この「めあてカード」は、特別支援学級に在籍する子どもが交流及び共同学習として通常学級において授業を受ける場面において、支援員がサポート

272

図10-4-1　めあてカード

することを念頭に置いた様式である。目標を「めあてカード」で共有しなが
ら、子どもが目標を達成できるようにそれぞれの役割を主体性をもって果た
すことで、連携することを意図している。

　使用方法は、例えば次のとおりである。まず、支援員と特別支援学級担任
らは"めあて"を設定するために必要な交流及び共同学習での子どもの情報
を共有する。特別支援学級担任が"めあて"を設定し、設定した"めあて"を
子どもと支援者とで共に確認する。授業や活動においては、支援員は子ども
が"めあて"達成に向けて頑張れるように支援し、授業や活動の終わりなど
で子どもの頑張りを交流学級担任、特別支援学級担任に伝え、交流学級担任
と特別支援学級担任が子どもの頑張りを評価する。授業者やその場にいない
教員にとっても、子どもの頑張りをほめることができる大切な機会になる。

　実際に、このツールを活用して支援を行ったところ、交流及び共同学習の
場面で、授業内容が難しい場面ではトイレに頻繁に出て行ってしまう子ども
が、自分の"めあて"を意識し、通常学級担任、特別支援学級担任に褒めら
れ、行動が改善していった例が見られた。

　支援員の立場からは、カードを用いるなどして目標の共有を促すこと、シ
ンプルで教員の負担が少ない方法で関係者の間をつなぐことを考え実行する

ことが有効なアプローチ方法であろう。支援員にとって、校内体制が十分に整っていない場合には、支援員からこのようなツールを提案していくことも子どもへのよりよい支援には必要であろう。

3　おわりに

「支援員さんにお任せしている」「担任の先生はいつも忙しそうで、話しかけられない」——どちらも学校現場で耳にする言葉である。お互いをリスペクトしながらも、コミュニケーション不足を物語っている。現場はどこも多忙で余裕がないが、支援に関わるもの同士がコミュニケーションを欠いては、「どこまで支援してよいか」「この場面では子どもにどこまでの参加を求めればよいのか」等基本的な事柄が不明瞭で、ともすれば活動や授業に子どもがうまく参加することができない場面で、「前を向いてね」「ノートを開こう」等と注意ばかりを口にしてしまい、やがて子どもと支援者との関係性が悪くなりかねない。

　時間がない中で共有するためには、交換する情報に優先順位をつけることであろう。本節で提案したのは、教員、支援員、子どもが"めあて"を共有し、"めあて"に向けての努力や成果を支援者間で共有し、子どもにフィードバックすることであった。極めてシンプルだが、シンプルだからこそ継続することも可能になるだろう。

（小池桂子・石橋由紀子）

文献

細谷一博・北村博幸・五十嵐靖夫（2014）「特別支援教育支援員の現状と課題―函館市内の支援員への調査を通して」『北海道教育大学紀要教育科学編』65（1）、157‐165。

岩手県立総合教育センター（2013）「小・中学校における特別支援教育支援員の業務推進に関する研究―『特別支援教育支援員の業務推進の手引』の作成を通して」http://www1.iwate-ed.jp/kankou/kkenkyu/169cd/h25_1604_0.pdf（2019年10月19日最終閲覧）。

岩手県立総合教育センター（2014）「特別支援教育支援員の業務推進の手引」www1.iwate-ed.jp/tantou/tokusi/h25_sienin.html（2019年10月19日最終閲覧）

小池桂子（2018）「交流及び共同学習におけるめあての共有に向けた支援ツール活用についての研究―特別支援教育支援員に関するアンケート調査を踏まえて」（平成29年度

　　兵庫教育大学学位〈修士〉論文）。

道城裕貴・高橋靖子・村中智彦・加藤哲文（2013）「特別支援教育支援員の活用に関する
　　全国実態調査」『LD 研究』22（2）、197-204。

文部科学省（2007）「『特別支援教育支援員』を活用するために」。

文部科学省（2018）「平成 29 年度　文部科学白書」『文部科学省 HP』http://www.mext.
　　go.jp/b_menu/hakusho/html/hpab201801/1407992.htm（2019 年 10 月 19 日最終閲覧）。

村中智彦・高橋靖子・道城裕貴・加藤哲文（2013）「特別支援教育支援員の活用と評価
　　（1）」『上越教育大学研究紀要』32、219-226。

庭野賀津子・阿部芳久（2008）「東北地方の小中学校における特別支援教育支援員の配置
　　状況と研修ニーズに関する調査研究」『東北福祉大学研究紀要』32、305-320。

柴垣登（2017）「特別支援教育における都道府県間格差についての予備的考察」『立命館
　　人間科学研究』36、1-15。

XI 特別ニーズ教育と国際情勢

第1節　主要国における動向

1　主要国における特別な教育的ニーズのある子どもの教育

(1) 多様化する子どもの背景と特別なニーズ

　本節では、特別ニーズ教育およびインクルーシブ教育に関する国際比較調査を行っている経済協力開発機構（OECD）やヨーロッパの調査機関等の報告書等を用いながら、主要国の動向を概観する。先進国の教師を対象とした調査では、前期中等教育以下の教育段階の教室で外国語を母国語とする生徒が10%以上であった比率は、最も高いシンガポール（8割）、南アフリカ（6割）、スウェーデン（5割）、オーストリア（5割）と続き、30カ国の平均は21%であった（OECD 2019 b: 95-96）。これらの半数の国では少なくとも25%の教師が在校生の1%を難民が占める学校での教育経験があるという（ibid.: 96）。また社会的・経済的な困難を抱える家庭の子どもが3割以上の学校で教えた教師は、30カ国の平均で2割にのぼった（ibid.: 94）。これに加えて学習や精神的・身体的に特別なニーズをもつ子どもが1割以上という学校で教えた教師は3割に達し、子どもの背景の多様化・複雑化が世界的な傾向になっている（ibid.: 93）。1994年の国連総会でサラマンカ声明が採択された後、インクルーシブ教育への取り組みが各国で進められてきたが、2006年に国連で障害者権利条約が採択されたことで改めて障害のある子どもの教育権の位置づけを明確にしようとする議論も活発化している（Hollenweger 2014）。

⑵ 欧州ヨーロッパ連合の動向

① 特別な教育的ニーズの定義と対象

　特別ニーズ教育を初めて教育政策に位置付けたイギリスを含む欧州ヨーロッパ連合（以下、EU）では、「特別ニーズ教育とインクルーシブ教育の欧州機関（European Agency for Special Needs and Inclusive Education：以下 EASNIE）」が中心となり30カ国余が連携して調査研究を行っている。EASNIE（2018b）によれば、学習者の100％がメインストリーム学級で学んでいるような完全なインクルーシブ・システム（full inclusive system）の国は存在しない（ibid.: 7）。EU 諸国では各国で分離した専門的な教育措置をとっており、例えば特別学級、ユニット（集団）、家庭内就学や第三機関によって維持されている機関などの学校以外の教育形態など、何らかのインクルーシブ教育の形態をとる割合は92％から99.5％の範囲である（ibid.）。

　EASNIE（2018b）の調査では、特別な教育的ニーズの公的な認定は、運用上の定義として次の4点が適用されている。①複数の専門分野から教育アセスメント手続きを経ていること、②生徒の学校内外から複数の専門家チームのメンバーが構成されていること、③生徒が支援を受ける有資格であることを記述した法的文書があり、計画に基づいて用いられること、④公式の決定が正式かつ定期的な見直しのプロセスの対象となること（ibid.: 24）。このような厳密な手続きを経て認定された特別な教育的ニーズのある子どもが全就学児に占める割合は、相対的に低くなる傾向があり、EU 圏の30カ国の平均は4.44％である（EASNIE 2018b: 11）。3％未満の国にはスウェーデン（1.06％）、スペイン（2.96％）、英国（2.8％）、7％以上ではフィンランド（7.29％）、ハンガリー（7.32％）、アイスランド（16.33％）、スコットランド（20.5％）となっている（2018a: 26）。スウェーデンは、学校に通うすべての生徒に対して特別な支援を提供する義務を有するとされ、「基礎学校の中で行われる特別指導／特別指導グループ」などが行われているが（加瀬2011）、手続き上は前述した4点が適用されていないため、実際の特別な対応よりもSEN 児の認定率は低い。また同じ北欧のフィンランドは、通常の学級における「一般的支援」、教育的評価にもとづく「強化支援」、さらに特別な学級に在籍する「特別支援」の3段階の支援が幅広い対象に展開されている（中

田2019）。フィンランドでは第1−2段階の支援は専門的な検査が必要とされ
ており、早期発見・早期対応の方針のもと個別指導・小集団指導が行われ
ている（小曽ら2019）。したがってフィンランドもSEN児の認定率が低く、
公式認定を受けたSEN児における分離措置（主に特別学級）の割合は高く示
される傾向がある。

② EUにおける特別な教育的ニーズのある子どもの教育措置

　特別な教育的ニーズがあると公式に判定を受けた子ども（SEN児）のうち、
特別学級や特別学校を含めて学校生活の80％以上を分離された教育環境で
過ごしている割合については、EU24カ国の平均は全就学児の1.62％であり、
最も高い順にスロバキア（5.88％）、デンマーク（4.87％）、エストニア（4.73％）、
フィンランド（4.48％）、最も低い国ではクロアチア（0.55％）、ノルウェー（0.63％）、
スペイン（0.69％）という結果であった（EASIE 2018a: 46）。これに対して、
全SEN児において学校生活の80％以上をインクルーシブな教育環境で過ご
している子どもの割合は、28カ国平均で60.56％であり、このうちイタリア
（99.21％）とスコットランド（92.9％）が突出して高く、イギリス（58.72％）、
フランス（55.82％）、フィンランド（38.55％）、ドイツ（37.0％）、スウェーデン
（11.73％）、デンマーク（4.98％）の間で大きな差があった（EASIE 2018a: 52）。
デンマークでは分離的教育措置を減らす取り組みが各自治体で行われてお
り、ある自治体では特別学校のセンター的機能の付与と特別学級の縮小が進
められている（是永ら2019）。またドイツは、もともと特別支援学級（特殊学
級）が制度的に存在しないが、近年は特殊学校で学ぶ子どもの人数が低下し、
各種特殊学校の教員が専門性に応じて通常の学校で特別な指導を行う巡回型
の支援形態が増加している（安井ら2019）。

(3) 米国における障害のある子どもの教育
① 米国の特殊教育の対象

　米国において教育は各州の教育法と予算・権限で運用されているが、特殊
教育（Special Education）は連邦法であるIDEA（障害者教育改善法）のもと3
歳から21歳までの障害のある子どもを対象に連邦政府が州政府へ補助金を
支出し、無償で適切な公教育を展開している（吉利2019）。全米教育統計セ

ンター（National Center for Education Statistics：以下 NCES）によれば、2011
−12年度には640万人が特別教育を受け、公立学校の就学人数に占める割
合は13％であったが、2017〜18年度には約700万人が特別教育を受け、割
合も14％まで増加した（NCES 2019a）。主な障害は、特異的学習障害（Specific
Learning Disability）が34％と最も高く、言語障害（19％）、慢性疾患等を含む
その他の健康障害（14％）、自閉症（10％）、発達遅滞（7％）、知的障害（6％）、
情緒障害（5％）、重複障害（2％）、聴覚障害（1％）、肢体不自由（Orthopedic
impairment）（1％）となっている（NCES 2019a）。

② 米国の教育措置の特徴

　米国の場合は、日本のように特別な支援の大部分が公立学校で行われてい
る状況とは異なり、授業料を伴う私立校に障害のある子どもが通っている場
合でも公費から特別教育や関連サービスを受けられること、親が家庭内就学
（Home Schooling）を選択した場合には病院内の就学と同様の枠組みで特別教
育や関連サービスを受けること、さらに矯正施設内でも特別教育を受ける機
会が保障されている（IDEA 2018: 18-19）。2017年に米国における教育措置の
割合は、特別教育の認定を受けた障害のある子ども（6〜21歳）の95％が通
常の学校に就学しており、家庭内就学と病院内の就学が各1％、矯正施設内
が0.2％となっている（NCES 2019b）。また全体の傾向として日本の通級指
導教室にあたるリソースルームで特別な指導・支援を受ける障害のある子ど
もが多く、1日の40％以下を通常の学級で過ごす障害のある子どもは
13.3％、1日の40〜79％を通常の学級で過ごす割合は18.7％、80％以上を
通常の学級で過ごす割合が62.5％となっている（ibid.）。障害別の特徴では、
視覚障害の子どもの67.1％が8割以上を通常学級で過ごす一方、自閉症で
は8割以上を通常の学級で過ごす割合は39.1％にとどまっており、知的障
害の場合は16.3％と個別の対応や障害特性に応じて教育措置が行われるこ
とがわかる。日本からみれば手厚い教育保障を行っている米国ではあるが、
課題も抱えている。吉利（2019）によれば、米国では増加する対象児に対し
て特殊教育教員の不足が慢性化しており、また連邦政府から州政府への予算
支出の補助率が規定を下回っていることが指摘されている。

2　特別な教育的ニーズをもつ子どもの教育措置に関する国際比較

(1)　全就学児に占める割合と教育措置の違い

　米国、英国、フランス、イタリア、ドイツ、日本に欧州連合を加え、全就学児において特別なニーズのある子どもと認定された割合、特別学級と特別学校の割合、そして学校生活の8割以上を通常の学級で過ごす子どもの割合を示した（表11-1-1）。ただし、日本の場合の通常学級は通級による指導の対象となっている子どもの人数から算出されている。

表 11-1-1　主要国等における SEN をもつ子どもの教育措置（％）

	米国	英国	ドイツ	イタリア	フランス	フィンランド	EU平均	日本
SEN児／全就学児	13.20	2.80	5.51	3.37	3.09	7.29	4.44	3.88
特別学校／全就学児	0.37	1.21	3.47	0.03	0.65	0.78	1.54	0.71
特別学級／全就学児	4.14	0.11	—	—	0.72	3.70	0.53	2.18
通常学級／全就学児	8.38	1.65	2.04	3.35	1.73	2.81	2.73	0.99

注）米国は6歳から21歳、米国以外は初等教育と前期中等教育（日本は小中学校段階）の数値である。
出所）NCES (2019b). Percentage distribution of students 6 to 21 years old served under IDEA, Part B, by educational and type of disability (Table 204.60.), U.S. Department of Education (2018)Part B Child Count and Educational Environments, EASNIE (2018a)2016 Dataset Cross-Country Report (p.27, p.32) および発達障害者白書 (2019) 義務教育段階の児童生徒就学状況 p.174 より筆者作成。

　欧州については EASNIE (2018) の調査結果により、全就学児において特別な教育的ニーズがあると正式な認定を受けた子ども（SEN 児）の割合は 30 カ国、特別学校に通う SEN 児の割合は 30 カ国、SEN 児が 80％以上をメインストリームの教育環境で過ごす割合は 28 カ国の平均値となっている。

(2)　初等教育および公教育全体に関する公的支出のGDP比較

　OECD 諸国の初等教育に関する公的予算による支出比の平均は 3.1％（35 カ国）であり、中等教育（前期後期）と職業教育等のすべて含めた公的予算による教育支出の GDP では、平均 5.0％（34 カ国）となり、日本はいずれも下

回っている状況である。

表11-1-2　主要国の初等教育・教育全体に関する公的支出のGDP比（単位：％）

	USA	CAN	AU	UK	GER	FRA	ITA	SWE	JAN	KOR	OECD平均
初等教育	3.2	3.2	3.2	3.7	2.6	3.4	2.6	3.8	2.4	3.1	3.1
教育全体	6.0	5.9	5.8	6.2	4.2	5.2	3.6	5.4	4.0	5.4	5.0

注）表内の国の略称は、USA＝米国、CAN＝カナダ、AU＝オーストラリア、UK＝イギリス、GER＝ドイツ、FRA＝フランス、ITA＝イタリア、SWE＝スウェーデン、JAN＝日本、KOR＝韓国。※OECD諸国の平均。
出所）OECD（2019a）Education at Glance 2019, p.289, Table C2.2より筆者作成。

(3)　OECD諸国の公立学校における学級規模の比較

　次に、OECD（2019a）の報告書に報告されている初等教育・前期中等教育の学級規模を以下に示す。OECD諸国の平均は、初等教育は33カ国、前期中等教育は31カ国から算出された。OECD主要国における初等教育の学級規模は平均21人であり、25人を超えている国はイスラエルと日本（27人）、英国（28人）の3カ国である。前期中等教育の公立学校のOECD諸国の学級規模の31カ国の平均は23人であり、25人を超えているのは、トルコ（26人）、米国（27人）、韓国とメキシコ（28人）、チリとイスラエル（29人）であり、コロンビア（31人）と日本（32人）だけが30人を超えている。

表11-1-3　OECD諸国の公立学校における学級規模（単位：人数）

教育段階	USA	MEX	AU	UK	GER	FRA	ITA	SWE	JAN	KOR	OECD平均
初等教育	21	24	23	28	21	23	19	20	27	23	21
前期中等	27	28	21	24	24	25	21	21	32	28	23

注）表内の国の略称は、MEX＝メキシコ、それ以外の表記は前表11-1-2と同様。
出所）OECD（2019a）Education at Glance 2019, p.387, TableD2.1より筆者作成。

　40年以上にわたり通常学級の規模を調整している国として、イタリアをあげておく。イタリアの小学校の学級定員は25人であるが、2名の障害のある子どもが在籍している場合は定数の上限を20人にしたうえで支援教員が学級に入るというシステムが弾力的に運用されている（大内・藤原2015）。教師が黒板の前で説明する一斉授業から、子どもが主体的に活動する学習スタイ

ルへの転換が世界的に進むなかで、日本の学級規模も検討の必要があろう。

3 インクルーシブ教育を志向する特別ニーズ教育の改革論議

OECD（2013）による 30 カ国以上の学校教師を対象にした調査によれば、12 カ月以内に専門性を発展させる機会を設けた教師の割合は 85.9％と高いにも関わらず、特別な教育的ニーズのある子どもを教えるための高いレベルのスキルを身に着ける必要があると答えた教師の割合は 22.5％であった。この数値は、教師の既存の専門性の質にもかかわる部分であり、特別ニーズ教育の専門性向上の必要性を感じていない国では、オーストラリア（8.2％）、ベルギー（5.2％）、英国（6.4％）、オランダ（10.8％）、フィンランド（12.6％）、スウェーデン（19.8％）と、インクルーシブ教育の先進国が並んでいる。これに対して平均を大きく上回った国は、メキシコ（47.4％）、日本（40.6％）、韓国（36％）、イタリア（32.3％）、デンマーク（27.4％）、フランス（27.4％）であり、教育背景が異なるにせよ各国の差が大きい。これらの数字を教育条件の違いを示した表 11-1-2 や 11-1-3 と比較すると、何が見えてくるだろうか。障害者権利条約の批准国が広がり、質の高いインクルーシブ教育システムの改革が求められているが、「しばしば感覚障害、自閉症、知的障害への固有の特性への配慮が十分でないという言及もあり、インクルージョンを目標とした個別の支援の内容をどのように担保するのかも検討の課題となろう」（玉村 2017）。インクルーシブ教育の実現に向けた特別ニーズ教育の取り組みは、その国の社会や教育制度のありように大きく規定され、同じ指標で単純に比較することは難しい。なお各国の特別ニーズ教育やインクルーシブの動向については、黒田（2016）、山中（2014）、湯浅ら（2018）を参照されたい。

（千賀　愛）

文献

European Commission（2014）Policies and practices in education, training and employment for students with disabilities and special educational needs in the EU. Office of the European Union（Doi: 10.2766/26781）

EASNIE（2018a）2016 Dataset Cross-Country Report. European Agency Statistics on Inclusive Education（ISSN:9788771108040 Electronic）.

EASNIE (2018 b) Key Messages and Findings 2014／2016. European Agency Statistics on Inclusive Education.

European Commission (2019) Access to quality education for children with special educational needs. Publications. Office of the European Union.

Hollenweger, Judith (2014) Reconciling "All" with "Special". In the *Inclusive Education Twenty Years after Salamanca*, edited by Kiuppis, Florian & Hausstaetter, Rune Sarromaa. Peter Lang Pub Inc.

加瀬進 (2011)「スウェーデンにおける〈インクルーシヴ教育〉─『障害者権利条約／教育』に対するスウェーデン政府公式見解を中心に」『SNE ジャーナル』(17) 1、33-51。

小曽湧司・是永かな子 (2019)「フィンランドにおける通常学校における段階的支援の動向と実践─協働教授や移民支援の視点も包括して」『高知大学学校教育研究』1、1-9。

黒田学編 (2016)『「世界の特別ニーズ教育と社会開発」シリーズ2　ヨーロッパのインクルーシブ教育と福祉の課題』クリエイツかもがわ。

IDEA (2018) IDEA Part B child count and educational environments for school year 2017-2018. OSEP Data Documentation.

OECD (2019 a) Education at Glance 2019: OECD Indicators, OECD Publishing, Paris. https://doi.org/10.1787/f8d7880d-en. (2019 年 10 月 29 日参照)

OECD (2019 b) TALIS 2018 Results (Volume I) Teachers and School Leaders as Lifelong Learners. OECD Publishing.

大内進・藤原紀子 (2015)「イタリアにおけるインクルーシブ教育に対応した教員養成及び通常の学校の教員の役割」『国立特別支援教育総合研究所研究紀要』42、85-96。

中田明香 (2019)「フィンランドのインクルーシブ教育における3段階の教育的支援の連続性を可能にする要因の検討─総合制学校と特別教育に関わる教員に着目して」『発達障害支援システム研究』17 (1)、43-53。

NCES (2019 a) Children and youth with disabilities (last updated : May 2019) https://nces.ed.gov/programs/coe/indicator_cgg.asp (2019 年 10 月 29 日参照)

NCES (2019 b) Percentage distribution of students 6 to 21 years old served under IDEA, Part B, by educational and type of disability (Table 204.60).

玉村公二彦・片岡美華 (2006)『オーストラリアにおける「学習困難」へのアプローチ』文理閣。

玉村公二彦 (2017) インクルーシブ教育と合理的配慮に関する国際動向『障害者問題研究』44 (4)、264-273。

安井友康・千賀愛・山本理人 (2019)『ドイツのインクルーシブ教育と障害児者の余暇・スポーツ』明石書店。

山中冴子 (2014)『オーストラリアにおける障害のある生徒のトランジション支援』学文社。

湯浅恭正・新井英靖編 (2018)『インクルーシブ授業の国際比較研究』福村書店。

吉利宗久 (2019)「米国における特殊教育政策の展開とその課題」『発達障害研究』41 (2)、170-175。

第2節　移民排除とダイバーシティ尊重の相克

1　移民および難民の定義と近年の国際情勢

　本節では日本の動向も鑑みつつ、国際情勢としてとくに北欧の事例を紹介する。「移民」の定義は国によって多様であり、学術的にも確立しているとは言えない。例えば日本の移民政策学会は移民を「出生した国・地域を離れ、または、国籍と異なる国・地域へ移動して滞在する人々とその家族」であり、短期滞在者を含まない、とする。

　また「難民」に関して外務省は、1951年の国際連合全権委員会議「難民の地位に関する条約」の要件に該当すると判断された人を「条約難民」としている。難民の地位に関する条約第1条A(2)で定義された難民の要件は、以下である。「(a)人種、宗教、国籍若しくは特定の社会的集団の構成員であること又は政治的意見を理由に、迫害を受けるおそれがあるという十分に理

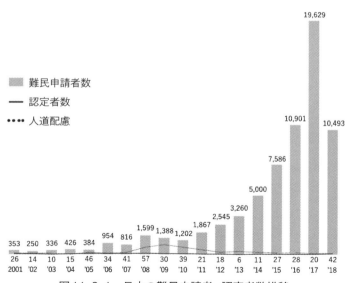

図11-2-1　日本の難民申請者・認定者数推移

注）認定NPO法人難民支援協会が法務省入国管理局発表を基に作成。
出所）認定NPO法人難民支援協会公式 website、https://www.refugee.or.jp/
　　　refugee/（2019年10月6日参照）

由のある恐怖を有すること、(b)国籍国の外にいる者であること、(c)その国籍国の保護を受けることができない、又はそのような恐怖を有するためにその国籍国の保護を受けることを望まない者であること」。図11-2-1によると2018年は10,493人が難民申請を行い、認定されたのは42人である。

　では世界の国々は、移民・難民をどの程度受け入れているのであろうか。図11-2-2に示す国連難民高等弁務官事務所（UNHCR）のデータによると基本的には紛争・内乱のある国に隣接する国々が難民等を受け入れているが、ドイツを始めとしてヨーロッパも多くの国々が難民を受け入れている。

　EUは急増する難民対応に疲弊していたが、2015年9月に地中海で溺死した難民幼児の写真報道の際にEUとしての受け入れ体制が問われることとなり、2015年11月「EU・トルコ共同行動計画」を規定し、2016年3月トルコからギリシャへの難民流入対策を柱とする「EU・トルコ声明」に合意した（European Council 2016）。

　一方で2015年11月のパリ同時多発テロや2015年12月大晦日のドイツ・ケルンで起こった女性集団暴行事件など様々な移民が関係する事件の発生を受け、治安悪化や社会不安を原因に移民排斥の声も高まっている。健康保険・年金など移民への社会保障費用を誰が負担するかの議論もあり、移民や難民は国際的に排除の傾向が強くなっていることは否定できない。

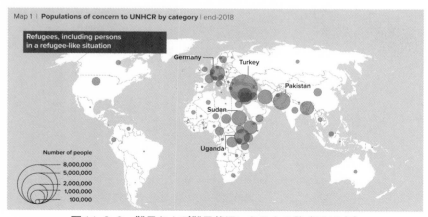

図11-2-2　難民および難民状況にある人の数（2018年）

出所）UNHCR 公式 Website、https://www.unhcr.org/5d08d7ee7.pdf（2019年10月6日参照）

　2016年6月英国ではEU離脱を問う国民投票が行われた。図11-2-2に示すようにイギリスも多くの難民を受け入れており、イギリスのEU離脱決定の背景には、EUからの移民急増がその要因の1つであると指摘されている（庄司2016）。EU各国でも「反移民」を掲げる極右／右派政党の台頭がめだってきている。人口比難民受け入れが多いスウェーデンにおいても反移民、反EUを掲げるスウェーデン民主党が2010年に初の国政進出を果たして20議席を獲得、2014年には議席数を約2.5倍の49議席に伸ばし、第3党になった。2018年選挙でも第3党を維持、62議席に躍進している。

　翻って日本でも人口減と少子高齢化による人手不足を背景に、日本で働く外国人が増え続けている。2019年経済協力開発機構（OECD）加盟35カ国の外国人移住者統計で、日本への流入者は前年比約4.8万人増の約47.5万人となり、ドイツ、アメリカ、イギリスに次ぐ4位である（OECD 2019）。従来日本には日本統治時代の朝鮮から日本へ移住した朝鮮人、日系ブラジル人・日系ペルー人や中国人を中心とした外国人労働者、中国残留孤児やフィリピンの日系人家族などの移民がいた。そこに近年外国人技能実習制度や入管法を改正して新たに「特定技能」という在留資格を創設するなどの議論はある。しかし、移民や難民の受け入れ体制に関する議論は不十分であり、移民・難民問題は日本社会で十分に知られていない状態にあるといえよう（認定NPO法人難民支援協会）。

2　特別ニーズ教育としての移民への教育保障

　1994年に採択された「特別なニーズ教育における原則、政策、実践に関するサラマンカ声明ならびに行動の枠組み」では遊牧民の子ども、言語的・民族的・文化的マイノリティの子どもも含まれた「すべての子ども」にインクルーシブ教育のアプローチを促進することが明示されている。よって特別ニーズ教育の対象に「移民」も包括されていることがわかる。

　さて、スウェーデンは伝統的に移民に対して寛容な政策をとってきた。その背景にはスウェーデンは貧困と飢餓から第一次世界大戦前後だけでも約100万人がアメリカに渡り、総人口の4分の1を流出したという歴史がある。その後1930年代になるとスウェーデンは移民を受け入れる国となり、戦後

は労働力としての移民を積極的に受け入れた。1980 年代以降はイラン・イラク戦争やユーゴスラヴィア内戦などによる亡命者の受け入れ、1995 年の EU 加盟によるヨーロッパ内の人口流動化など情勢変化の影響を受けつつ、スウェーデンは 2018 年現在で人口の 24.9％が、外国生まれの親を持つもしくは自身が外国生まれなどの「外国の背景をもつ」国民とされる（SCB 2019）。

またスウェーデンは成人や家族としての難民受け入れのみならず、同伴者のいない 18 歳未満の「単身未成年難民」の問題も抱えている。難民の中にはスウェーデン語が話せない、母国での就学経験がない等の学習保障上の課題も抱えているものが少なくない。就学年齢の移民や難民の子どもは、基本的に子どもの年齢に応じて公立学校に就学する。難民申請期間も子どもには学校に通う権利があり、スウェーデンで生まれた子どもと同様に教育権が保障される。

スウェーデンに来て間もなく、かつスウェーデン語が母語でなく義務教育期間を終了している子どもは、言語導入プログラムと呼ばれるスウェーデン語に特化した教育課程に通う（Skolverket 2013）。学校によってプログラムの教科内容や時間は多少異なるが、スウェーデンの学校教育法に基づいて、各学校が設置している。言語導入コースを修了すると、通常の学校で勉強する権利が得られる。ほかにも寄宿舎付きの国民高等学校において移民コースが開設されていたり、地方自治体によって違いがあるものの最大 2 年間通常学級で学ぶために必要な知識を提供する「準備クラス」が義務教育学校を中心に設置されていたりする。

さて、移民受け入れの歴史が短いフィンランドの移民支援についても紹介する。フィンランドは 1995 年に EU に加盟して以降、ユーロ導入も含めて EU の政策を受け入れてきた。同時に移民問題をも抱えることになり、移民率の増加とともに、多様化が進む学校の子どもの管理方法に関して、教員に懸念が生じている。1990 年に人口の 0.4％を構成していた外国人の割合は、2000 年には 1.4％、2010 年には 3.2％、2017 年には 5.4％、2018 年には 5.7％になっている（Statistikcentralen 2011）。これまでフィンランドの学校環境は多文化を前提としてはいなかったため、2009 年に移民の子どもに 1 年間の準備期間を与えるという制度を導入した。また、後期中等教育への移行時にも準備教

育を申請することができる。しかし1年間の準備学級教育は、学問的な言語スキル獲得には十分ではない。そのため十分に学習できなかった子どもは特別教育を受けることとなる。通常学級にいる移民あるいは保護者が外国人の子どもを一般的な学習困難と区別するのは困難である。さらに、準備期間にある子どもも学習困難がフィンランド語の修得という言語に由来する困難なのか、ほかに原因があるのかの判別もまた困難を極める。移民の学習保障には多くの人員が必要となるため、複数教員が指導にあたる協働授業（Co-teaching）やアシスタントによる支援が移民対応としても活用される（Sinkkonen Kyttälä 2014）。

　多文化の子どもに適切な支援がなされなければ、彼らは義務教育終了時点で教育から脱落する可能性が高い。移民第一世代やその子どもである第二世代は、家庭資源の少なさ、言語的スキルの低さからより上級の学校への進学をあきらめる事例が報告されており、移民や外国の背景のある子どもへの支援は優先事項であるべきという提言もなされている（Kilpi-Jakonen 2011）。

3　ダイバーシティの尊重としての母語教育

　スウェーデンにおけるダイバーシティの尊重として、母語教育を受ける権利があることが指摘できる。母国語と表記することもあるが、クルド人など「国」がない人もいるため、本節では「母語」と表記する。

　母語の保障は、国が規定するシラバス「国が指定した少数民族以外の母語」の項目に以下のように示されている。「言語は思考、コミュニケーション、学習のための人間の一番の道具である。言語を通して、人々は自分のアイデンティティを発達させ、感情や考えを表現し、他の人がどのように感じ、考えているかを理解する。豊かで多様な言語を持つことは、文化、生活観、世代、言語が出会う社会において理解し、活動するために重要である。母国語にアクセスできることは、さまざまな分野での言語発達と学習を促進する（Lgr 11）」と。つまり、多様な個々人のアイデンティティ形成の手段として母語を保障しているのである。

　校長は同じ母語の対象児が5人以上在籍し、適切な教員がいる場合には母語教育を保障する責任を持っていることが学校令に明記されている（Skolförordning 2011）。またスウェーデン語以外の言語を母語とする子どもや海外の学校から入学した子ども、移民の子どもは校長がスウェーデン語を子どもの第二言語として教えることを決定できる。これが最大1年間の個別調整を行う「優先時間割」である。ほかにも、就学して2カ月以内に作成される「個別学習計画」、必要に応じて1つ以上の科目を優先順位付けできる「個別適応時間割」、期間制限のない「母語での学習ガイド」、とくに義務教育学校高学年における後期中等教育への進路保障も含めた「付加的調整と特別支援」、これらは特別教育とは別に、権利として「ニューカマー」としての移民に保障されている（Skolverket）。スウェーデンの学校教育法が示す「ニューカマー」の子どもとは「外国に住んでいた子どもで、現在スウェーデンに居住しているとみなされるもの、また（スウェーデンでの就学義務が開始される）7歳の秋学期以降にスウェーデンでの修学を開始して、修学期間が4年未満の子ども」としている（Skollag 2010）。移民か難民かにかかわらず、特別な教育的ニーズがある子どもとしての支援の必要性を明示しているといえよう[1]。

4　小括

しかし移民としての支援のみならず低学力に関する教育課題も顕在化している（Statistiska centralbyrån 2011）。社会的に恵まれない少数民族グループの周辺化と分離を避けるためにも、外国の背景をもつ子どもの教育の充実が求められている。また居住地域の分化／隔離化[2]および学校選択の推進による生活圏の分化が起こっている。

では「すべての人のための学校」は可能なのか。スウェーデンの現行の2011年学習指導要領は「学校制度は民主主義に基づいている」という記述で始まる。すべての子どもを対象に、多様性を含めた個性ある人々が、個人の尊厳や他者に対する寛容、連帯に基づいて社会に参加することを期待しているのである。スウェーデンのインクルーシブ社会はインクルーシブ教育と相補的な関係にある。難民の急激な流入による社会の不安定化、そして移民排除の世界的傾向に対して、多文化共生やダイバーシティ尊重は維持できるのか。先行事例としてのヨーロッパや北欧の動向を参考に、日本における特別な教育的ニーズやインクルーシブ教育の議論においても、移民の子どもへ

の支援も視野に入れつつ、今後の教育のあり方を検討していきたい。

（是永かな子）

注

1 ）日本においては、オールドカマーを第二次世界大戦中、あるいはそれ以前に渡日し、日本で暮らし続けている外国人（在日韓国・朝鮮人、在日中国人）の総称とし、それに対して1970年代以降に来日した中国・韓国・ブラジル・ベトナムなど様々なルーツを持つ外国人をニューカマーと表現するため、「ニューカマー」という表現も国によって用語の定義が異なる。

2 ）警察は2015年、2017年そして2019年にスウェーデンの危険地域リストを公表し、直近では国内の22地域が危険にさらされているとした。移民問題のみによるものではないが、そこには移民集住地域が多く含まれる。2019年6月3日 EXPRESSEN 誌、https://www.expressen.se/nyheter/over-100-skjutningar-i-sverige-i-ar-20-doda/（2019年10月6日参照）。

文献

European Council (2016) Council of the European Union, EU-Turkey statement, 18 March 2016.

Förordning (2014: 946) om statlig ersättning för utbildning i svenska för invandrare som ges till vissa utlänningar i Migrationsverkets anläggningsboenden.

Kilpi-Jakonen Elina (2011) Continuation to upper secondary education in Finland: Children of immigrants and the majority compared, Acta Sociologica, Vol 54, Issue 1, 77-106.

Lgr 11, Läroplan och kursplaner för grundskolan,Kursplan - Modersmål utom nationella minoritetsspråk.

認定 NPO 法人難民支援協会公式 websit、https://www.refugee.or.jp/refugee/（2019年10月6日参照）。

OECD (2019) International Migration Database, Table A.1. Inflows of foreign population into selected OECD countries and Russia.

SCB (2019) Befolkningsstatistik i sammandrag 1960-2018.

庄司克宏 (2016)「イギリス脱退問題と EU 改革要求―法制度的考察」『阪南論争社会学編』51 (3)、31-43。

Sinkkonen Hanna-Maija, Kyttälä Minna(2014)Experiences of Finnish teachers working with immigrant students,European Journal of Special Needs Education, Vol.29, No.2, 167-183.

Skolförordning (2011: 185) 5 kap. 10 §.

Skollag (2010: 800) 3 kap. 12 a §. Definition av nyanländ.

Skolverket (2013) Introduktionsprogrammet språkintroduktion.

Skolverket, Stöd för nyanlända elever, https://www.skolverket.se/regler-och-ansvar/ansvar-i-skolfragor/stod-for-nyanlanda-elever (2019 年 10 月 6 日参照)

Statistiska centralbyrån (2011) Integration–foreign born persons in upper secondary school.

Statistikcentralen, http://tilastokeskus.fi/tup/suoluk/suoluk_vaesto_sv.html (2019 年 10 月 6 日参照)

第3節　発展途上国における教育問題

1　不就学問題と国際的取り組み

　発展途上国における最も深刻な教育問題は、学校に通えない子どもたちの存在、不就学問題であり、貧困と経済的格差がその背景にある。

　国連の報告によると、学齢期（初等・中等教育）の子ども約 2 億 6,300 万人が学校に通っていない（2016 年）。約 2 億 6,300 万人の内訳は、初等教育学齢期 6,300 万人（同学齢期のすべての子どものうち 8.9%）、前期中等教育学齢期 6,100 万人（15.9%）、後期中等教育学齢期 1 億 3,900 万人（36.3%）である。小学校に通っていない子どもの割合が高い地域は、順に、サハラ以南のアフリカ地域（20.8%）、北アフリカと中央アジア（10.9%）、オセアニア（7.4%）、南アジア（5.6%）である。初等教育学齢期の不就学の状況は、高所得国が 3.5% であるのに対して、低所得国では 20.3% である。同様に前期中等教育では、高所得国 1.7%、低所得国では 38.1%、後期中等教育では、高所得国 6.4%、低所得国では 59.2% であり、所得と就学率との関連がわかる[1]。

　このような不就学問題であるが、すべての子どもに対する教育保障の国際的取り組みは、1990 年 3 月、タイのジョムティエンで開催された「万人のための教育世界会議」に始まる。そこでは「すべての人に教育を（EFA: Education for All）」が目ざされ、すべての人に基礎教育を提供することを世界共通の目標とした。2000 年 4 月には、セネガルのダカールで開催された「世界教育フォーラム」において、2015 年までの達成を目ざした「EFA ダカール目標」が採択された。その目標は、主に、就学前教育の拡大と改善、無償で良質な初等教育をすべての子どもに保障、成人識字率（特に女性）の 50%

改善などからなる。これらの教育目標は、2001年の「ミレニアム開発目標（MDGs）」、2015年の「世界教育フォーラム2015」に引き継がれ、さらに2015年の「持続可能な開発目標（SDGs）」へと展開してきた[2]。

　SDGsの目標4は、「すべての人に包摂的かつ公正な質の高い教育を確保し、生涯学習の機会を促進する」ことを掲げ、その主な内容は、2030年までに、すべての子どもが男女の区別なく、「適切かつ効果的な学習成果をもたらす、無償かつ公正で質の高い初等教育及び中等教育を修了できるようにする（4.1）」「質の高い乳幼児の発達・ケア及び就学前教育にアクセスすることにより、初等教育を受ける準備が整うようにする（4.2）」としている。また、障害に関わっては、「2030年までに、教育におけるジェンダー格差をなくし、障害者、先住民及び脆弱な立場にある子どもなど、脆弱層があらゆるレベルの教育や職業訓練に平等にアクセスできるようにする（4.5）」、「子ども、障害及びジェンダーに配慮した教育施設を構築・改良し、すべての人々に安全で非暴力的、包摂的、効果的な学習環境を提供できるようにする（4.a）」を定めている[3]。

2　障害のある子どもと教育問題

　不就学問題に対する国際的な取り組みは、発展途上国において、EFAは、貧困対策、児童対策の一環にとどまり、「特別なニーズのある子ども」への教育および社会開発の展開には、多くの固有の課題が存在している。機能障害をはじめ、経済的貧困や言語的・民族的・文化的困難のある「特別なニーズのある子ども」に対して、ノーマライゼーション理念を背景に、社会的に包摂するというインクルージョンは、現代の社会政策の主要な概念となっている。これまでに世界では、特別ニーズ教育（SNE）やインクルーシブ教育が精力的に取り組まれてきた。子どもの権利条約（1989年）や障害者権利条約（2006年）における障害のある子どもの教育権保障は、きわめて重要な条項であり、インクルーシブ教育によって障害のある子どもの社会的排除や差別を克服することが国際的合意となってきた。

　EFAの達成は経済的基盤の成熟度に応じて進捗するという基本的前提（先進諸国におけるEFA達成という現状）が認められるものの、「特別なニーズの

ある子ども」、特に知的障害や重度障害のある子どもに対する教育・社会開発には独自の課題がある。それは、障害のある子どもの教育保障を進めるには、法・制度、財政、産業構造、実施内容、専門職養成、子どものライフステージに沿った諸課題が存在する。教育分野と社会開発分野（福祉、医療、就労、社会参加など）の統合が重要であるが、発展途上国においては、労働能力に制約のある障害のある子ども（特に知的障害児や重度障害児）への教育及び社会開発は、二義的な課題に押しとどめられている。発展途上国では、経済成長が優先され、産業構造の高度化（工業化）にリンクした高等教育が優位にあり、障害児教育・福祉（教員養成及び専門職養成含め）が主要政策に位置づけられていない。いわゆる「新自由主義」経済政策による子どもの貧困と格差の拡大、社会的弱者の生活苦と社会的排除が深刻な社会問題となり、障害のある子どもへの教育と社会開発にも大きな影響を与えている。

　また、識字率の向上、EFA の達成には、障害のある子どもの就学に焦点を当て促進することが必要であるが、障害のある子どもは障害のない子どもに比べて劣悪な就学状況に留まっている。就学率が 90％を超える一方で、「Last 5％、Last 10％」といわれる就学困難な子どもたちの存在があり、「障害児に対する就学機会の提供は EFA 政策においてさらに重要性を増しつつある政策分野」（黒田一雄 2008：216）という指摘がある。

3　アジアにおける課題と ESCAP「仁川戦略」

　アジアにおける障害者施策は、国連アジア太平洋経済社会委員会（ES-CAP）「アジア太平洋障害者の十年（1993〜2002 年）」の取り組み以降、着実な歩みを示している[4]。1981 年「国際障害者年」に続く、「国連・障害者の十年（1983〜1992 年）」最終年に、ESCAP は「アジア太平洋障害者の十年」を宣言した。この十年を通じて、アジア太平洋地域は、障害者の完全参加と平等を実現させるために継続的な取り組みを進め、国際協力に取り組んできた。

　2002 年 5 月、ESCAP 第 58 回総会で、「21 世紀におけるアジア太平洋地域の障害者のためのインクルーシブで、バリアフリーな、かつ権利に基づく社会の促進」を採択し、その中で「十年（1993〜2002 年）」をさらに 10 年間延長し、「第 2 次十年」を定めた。同年 10 月、最終年ハイレベル政府間会合

が滋賀県大津市で開催され、アジア太平洋地域の障害者のための、インクルーシブで、バリアフリーな、かつ権利に基づく社会に向けた行動のための「びわこミレニアム・フレームワーク（BMF）」[5]が採択された。

　2012年には延長された「十年」の最終年を迎え、同年5月のESCAP総会でさらに10年の延長を定め、同年11月に最終レビュー・ハイレベル政府間会合が韓国の仁川で開催された。BMFに代わる次の「十年」（2013～2022年）の行動計画として「仁川戦略」（「貧困を削減し、雇用の機会を高める」「政治プロセスおよび政策決定への参加を促進すること」「障害のある子どもへの早期介入と早期教育を広めること」など10の目標）[6]が採択された。

4　アジアの発展途上国の課題と実情

　ここでは、筆者ら（黒田学2017）がこれまでに研究調査を進めてきたアジアの発展途上国—ベトナム、タイ、モンゴル、ネパール、カンボジアにおける課題と実情について、その概要を紹介しておきたい。なお、ベトナム、タイは、現在、経済成長により「中進国（中所得国）」に位置付いているが、ここでは障害施策の状況を鑑みて発展途上国に位置づけている。

(1) ベトナム社会主義共和国

　ベトナムは、1986年の「ドイモイ（刷新）政策」により、市場経済化と対外開放による経済成長を遂げ、初等教育の保障とEFAを向上させてきた。1990年代には、憲法の大幅改正（1992年）、障害者法令（1998年）および関連政令（1999年）等が制定され、障害者の権利保障が体系化されてきた。障害者権利条約を2015年2月に批准し、国内法の整備として、障害者法を2010年に制定した（黒田学2015）。しかしながら、法制度の整備と就学実態には大きな隔たりがある。例えば、障害者法の第31条にはインクルーシブ教育発達支援センターの設置が規定されており、同センターが、学習プログラム、学習設備、教育相談、障害者の環境や障害特性に応じた教育などを図るとし、地域のインクルーシブ教育の拠点となることが方向付けられている。しかしながら、同センターは、2016年11月現在、全国（58省と5中央直轄市）に合計10カ所しか設置されていない。インクルーシブ教育の推進拠点というに

はほど遠い現状であり、地域的格差が生じている（黒田・武分・小西 2017）。なお、ベトナム教育科学院によると障害のある子どもの就学は、1996 年の 4 万 2 千人から 2015 年には 50 万人へと、20 年間で 10 倍以上増加した。就学状況の改善は、就学前と小学校段階に限らず、職業訓練、専門的な中等教育、大学などの各レベルの教育にも見られる（ディン 2017）。

(2) タイ王国

　タイは、1990 年、EFA 世界会議の開催地であり、すべての人に基礎教育を提供することを国際的な目標として掲げ、世界に発信してきた国の一つである。タイにおける障害児教育は、アジアの中でも相対的に評価が高く、憲法等での障害者の権利が明記されている。障害者権利条約を、2007 年 3 月に署名、2008 年 7 月に批准し、この時期以降、障害者施策を積極的に進めてきた。2007 年に制定された「タイ国憲法」には障害者の権利（差別禁止、社会福祉のアクセス保障など）を規定し、同年、総合的な障害者法として「障害者エンパワメント法」（タイにおける最初の障害者法である「障害者リハビリテーション法」〈1991 年〉の改正法）が制定されている。

　また、障害者計画としては、やはり同年に「2007 - 2011 年障害者の生活の質発展のための国家戦略」（第 3 次）が策定されている。さらに、2008 年に、「障害者教育法」が制定され、教育機会の促進と職業教育の保障が定められた。しかしながら、インクルーシブ教育の達成には、アクセスの欠如や農村部での困難さ、学校における合理的配慮の不足といった重要な課題が指摘されている。ただし、インクルーシブ教育については、首都バンコクにおいては、特別教育センターを拠点にして地域の通常学校への支援や連携を図っており、インクルーシブ教育の展開が期待されている（黒田・向井・仲 2017）。

　なお、松井（2018）によると、タイでは障害者に対する差別的な考えが残り、保護者が障害のある子どもを社会から隔離しその存在を隠蔽することもあり、特別教育センターでは、療育、教育だけでなく、貧困、虐待、ネグレクト等の家庭支援なども担っているという。

(3) モンゴル国

　モンゴルでは、障害児教育は、1964 年に視覚・聴覚障害児特別学校が設立され、1967 年に知的障害児特別学校が設立されたのが始まりであるが、障害児の就学は現状でも厳しい。教育省特別教育担当者への調査 (2012 年) によると、モンゴルの障害児は、2 万 4 千人と推計され、就学状況は、幼・小・中・高あわせて 1 万 8 千人（内 2300 人は特別学校に、1 万 5 千人は通常学校に通学）であり、6 千人程度が不就学の様相である。社会主義時代 (1957 年〜1990 年) に、旧ソ連、東欧諸国で、障害児教育を学んだ大学研究者が教員養成を担ってきたが、定年退職の年齢を迎え、後継者養成が課題となっている。障害者権利条約については、2009 年に加入している（向井 2017）。

　また、近年では、2013 年、2016 年に教育法が改正され、次のような内容が加えられた。義務教育学校は、リハビリテーション、自立支援サービスを行い、一時救命処置を担当する医師、看護師、作業療法士、心理療法士等を配置する。小・中等特別支援学校は、中央教育担当行政機関の下に移管する。義務教育学校の在学中、障害児数に基づき特別専門教員、補助員、心理療法士、看護士、作業療法士、社会福祉士の採用を承認する。特別支援学校は、リハビリテーション室を設けるというものである[7]。

(4) ネパール連邦民主共和国

　ネパールでは、障害児教育の歴史は、1964 年に、政府がカトマンズに盲児童を対象に特別教育を開始したことに始まる。1981 年の国際障害者年には、労働・社会福祉省が設置され、障害者政策が開始され、1996 年の特別教育政策は、社会的弱者全般に対応して実施することとし、2001 年には EFA の視点から国民行動プランが開始された。障害者権利条約を 2010 年 5 月に批准したことから、国際的基準に即した障害者施策の方向性が明確になっている（向井・武分 2017）。

　近年では、1982 年の障害者保護福祉法を廃止し、2017 年に障害者権利法を制定している。また、「2006 年障害に関する国家政策・行動計画」は、障害者の地域に根ざしたリハビリテーション (CBR)、社会保障、持続可能な生活による貧困の緩和、障害者のリハビリテーションとエンパワメントなど

に取り組んでいると報告されている。また、2016 年〜2023 年までの「学校部門開発計画」では、障害のある子どもの入学率や在籍率を高め、長期的でインクルーシブな教育計画を策定するための様々な対策が示されている[8]。

⑸ カンボジア王国

　カンボジアは、1991 年のパリ和平協定締結まで、ベトナム戦争、その後のポル・ポト派の支配（1975〜1979 年）と長い内戦（1979〜1991 年）によって不安定な社会を強いられた。ポル・ポト派支配下では知識人層を中心に 100 万人から 200 万人とも言われる国民（人口の 2 割）が虐殺され、社会システムが破壊された。内戦や戦闘による直接被害だけでなく、敷設された地雷や不発弾による被害は多くの障害者を生み、国際 NGO が地雷除去や被害者支援を行ってきた。

　カンボジアの障害児教育は、2005 年に教育省学校教育局に非正規教育課が設置されたことで開始された。2012 年 12 月、カンボジアは障害者権利条約を批准し、障害者施策を国際水準に引き上げることに着手している。2016 年 9 月には教育省学校教育局内に特別教育課を設置し、国際 NGO 主導による障害児教育から公的責任を強めている（間々田・黒田 2017）。

　また、カンボジアの肢体不自由児者施設は、義務教育から高等教育、さらに就労までの一貫した支援と CBR の実績をもつため、ASEAN 諸国のモデルケースという指摘がある（間々田 2018）。

（黒田　学）

　注

1 ）"One in Five Children, Adolescents and Youth is Out of School"（The UNESCO Institute for Statistics（UIS）, Fact Sheet No. 48, February 2018）. (http://uis.unesco.org/sites/default/files/documents/fs48-one-five-children-adolescents-youth-out-school-2018-en.pdf, 2019 年 10 月 1 日閲覧)。なお、世界銀行は、一人当たりの国民総所得（GNI）に応じて、国を 4 つのグループ―低所得国、低中所得国、中高所得国、高所得国に分類している（世界銀行、2018 年）。

2 ）外務省のホームページ（ODA、万人のための質の高い教育）(https://www.mofa.go.jp/mofaj/gaiko/oda/bunya/education/index.html, 2019 年 10 月 1 日閲覧)。

3 ）ユニセフのホームページ（持続可能な開発目標〈SDGs〉とターゲット）(https://

www.unicef.or.jp/sdgs/target.html、2019年10月1日閲覧）。

4）国連アジア太平洋経済社会委員会（ESCAP）とは、Economic and Social Commis-
sion for Asia and the Pacific の略である。アジア太平洋地域は、西をイラン、トルコ、
東はクック島などのオセアニアを範囲とし、62カ国・地域からなる（http://www.
unescap.org/、2019年10月1日閲覧）。

5）Biwako Millennium Framework（BMF）, 2002.（http://www.un.org/ga/search/
view_doc.asp?symbol=E/ESCAP/APDDP/4/REV.1、2019年10月1日閲覧）。

6）Incheon Strategy to "Make the Right Real" for Persons with Disabilities in Asia
and the Pacific, 2012.（http://www.unescap.org/sites/default/files/Incheon%20
Strategy%20%28English%29.pdf、2019年10月1日閲覧）。なお、仁川戦略の日本
語訳は、障害保健福祉研究情報システム（DINF）のホームページにあるので参照さ
れたい。（https://www.dinf.ne.jp/doc/japanese/twg/escap/incheon_strategy121123_
j.html、2019年10月1日閲覧）。

7）モンゴル労働・社会保障省、国際協力機構『2017年度モンゴル国障害者白書・和訳
版』32-33ページ（http://www.mlsp.gov.mn/uploads/news/files/782d0daf2bccd095
41f4df17e3f637e0b0561362.pdf、2019年10月1日閲覧）。

8）「ネパールにおける合理的配慮・環境整備と障害者権利委員会審査状況」および「ネ
パールの包括的な最初の報告の国連審査状況」（内閣府のホームページ）（https://
www8.cao.go.jp/shougai/suishin/tyosa/h29kokusai/h1_01_08.html、2019年10月
1日閲覧）。

文献

ディン・グエン・チャン・トゥ（2017）「ベトナムにおける障害者の自立生活とコミュニ
ケーションスキルの教育」黒田学編『アジア・日本のインクルーシブ教育と福祉の課
題』クリエイツかもがわ、31-38。

黒田一雄（2008）「障害児と EFA ―インクルーシブ教育の課題と可能性」小川啓一・西
村幹子・北村友人編著『国際教育開発の再検討―途上国の基礎教育普及に向けて』東
信堂。

黒田学（2015）「ベトナムの障害者教育法制と就学実態」小林昌之編『アジアの障害者教
育法制―インクルーシブ教育実現の課題』アジ研選書 No.38、アジア経済研究所、
163-191。

黒田学編（2017）『アジア・日本のインクルーシブ教育と福祉の課題』クリエイツかもがわ。

黒田学・向井啓二・仲春奈（2017）「タイ・バンコクの障害児教育の実情と課題」黒田学
編『アジア・日本のインクルーシブ教育と福祉の課題』クリエイツかもがわ、39-48。

黒田学・武分祥子・小西豊（2017）「ベトナムの障害者教育・福祉の実情と課題」黒田学
編『アジア・日本のインクルーシブ教育と福祉の課題』クリエイツかもがわ、16-30。

間々田和彦（2018）「後発開発国に対する特別支援教育支援のカンボジアからの提案」ラ
ウンドテーブルⅥ「障害者権利条約と SNE、国際協力による途上国支援」SNE 学会第

　　24 回研究大会。

間々田和彦・黒田学 (2017)「カンボジアの障害児教育の実情と課題」黒田学編『アジア・
　　日本のインクルーシブ教育と福祉の課題』クリエイツかもがわ、80-90。

松井優子 (2018)「タイ教育省主催『特別支援教育に関する国際シンポジウム』の報告」
　　『国立特別支援教育総合研究所ジャーナル』第 7 号、53-58。

向井啓二 (2017)「モンゴル・ウランバートルにおける障害児教育の実情」黒田学編『ア
　　ジア・日本のインクルーシブ教育と福祉の課題』クリエイツかもがわ、49-65。

向井啓二・武分祥子 (2017)「ネパール・カトマンズ市と周辺地域の障害児教育施設・高
　　齢者施設・病院の実情」黒田学編『アジア・日本のインクルーシブ教育と福祉の課題』
　　クリエイツかもがわ、66-79。

XII “特別ニーズ教育” 研究の これから

第1節　特別ニーズ教育とICT

1　特別ニーズ教育におけるICTの活用

　パソコンやスマートフォン、タブレット端末、インターネットなど、私たちの暮らしにとって、ICT（Information and Communication Technology；情報通信技術）の活用は、もはや欠かせないものとなっている。

　教育においても、学校教育現場におけるICT環境の整備が加速している。また、2017・2018年に改訂された学習指導要領では、「情報活用能力」が「学習の基盤となる資質・能力」に位置付けられ、プログラミング教育も導入されることとなった。このように、教育では、ICTの活用が当然の状況にあり、今後はますます推進されていくことが容易に想像できる。

　そのような中、特別ニーズ教育においてもICTの活用が推進されている。むしろ、通常の教育よりも、特別ニーズ教育のほうが、ICTの活用は推進され、一人ひとりの教育的ニーズに応えるうえで欠かせない存在となっている。

　実際、文部科学省は、早くから特別ニーズ教育へのICTの活用を推進している。2002年に文部科学省が公表した「情報教育の実践と学校の情報化〜新・情報教育に関する手引〜」には「特別な教育的支援を必要とする子どもたちへの情報化と支援」という章が設けられている。また、その後、文部科学省が2010年に公表した「教育の情報化に関する手引」や2011年に公表した「教育の情報化ビジョン」でも、“特別支援教育”をキーワードとした章が特設されている。

従って、特別ニーズ教育における ICT の活用は、文部科学省の各種公表資料を見ただけでも、特筆の事項であり、推進されてきた取り組みである。そのため、我々、特別ニーズ教育の研究領域でも急務の研究であるといえる。

2 特別ニーズ教育における ICT の活用に関する研究動向

(1) SNE ジャーナルでの研究動向

本書を刊行する日本特別ニーズ教育学会発行の「SNE ジャーナル」を見ると、特別ニーズ教育における ICT の活用が、直接的に研究の対象となった論文等は見当たらない。しかし、いくつかの論文等では、ICT の活用について記載がなされている。

例えば、場面緘黙とひきこもりの経験について論じた大橋（2018）では、ひきこもり生活の時期に「パソコンのインターネットを使用し、ネット上の仮想世界で奉仕的な仮想生活を営む毎日」と記述されている。また、知的障害特別支援学校の通学生・寄宿舎生の保護者を対象に調査した小野川・高橋（2018）では、通学生・寄宿舎生ともに平日の過ごし方は「インターネットやゲーム（携帯電話含む）、おもちゃで遊んでいる」場合が多いことを明らかにしている。さらに、重度障害者のニーズ把握に関する方法論を検討した杉原・加瀬（2017）では、本人へのインタビューの際にコミュニケーション支援機器（意思伝達装置）を利用した旨が記述されている。また、肢体不自由特別支援学校に在籍する児童生徒の自尊感情・自己肯定感を調査した田島・奥住（2016, 2015）では、対象児の中に「サインや手話、VOCA」をコミュニケーション手段としている児童生徒が含まれていた。加えて、「多様な困難を抱える高校」で配慮を要する生徒および保護者を対象に調査を行った竹本（2015）では、保護者への聞き取り調査で、家庭で困っていることとして「スマートフォン関係の困難」を挙げた保護者がいたことが報告されている。

このように、近年掲載された論文等を概観した限りでも、特別ニーズ教育の対象児・者は、ICT を活用していることがわかる。しかし、「SNE ジャーナル」では、現時点で ICT の活用そのものについて、直接的に研究されたものがない現状にある。従って今後は、ICT の活用が特別ニーズ教育においてどのような意義や効果をもたらしているのか、検証を進めていく必要がある。

(2) 関連学会等での研究動向

　では、関連学会等において、特別ニーズ教育における ICT の活用に関する研究は、どのくらい進められているのだろうか。

　国立情報学研究所が運営する学術情報データベース「CiNii」を用いて、「ICT」「障害」をキーワードとして検索すると 473 件、「ICT」「特別支援」をキーワードとして検索すると 281 件、「ICT」「インクルーシブ教育」をキーワードとして検索すると 33 件、「ICT」「不登校」をキーワードとして検索すると 8 件の資料がそれぞれヒットする (2019 年 10 月現在)。これらには、重複する資料も含まれており、またすべてが特別ニーズ教育における ICT の活用について述べた研究論文にあたるわけではない。しかし、2000 年以降から徐々に件数が増え、様々な研究が進められてきている現状がうかがえる。

　それぞれの研究内容については、多岐にわたるため、ここでの列挙はあえて避けるが、各種障害や不登校などのニーズに対応した教材開発や実践に関する研究、ICT の活用に関する調査研究などが主である。また、近年では、インクルーシブ教育を推進するための合理的配慮の提供に ICT を活用する研究も進められている。加えて、学術雑誌によっては、特集を組んで、ICT の活用について掲載しているものもある。

　また研究論文は、特別支援教育に関連した研究を主とした学会が発行する学術雑誌はもちろんのこと、教育工学に関連した研究を主とした学会が発行する学術雑誌でも掲載されている。これに、各種学会の研究大会報告や各研究機関の紀要なども含めれば、数多くの研究が進められているといえる。

　以上から、特別ニーズ教育における ICT の活用は、関連学会等において、ここ 20 年ほどで、活発に研究が進められている動向にある。従って、特別ニーズ教育を対象とする我々も、独自性を探求しながら、様々な教育的ニーズに応じる ICT 活用の在り方について、研究を進めていく必要がある。

3　特別ニーズ教育におけるICTの活用に関する研究の方法

　特別ニーズ教育における ICT の活用について、その研究の必要性は、本節のこれまでで述べてきた。では実際、どのように研究を進めていくとよいのであろうか。

　特別ニーズ教育を研究対象とする我々は、教育学を専門とする研究者や学生がほとんどであろう。そのため、新たな技術や情報システム、ソフトウェアなどを開発することは、工学を専門とする研究者や学生に及ばない。しかし我々は、対象児・者の教育的ニーズを的確に把握し、そのニーズに合致した支援となっているかといった視点で、研究に取り組むことが多いはずである。従って、ICT の活用についても、その視点を持って研究に取り組むことが、我々の使命であると筆者は考える。

　以下では、特別ニーズ教育における ICT の活用に関する研究について、その方法を、筆者が取り組んできた研究の紹介を通じて、述べていきたい。

(1) ICT の活用可能性を探る調査研究
① ICT を活用した保護者と支援者の情報交換モデルの開発

　筆者は以前、就学前障害児の保護者と支援者の情報交換モデルを開発する研究に取り組んだ。この研究では最終的に、就学前障害児の保護者と支援者との情報交換に、Social Networking Service（SNS）を用いるモデルを開発した。モデルの開発にあたっては、質問紙を用いた調査を実施し、情報交換の現状や情報交換への ICT 活用のニーズを明らかにした。調査の対象は、就学前障害児の保護者と支援者であり、質問紙の配布と回収は、郵送法を用いた。

　情報交換の現状については、SNE ジャーナル第 18 巻の橋本・小林・松浦・熊井（2012）に掲載している。この研究では、就学前障害児の保護者と支援者との情報交換の現状から、保護者の情報交換満足度に影響する要因を検討することを目的とした。得られた回答を用いて、保護者の情報交換満足度と、各質問項目（情報交換の頻度、内容、手段等）の相関関係を検討した。その結果、情報交換の手段に連絡帳を用いることが、保護者の情報交換満足度の向上につながっていることが明らかとなった。

　情報交換への ICT 活用のニーズについては、橋本・古山・小林・松浦・熊井（2010）で報告している。この研究では、就学前障害児の保護者と支援者の ICT の活用状況や、情報交換への ICT 活用のニーズを検討した。まず、ICT の活用状況については、基礎集計の結果から、調査当時で、保護者・

支援者ともに、75%以上が日常生活でインターネットを利用しており、その利用頻度もかなり高いことが明らかとなった。情報交換への ICT 活用のニーズについては、「保護者・支援者」と「情報交換への ICT 活用の賛否」でクロス集計し、x^2 検定を実施した結果、保護者に「賛成」が多く、支援者に「反対」が多いことが明らかとなった。

　この2つの研究をもとに、保護者と支援者が情報交換に使用する連絡帳を、SNS に代替する情報交換モデルを開発した。この情報交換モデルは、保護者の情報交換満足度を向上させる手段の連絡帳を、保護者に活用のニーズがある ICT に代替することで、さらなる情報交換満足度の向上を狙うものであった。開発した情報交換モデルの検証結果は後述するが、これらの研究から、特別ニーズ教育の現状を丁寧に調査・分析することで、効果的な ICT の活用方法を具体的に検討することが可能となることがわかる。

② 障害学生の学習環境充実に向けた e ラーニングアクセシビリティの検討

　特別ニーズ教育における ICT の活用に向けた調査は、「人」のみならず、「環境」も対象とすることが重要となる。

　筆者は以前、障害学生の学習環境充実に向け、大学 e ラーニングサイトのウェブアクセシビリティ調査に取り組んだ経験がある（橋本・熊井・古山・内田 2010）。この研究では、高等教育機関に在籍する障害学生が、学習に e ラーニングサイトを活用できる現状にあるか明らかにすることを主な目的にした。調査は、無作為に抽出した国立大学の e ラーニングサイトトップページを対象に、総務省（2005）が公表したウェブアクセシビリティの「簡易点検結果記入シート」を用いて、筆者による目視点検を実施した。調査の結果、当時の国立大学の e ラーニングサイトトップページは、視覚障害や「読み」に困難を抱える学習障害を有する学生が、情報を取得する際に困難が生じていることが明らかになった。これを受け、総務省（2005）が示す対応方針をもとに、障害学生の学習環境の充実に向け、e ラーニングサイトの整備において重点的に取り組むべき方向性を提案した。

　なお、この調査の実施から、すでに 10 年近くが経過している。そのため、この 10 年の間に、各大学の e ラーニングサイトも変化している。また、ウェブアクセシビリティの規格そのものが改正され、それに合わせた評価ツール

も公開されている。

　①で述べた情報交換モデルの開発に向けた調査研究にも同様のことがいえるが、ICT の利用環境は、日々変化し続け、発展を遂げている。そのため、時代の変化とともに、ICT の活用に関するニーズや環境を調査・分析していくことが必要となる。

(2) ICT の活用効果を検証する実践・実験研究
① 開発した情報交換モデルの有効性検証

　先述した就学前障害児の保護者と支援者の情報交換モデルは、2 つの方法を用いて有効性の検証を行った。

　1 つ目は、実際に保護者と支援者との情報交換で SNS を活用する前段階として、連絡帳との比較による SNS のユーザビリティの検討である（橋本・高橋・菅原・熊井 2014）。この研究では、就学前障害児の保護者と支援者を対象に、連絡帳または SNS を使用して子どもの日常的な様子に関する情報を記入・閲覧する場面を想定して、行動観察を行った。詳細は、橋本ら（2014）を参照されたいが、連絡帳または SNS を使用して記入・閲覧する様子をビデオカメラで撮影し、ユーザビリティの構成要素（ISO 9241-11, 1998）である効果・効率・満足感の観点から行動等を評価した。その結果、子どもの日常的な様子に関する情報を記入・閲覧する際、SNS には、連絡帳とほぼ同程度のユーザビリティが、多くの保護者と支援者に確保されていることが明らかとなった。従って SNS は、就学前障害児の保護者と支援者との情報交換を実践する際にも活用可能であることが確認された。

　2 つ目は、実際に保護者と支援者との情報交換で SNS を活用し、連絡帳を使用した情報交換と比較した検討である（高橋・橋本・上仮屋・吉井・熊井 2012）。この研究では、2 組の保護者と支援者に、連絡帳を使用した情報交換と、連絡帳を代替する形で SNS を使用した情報交換に、各 4 日間ずつ取り組んでもらった。情報交換の状況は、連絡帳または SNS での記入・閲覧状況や交換した内容、情報交換満足度などを項目とした記録シートに、個人毎に記録してもらった。その結果、SNS を使用した情報交換は、連絡帳を使用した情報交換よりも、保護者の情報交換満足度を向上させる場合がある

ことが確認された。

② 合理的配慮を提供するうえでのICT活用方法の検討とその効果検証

　障害者権利条約の採択や障害者差別解消法の制定をうけ、特別ニーズ教育においても、インクルーシブ教育を進めるにあたっては、合理的配慮の提供が必須となる。

　筆者は、高等教育機関でのインクルーシブ教育を進めるにあたり、合理的配慮の提供としてICTをどのように活用すべきかの検討に取り組んだ（橋本・熊井 2017）。この研究では、重度の肢体不自由を有する学生に対して、情報系演習科目における合理的配慮の提供としてマルチディスプレイを導入し、その効果を検証した。対象学生は、可動域の制約から、資料の閲覧や課題への取り組みをすべてノート型パソコン上で行っていた。そのため、この研究で対象とした演習では、成果物の完成を目指す際、ノート型パソコンに4つのウインドウを同時に立ち上げて操作する必要があった。そこで、ノート型パソコンに搭載されるディスプレイのみを使用した演習場面（シングルディスプレイ）と、外付けディスプレイを拡張画面としてノート型パソコンに接続した演習場面（マルチディスプレイ）で、どのくらい違いが生じるのかを、実際の操作の様子をビデオカメラで撮影し、検証することとした。その結果、演習開始直後10分間におけるウインドウ切り替え・移動の発生回数は、マルチディスプレイによる演習場面のほうが、明らかに少なかった。従って、マルチディスプレイの導入は、対象学生の負担軽減に寄与し、合理的配慮の提供として有効であることが明らかとなった。

　以上のように、ICTを活用する場面から、実験的・実践的にデータを収集し、分析・検討することで、ICT活用の効果を検証することが可能となる。

　従って今後は、特別ニーズ教育においてICTを活用する意義や効果を、ひとつひとつの場面を取り上げ、丁寧に検証していくことが必要となる。

（橋本陽介）

文献

橋本陽介・古山貴仁・小林徹・松浦淳・熊井正之（2010）「特別な発達支援サービスを必要とする就学前児の保護者と支援スタッフのインターネット利用に関する調査研究」『教育情報学研究』(9)、17-32.

橋本陽介・熊井正之・古山貴仁・内田愛 (2010)「障害学生支援のためのeラーニングアクセシビリティの検討―大学webサイトとeラーニングサイトの現状分析」『東北大学インターネットスクール年報』6、39-48。

橋本陽介・小林徹・松浦淳・熊井正之 (2012)「就学前障害児の保護者の情報交換に対する満足度の検討」『SNE ジャーナル』18 (1)、162-175。

橋本陽介・高橋幸子・菅原弘・熊井正之 (2014)「就学前障害児の保護者と保育者との情報交換における ICT 活用の可能性―SNS と連絡帳の比較によるユーザビリティの検討」『函館大谷短期大学紀要』(30)、18-24。

橋本陽介・熊井正之 (2017)「重度肢体不自由学生に対する合理的配慮の検討―情報系演習科目におけるマルチディスプレイ導入を通して」『日本特殊教育学会第 55 回大会発表論文集』P5-28。

ISO 9241-11 (1998) "Ergonomic requirements for office work with visual display terminals. Part 11: Guidance on Usability".

小野川文子・高橋智 (2018)「知的障害児の「育ちと発達の困難」の実態と寄宿舎教育の役割―寄宿舎併設知的障害特別支援学校の保護者調査から」『SNE ジャーナル』24 (1)、154-165。

大橋伸和 (2018)「場面緘黙とひきこもり―自分史をふりかえって（特集 マイノリティの視点からみた特別ニーズ教育と学校）」『SNE ジャーナル』24 (1)、24-37。

総務省 (2005)「公共分野におけるアクセシビリティの確保に関する研究会報告書―誰でも使える地方公共団体ホームページの実現に向けて」。

杉原彩乃・加瀬進 (2017)「重度障害者のニーズ把握に関する方法論的検討―本人・関係者に対する日中活動についての調査から」『SNE ジャーナル』23 (1)、56-72。

田島賢侍・奥住秀之 (2015)「肢体不自由特別支援学校における児童生徒の自尊感情・自己肯定感と保護者・教師の他者評価との比較」『SNE ジャーナル』21 (1)、200-213。

田島賢侍・奥住秀之 (2016)「肢体不自由特別支援学校に在籍する児童生徒の自尊感情・自己肯定感」『SNE ジャーナル』22 (1)、161-174。

高橋幸子・橋本陽介・上仮屋祐介・吉井勘人・熊井正之 (2012)「就学前支援での SNS を活用した保護者との情報交換 (2)―連絡帳を使用した情報交換との比較による検討」『日本特殊教育学会第 50 回大会発表論文集』、P3-N-7。

竹本弥生 (2015)「『多様な困難をかかえる高校』における特別支援教育と進路支援―配慮を要する生徒と保護者の聞き取りを通して（特集 青年期教育の課題と中等教育後の学び）」『SNE ジャーナル』21 (1)、6-25。

第2節　研究者養成をめぐる諸問題

1 大学院進学

(1) 大学院

　大学生や現職教員等が特別ニーズ教育を専門とする研究者を目指す場合、大学院の博士前期課程（修士課程）、博士後期課程（博士課程）へ進学し、研究者養成に係る教育を受ける場合が多い。

　大学院は大別すると博士前期課程、博士後期課程で構成されているが、両者を区別しない博士一貫制（プログラム）を採用する大学院もある。また大学院によっては講義・演習等の授業が昼夜間開講、夜間のみ開講されていたり、主に現職教員向けに標準修業年限1年の短期コース、修業年限を4年上限とする長期履修コースを設置したりしているものもあり、就業状況等に応じて進路選択が複数用意されている。

　さらに放送大学大学院に代表される通信制大学院もあるため、居住・就労地域のみならず広域に進学先を選択することも可能である。

(2) 教職大学院

　これまでの日本においては、国立大学、私立大学を中心に大学院教育学研究科は博士前期課程に進学し修士号、さらには博士後期課程に進学し博士号の学位取得を目指す進学者が多かった。しかしながら、2017（平成29）年8月29日国立教員養成大学・学部、大学院、附属学校の改革に関する有識者会議「教員需要の減少期における教員養成・研修機能の強化に向けて―国立教員養成大学・学部、大学院、附属学校の改革に関する有識者会議報告書―」に示されるように、国の政策に基づき多くの国立大学では従来の博士前期課程から専門職大学院である教職大学院に改組が行われている。

　教職大学院では修了要件に「学位論文の提出」を定めず、「実践研究の成果物」「学習成果報告書」等の作成を要件としている大学院が多い。そのため実践研究を中心とした研究活動を希望する場合は、教職大学院も選択肢の一つとなる。

その一方で教職大学院では学位論文（修士論文）の執筆機会がない場合もあり、特に論文執筆に係る専門性等を身に付けることが困難との指摘もある。教職大学院を経て博士後期課程に進学を希望する場合は、博士前期課程、博士後期課程で指導を希望する大学教員に対し、事前に相談や指導体制の確認を行うことが望ましい。

(3) 研究室の選定

博士前期課程、博士後期課程を問わず、大学院での学びは同じ大学院・研究科であっても研究室によって内容等が大きく異なる。特に指導に当たる大学教員の専門分野や研究テーマ、研究スタイルにより指導方法等は大きく変わるため、大学生や現職教員等が進学を希望する際には、大学院入学試験を受ける前にあらかじめ進学を希望する大学・大学院の Web サイト等を確認し、指導を希望する大学教員へコンタクトを取り、研究テーマ等に関する事前相談を行うことが必要である。

大学での卒業研究や現場での実践研究が指導を希望する大学教員の研究テーマ、研究方法等と異なる場合等は、1年間程度「研究生」等として在籍し、予備的な指導をうけたうえで進学することで、進学後の研究活動を充実させることが可能となる場合も多い。併せて進学希望先の研究室に大学院生が所属している場合は、研究室の研究環境等について大学院生に相談することも進学後のマッチングミスを防ぐことにつながる可能性が高いといえる。

2 大学院進学後の研究活動

(1) 学会・研究会発表

大学院進学後は学位取得に向けて研究活動に取り組むこととなる。研究領域により研究活動の仕方は異なるものの、博士前期課程、博士後期課程いずれにおいてもまずは研究活動の成果に関して、学会・研究会発表を行うことを目指す。

学会・研究会発表に関しては、口頭発表、ポスター発表等の発表形態が多く、まずは学会・研究会発表のエントリーを行い、期日までに要旨（アブストラクト）の作成・登録（送付）を行うことになる。また発表方法に応じて当

日用の資料を作成する必要がある。大学によってはポスター発表のための
A0、A1判サイズのポスター原稿が印刷できる大型プリンターが準備され
ている場合もあり、適宜活用することが望ましい。

　また学会・研究会発表に係る旅費に関して、1年間に回数や上限金額を設
定して国内大会・国際大会での発表の際に費用補助を行う大学もある。これ
らの申請は、あらかじめ事前申請制度をとっている大学が多いため、大学院
生向けの情報掲示がなされる掲示板（電子掲示板）を確認する習慣をつけてお
くとよい。

(2) 学術雑誌への論文投稿

　学会・研究会発表の後には（あるいは学会・研究会発表と並行して）、所属す
る学会・研究会の学会・研究会誌や大学・大学院研究科等の紀要・年報等、
その他法人・研究所等が刊行する雑誌・報告書等、学術雑誌への論文投稿を
目指すこととなる。

　特に博士後期課程の場合、学位取得のための学位論文提出に関して、日本
学術会議の「協力学術研究団体」となっている学会・研究会が刊行する学会・
研究会誌に査読付き論文が一定本数以上掲載されていること等の条件が課さ
れている場合が多い。この条件を満たさないと学位論文提出のための予備審
査等が受けられない大学が多いため、進学前から確認を行っておく必要があ
る。

　学会・研究会誌の場合、同じ研究領域であっても「（原著）論文」「研究ノー
ト」「実践研究（論文）」「報告」「総説」等学術論文の区分が設定されており、
同じ「（原著）論文」であっても学会により執筆規定（体裁や文字数、引用等の
表記方法等）が異なるため、執筆規定を順守して投稿原稿を作成しなければ
ならない。

(3) 学会・研究会による若手研究者支援事業等の活用

　今日の特別ニーズ教育に関する学会・研究会を含め、広く社会科学系の学
会・研究会においては、若手会員・院生会員の確保と育成は学会・研究会の
発展に不可欠であるため、学会・研究会の重要経営課題となっている。

そのため、各学会・研究会では「院生会員」制度を設け、学会年会費の軽減措置をとったり、若手研究者支援事業を推し進めたりしている。この若手研究者支援事業に関して、日本特別ニーズ教育学会（SNE学会）では第8期理事会体制から、中間集会・研究大会時に「若手チャレンジ研究会」を開催し、積極的に事業を展開している。

日本特別ニーズ教育学会「若手チャレンジ研究会」は「若手研究者や教師・支援者等の実践家の研究発表の場および交流の場を設け、若手研究者や教師・支援者等の実践家の研究をサポートしていくことを目的」としており、「卒業論文・修士論文・博士論文等の研究デザイン発表会」と「研究交流会」を開催している。

表12-2-1　日本特別ニーズ教育学会「若手チャレンジ研究会」の概要

卒業論文・修士論文・博士論文等 研究デザイン発表会	研究交流会
○大学学部4年生、博士前期・後期課程在学生、若手研究者、現職の若手教員等を主な対象に、「卒業論文」「修士論文」「博士論文」の研究デザインや、研究成果の一端を学会発表に準じて行う。 ○学会は若手研究者を中心にコメンテーターを依頼し、今後の研究に関する助言を行う。	○大学学部4年生、博士前期・後期課程在学生、若手研究者、現職の若手教員等を主な対象に、若手研究者等が関心ある「留学」「研究費助成」若手研究者等が求める「支援」等に関する情報交換会を開催する。 ○2019年度研究大会では「実践研究論文の書き方を考える」をテーマに、データ収集や執筆に関する情報交換を行った。

日本特別ニーズ教育学会「若手チャレンジ研究会」では大学学部4年生、博士前期・後期課程在学生、若手研究者、現職の若手教員等を主な対象に学会が精力的に若手研究者等の研究環境を充実させるための事業を展開している。また「若手チャレンジ研究会」は中間集会・研究大会を開催する大学等の学部生も運営補助等で複数参加しており、将来大学院への進学を希望する学生等の学びの場ともなっている。今後、このような各学会の若手研究者支援事業間でも交流を図り、研究者養成のための学会間連携を広げていくことも検討が必要であろう。

また前述のように連携の運営段階から複数の大学の学部生や大学院生が互

いに関わり合いながら参画できる機会を積極的に設けていくことにより、協働的な研鑽の場としての機能も期待される。現在いずれの学問領域においても、単一の大学のみで学部生指導から研究者養成までを一貫して行っていくことが容易ではない状況にあると考えられる。こうした状況も踏まえ、学問・学界の維持・発展の側面からも学会間連携・大学間（研究室間）連携に基づく若手研究者の育成は重要な意味を有しており、喫緊の課題であるといえる。

3　研究助成の獲得

　今日の大学においては、国立大学運営費交付金の削減や公立大学における自治体の財政状況の悪化等の影響を受け、国公私立大学問わず大学運営費の削減等が生じ、個人研究費の配分額が減少傾向にある。そのため研究活動を継続・発展していくためには、競争的資金を獲得していくこと、特に研究助成を獲得していくことが必要となっている。

　特別ニーズ教育領域では、代表的な競争的資金としては日本学術振興会の「科学研究費助成事業」（科研費）が一つあげられる。科研費は研究種目が「特別推進研究」「新学術領域研究（研究領域提案型）」「基盤研究」「挑戦的研究」「若手研究」等に区分され、それぞれ予算上限や申請資格等が異なっている。

　このうち「若手研究」は、「39歳以下の博士の学位未取得者」「博士の学位取得後の年数（8年未満）」の研究者を対象とする助成制度であり、経験の少ない若手研究者が研究費を得る機会を広げるために設置されている区分である。しかしながら2019（令和元）年7月現在の2019（令和元）年度「科研費審査結果一覧」（新規採択分）によれば、同区分の採択率は40.0％であり、申請した若手研究者の半分以上が不採択となっている。この数値は前年2018（平成30）年度の30.7％よりは向上しているものの、若手研究者支援の観点からは課題がないとは言い難い。政策レベルではさらなる若手研究者支援の充実が求められる。

　一方で若手研究者に関しても、科研費採択に向け研究実績を上げたり、申請書作成のための研修会に積極的に参加したりする等の取り組みに努めるとともに、科研費以外の各種研究助成事業等への応募を行う等の戦略を立案す

ることが求められる。例えば「公益財団法人発達科学研究教育センター」の「学術研究助成事業」や「公益財団法人マリア財団」による「助成金」事業等、子どもの支援・教育等を対象とした研究に助成を行う事業が行われている。　さらに研究領域によっては他の研究者と共に「厚生労働科学研究費」の申請を行うことも研究助成の獲得の一方法である。

　研究助成の獲得を目指すためには、研究活動を継続的に行い、その研究活動を基に積極的に研究助成の申請を行うことが必要である。また現実的には個人での研究助成申請のみならず、共同研究での申請も検討していくことが採択の可能性をあげることにつながるだろう。共同研究のためには日ごろから学会・研究会活動等を通して他の研究者と共同研究を遂行するための関係づくりを積み重ねていくことが求められる。研究助成の獲得は中・長期的な視座での研究活動や他の研究者との連携・交流に基づく研究体制の構築が求められるため、学会・研究会等のコミュニケーションの場を積極的に活用することが望ましいといえるだろう。具体的な手法としては、財団等が主催するシンポジウムに参加して情報を得る、若手研究者同士で研究コミュニティ（研究グループ等）を形成する、（大学教員等の場合）現職教員と実践研究を共同で進める等が考えられる。

4　海外研究・留学

　特別ニーズ教育に関する研究では、比較教育研究に取り組む研究者も多いため、海外留学の振興を図ることも重要な研究者養成の課題といえる。

　海外留学や海外での研究活動を行うための支援事業としては、日本学術振興会の「海外特別研究員」や「若手研究者海外挑戦プログラム」等の事業が代表的なものとしてあげられる。また「公益財団法人内藤記念科学振興財団」による「内藤記念海外研究留学助成金」、「㈶中島記念国際交流財団」による「日本人海外留学奨学生」事業等は、特定の研究領域（テーマ）での海外研究・留学（大学院進学）を希望する者に対する助成事業となっている。国内を対象とした研究に比して、より高額の研究費が必要となる海外研究や留学の場合、これらのような公益財団法人・財団法人等の助成を活用するのも有効であると考える。

5 大学教員の公募

　今日の大学教員としての就職は、多くの場合、各大学等の学部・学科、あるいは研究科による公募で求人がなされる。大学等の求人公募情報は国立研究開発法人科学技術振興機構の「JREC-IN Portal」（https://jrecin.jst.go.jp/seek/SeekTop）に多くの情報が掲載されている。専修学校、短期大学を含む大学等の教員を志望する場合は同サイトに登録すると、登録内容に当該する求人情報を電子メールで受け取れる「マッチングメール」サービスが受けられる。この機能は事前に登録した大学等の所在する地域や専門領域等と合致する求人情報が大学等から同サイトに掲載依頼があった場合に、当該する求人情報のリンクが送信されるものである。複数の地域や専門領域を登録することも可能なため、広く求人公募情報を収集することが可能となる。

　この「JREC-IN Portal」等で希望する求人情報は、期日までに指定された様式等で「履歴書」「研究業績書」「採用後担当予定の科目のシラバス案」「推薦書」「研究・教育活動への抱負」等を作成し、簡易書留等で宛先に送付する旨の指示がなされていると考えられる。その際には併せてこれまでの代表的な研究業績（著書、論文等）の提出や研究業績の概要説明の添付が求められたりする。そして書類等提出後は、当該者に大学等から書類審査の結果が通知され、面接等に進んでいくケースが多い。また特別ニーズ教育領域では教職課程の科目を担当するケースが多いため、面接だけでなく、模擬講義等が課せられる場合もある。

　近年、大学等によっては退職者の後任教員の公募を凍結したり、学科等の再編により教員の担当科目の再編成を行ったりする場合もある。また文部科学省の教職課程に係る教員審査に関連して、担当科目に関連する研究業績審査が通る教員を採択する旨が求人公募情報に掲載される場合もある。大学教員への就職を考える際、活字業績（著書、論文等の業績）が一つの評価指標となるため、研究業績を継続的に積み重ねることが求められよう。

　この点は職務上の実績を有する現職の幼稚園、小学校、中学校、高等学校、特別支援学校教員や教育行政職員等が大学教員を目指す場合も同様であると考えられる。特に教職大学院の「実務家教員」であっても一定の活字業績が

314

求められると考えたほうがよい。

6 大学等教員の労務環境

　特別ニーズ教育に係る研究者養成の課題として、上述以外にも指摘できる点が大学等教員の労務環境の変化である。2019（令和元）年6月26日に文部科学省により示された「平成30年度大学等におけるフルタイム換算データに関する調査」結果を参照しても、研究活動以外のすべての職務活動時間割合の増加により相対的に研究活動時間割合の減少が生じていることが指摘されている。また同結果では「研究パフォーマンスを高める上での制約」として、「研究時間」を制約と回答した教員が最も多かったことも結果として示されている。

　研究者として大学等に採用されても、大学運営業務等で研究時間の十分な確保が困難となり、研究活動の継続に課題意識を有している大学教員は少なくないと推測される。またそのような教員の労務環境に関する情報に触れることで、大学教員を志望する大学院生等が進路変更している可能性も考慮しなければならない。

　そのため大学教員の研究環境の改善に関して学会等でも社会に対して情報発信を行っていくことが必要であると考えるが、一方で研究者を志望する大学院生等に対して、タイムマネジメント等の業務マネジメント能力を向上させるような学習機会を設けることも検討が必要であるかもしれない。また、たとえばこうした「職業人としての大学教員」の実務・労務の実際を取り扱うワークショップ等も定期的に開催することにより、若手研究者同士が互いの状況や日々の疑問について共有・助言しあえる場作りも重要になってくるといえる。

　特別ニーズ教育に関する研究は研究倫理の遵守や個人情報の取り扱い等、時間をかけて丁寧な作業が求められる場面が少なくない。日本特別ニーズ教育学会においても、この課題への対応は継続して議論を行っていくことが必要である。

7 おわりに

　特別ニーズ教育を主とする研究者は教育学や心理学を学問背景とする者が多い。一方で特別ニーズ教育に関連する領域（例えば社会福祉学、経済学、経営学、医学、看護学、栄養学、家政学、工学等）を専門とする特別ニーズ教育研究者の養成も期待される。特別ニーズ教育に関する分野横断型研究を発展させていけるような研究者養成も今後重要な検討課題である。

　そのためにも、経験年数や研究領域を問わず研究者同士がいっそう切磋琢磨していける場としての学会のあり方や学問領域を超えた協働のあり方について、積極的な議論の継続が不可欠である。

（田中　謙・石川衣紀）

あとがき

　本書は本学会設立25周年を画期として、学会の運営体制も含めた新しい世代への移行を後押しすべく企画されたものである。全12章、ひとまとまりの論考である節にして33という広範なテーマから構成されているが、そこに通底する視角は「現代の」諸問題を「現在の」学会がどのように切り取るかを明示し、それと特別ニーズ教育がどのように切り結ぶか、切り結ぶべきかを追求しようというものであった。従って、その切り取り方それ自体に種々のご指摘があろうかと思う。しかし、だからこそ本書が一つの契機となって「現代の特別ニーズ教育」をめぐるアリーナが共有され、さまざまな実践・実装・理論・歴史・理念等々の研究が継承され、次の世代において力強く推進・深化されることを願ってやまない次第である。

　巻末の執筆者紹介にあるように、総勢36名のうち、大学の教授・名誉教授は3分の1弱である。当事者、教育現場の第一線で活躍する教諭、それを支える教育委員会等部課長という当事者性・実践性、大学の助教から准教授にいたる次世代性が本書の大きな特長である。なお、その際に、第8期理事を各章の担当者に位置づけ、個々の節の執筆者候補を挙げていただき、それぞれ快諾いただいたという経緯がある。ここに伏して御礼を申し上げたい。また、本学会誌『SNEジャーナル』の刊行を創刊号から引き受けてくださっている図書出版・文理閣には今回も本書の出版を快くお引き受けいただいた。代表である黒川美富子さん、編集担当の山下信さんに心から感謝の気持ちを届けさせていただく次第である。

　「まえがき」に記されているように、世紀転換期の本学会設立時において推進力となったものが「若さと開拓的精神」であったとすれば、様々な困難に襲われ、持続可能性が問われる21世紀の今、求められているのは「正義と勇気」ではなかろうか、と考えている。

　わたしとあなた、現在・過去・未来にエールを贈りあいたい。

加瀬　進（第9期代表理事、東京学芸大学教授）

執筆者紹介（50音順）

荒川　　智（あらかわ　さとし）茨城大学教育学部　教授

猪狩恵美子（いかり　えみこ）九州産業大学　教授

池田　吉史（いけだ　よしふみ）上越教育大学大学院学校教育研究科　准教授

石井　智也（いしい　ともや）日本福祉大学スポーツ科学部　助教

石川　衣紀（いしかわ　いずみ）長崎大学教育学部　准教授

石橋由紀子（いしばし　ゆきこ）兵庫教育大学大学院特別支援教育専攻　准教授

入江　優子（いりえ　ゆうこ）東京学芸大学教育インキュベーションセンター　准教授

小川　英彦（おがわ　ひでひこ）愛知教育大学幼児教育講座　教授

奥住　秀之（おくずみ　ひでゆき）東京学芸大学特別支援科学講座　教授

小野川文子（おのがわ　ふみこ）北海道教育大学釧路校　准教授

樫木　暢子（かしき　ながこ）愛媛大学大学院教育学研究科　教授

加瀬　　進（かせ　すすむ）東京学芸大学特別支援科学講座　教授

片岡　一公（かたおか　かずひろ）岡山県高梁市教育委員会学校教育課　課長

木下　聡子（きのした　さとこ）岡山県総合教育センター教育支援部　部長

黒田　　学（くろだ　まなぶ）立命館大学産業社会学部　教授

小池　桂子（こいけ　けいこ）小野市立河合中学校　非常勤講師

小林　　徹（こばやし　とおる）郡山女子大学短期大学部　教授

是永かな子（これなが　かなこ）高知大学教育研究部人文社会科学系教育学部門　教授

斎藤遼太郎（さいとう　りょうたろう）茨城キリスト教大学文学部児童教育学科　講師

澤　　隆史（さわ　たかし）東京学芸大学特別支援科学講座　教授

柴田　真緒（しばた　まお）埼玉県立所沢特別支援学校　教諭

千賀　　愛（せんが　あい）北海道教育大学札幌校　准教授

髙橋　　智（たかはし　さとる）日本大学文理学部　教授

田中　　謙（たなか　けん）日本大学文理学部　准教授

田中　雅子（たなか　まさこ）帝京平成大学現代ライフ学部児童学科　准教授

田中　　亮（たなか　りょう）長野県塩尻市立塩尻東小学校　教諭

田部　絢子（たべ　あやこ）金沢大学人間社会研究域学校教育系　准教授

内藤　千尋（ないとう　ちひろ）松本大学教育学部　専任講師

二通　　諭（につう　さとし）札幌学院大学　名誉教授

丹羽　　登（にわ　のぼる）関西学院大学教育学部　教授

能田　　昴（のうだ　すばる）尚絅学院大学総合人間科学系教育部門　助教

橋本　陽介（はしもと　ようすけ）白梅学園大学子ども学部発達臨床学科　講師

日野　由美（ひの　ゆみ）ウィズアス　性同一性障害（任意団体）代表

丸山　啓史（まるやま　けいし）京都教育大学　准教授

村山　　拓（むらやま　たく）東京学芸大学特別支援科学講座　准教授

吉利　宗久（よしとし　むねひさ）岡山大学大学院教育学研究科　教授

現代の特別ニーズ教育

2020年 6 月20日　　第 1 刷発行

　　　　　　編　者　　日本特別ニーズ教育学会

　　　　　　監修者　　髙橋　智・加瀬　進

　　　　　　発行者　　黒川美富子

　　　　　　発行所　　図書出版　文理閣
　　　　　　　　　　　京都市下京区七条河原町西南角 〒600-8146
　　　　　　　　　　　電話（075）351-7553　FAX（075）351-7560
　　　　　　　　　　　http://www.bunrikaku.com

　　　　　　印　刷　　新日本プロセス株式会社

ISBN978-4-89259-872-2